社会工作作为专业力量参与脱贫攻坚，
将专业队伍、专业方法、专业力量运用到脱贫攻坚的工作中，
发挥了不可替代的专业优势和人才优势，
提升了反贫困工作的专业性。

国家出版基金项目
NATIONAL PUBLICATION FOUNDATION

大国攻坚·反贫困社会工作丛书

丛书主编　向德平

可行能力建设视角下的反贫困社会工作研究

田北海　李东平　等　著

華東理工大學出版社
EAST CHINA UNIVERSITY OF SCIENCE AND TECHNOLOGY PRESS
·上海·

图书在版编目(CIP)数据

可行能力建设视角下的反贫困社会工作研究 / 田北海等著. —上海：华东理工大学出版社，2022.12(2024.12 重印)
(大国攻坚·反贫困社会工作丛书 / 向德平主编)
ISBN 978-7-5628-6814-9

Ⅰ. ①可… Ⅱ. ①田… Ⅲ. ①扶贫—社会工作—研究—中国 Ⅳ. ①F126

中国国家版本馆 CIP 数据核字(2023)第 005855 号

策划编辑 / 刘　军
责任编辑 / 孟媛利
责任校对 / 祝宇轩
装帧设计 / 王　翔
出版发行 / 华东理工大学出版社有限公司
地址：上海市梅陇路 130 号，200237
电话：021-64250306
网址：www.ecustpress.cn
邮箱：zongbianban@ecustpress.cn
印　　刷 / 上海中华商务联合印刷有限公司
开　　本 / 710 mm×1000 mm　1/16
印　　张 / 22.25
字　　数 / 251 千字
版　　次 / 2022 年 12 月第 1 版
印　　次 / 2024 年 12 月第 2 次
定　　价 / 98.00 元

编委会名单

从书总序

我国以脱贫攻坚为标志的国家级重大反贫困行动，于2020年年底取得了预期成果，绝对贫困总体上被消除。脱贫攻坚可以说是中国乃至世界反贫困史上的一件大事，值得书写一笔。社会工作作为一种专业力量参与其中，并发挥了重要作用，其实践和经验值得总结。由向德平教授主编的“大国攻坚·反贫困社会工作丛书”在这方面做了开创性的工作，值得我们称赞。

一、社会工作参与反贫困是一项重大的专业实践

（一）反贫困是社会工作的一项核心任务

社会工作自产生之日起，就与反贫困结下了不解之缘。不是社会工作“贪恋”反贫困，而是贫困给贫困群体带来了巨大的痛苦。社会工作作为一种以帮助困难群体缓解困难、追求社会公正与社会进步为己任的专业，理应把反贫困的责任放在自己的肩上。在世界社会工作反贫困历史上，发达国家的社会工作参与反贫困基本上是通过实施社会救助和社会慈善的方式进行的，并形成了社会工作的著名模式。第二次世界大战以后，发展中国家的反贫困主要面向农村展开，经济开发、社区发展成为其主要模式，20世纪50年代联合国倡导的社区发展原则正是社会工作参与反贫困所应遵循的。20世纪80年代以后出现的发展型社会工作，一方面与发展中国家的政府、社会工作者、发展工作者的实践有关，另一方面也受产生于发达国家的社会投资

等理论的影响。这些实践取得了一定的成绩,也为后来发展中国家的反贫困提供了借鉴和参照。

我国作为经济社会政策和发展项目的反贫困工作是从20世纪80年代中期开始的,最初是经济开发,接着是扶贫攻坚,主要是发展经济,由政府部门、国有大中型企业和贫困农户承担主要责任。2015年,我国开始实施脱贫攻坚工程,中央明确要求形成由专项扶贫、行业扶贫和社会扶贫互为补充的大扶贫格局,做到扶贫开发与经济社会发展相互促进,不但注重产业脱贫,而且加强教育等多层面脱贫;要求坚持群众主体,激发内生动力,注重扶贫扶智,增强贫困人口自我发展的能力,同时实施扶贫志愿者行动计划和社会工作专业人才服务贫困地区计划。这样,社会工作力量作为脱贫攻坚的有机组成部分,有了"特殊"的实践机会,也能够更有针对性地参与反贫困行动。2017年,《民政部 财政部 国务院扶贫办关于支持社会工作专业力量参与脱贫攻坚的指导意见》(以下简称《意见》)要求中国社会工作教育协会发挥推动作用,进行教育扶贫。同时,我国开始实施社会工作服务机构"牵手计划",从发达地区选择专业性强的社会工作服务机构,与贫困地区社会工作服务机构等进行结对。社会工作教育界积极响应政府部门的号召,组织、动员和支持各社会工作院系参与这一具有历史意义的反贫困行动。各类群体参与脱贫攻坚成为中国社会工作重建以来,规模最大、时间较长、有组织、有目标要求的集体性行动。

(二)社会工作参与脱贫攻坚取得了积极成果

按照民政部等部门的《意见》,中国社会工作教育协会参与脱贫攻坚是教育扶贫,其主要任务如下:高校社会工作专业院系要与贫困地区合作建立社会工作专业培训、教师实践和学生实习实训基地，帮助贫困地区培养社会工作专业人才；高校社会工作专业教师到贫困地区开展专业督导，引导社会工作专业在校生到贫困地区进行社会实践；支持鼓励社会工作专业毕业生到贫困地区就业。在中国社会工作教育协会的组织动员下，各社会工作院系秉持专业精神、发挥主观能动性，组织师生、链接资源、深入贫困地区，开展了多项服务，较好地完成了《意见》提出的任务，并尽己所能地为贫困地区的居民做贡献，在脱贫攻坚中取得了不少开创性成果。社会工作教育界支持了贫困地区的脱贫工作，促进了贫困地区社会工作人才和专业力量的发展，也获得了参与反贫困的直接经验，使我们感受到了当地干部群众和派驻的扶贫干部在反贫困中表现出来的坚韧不拔的精神。同时，参与脱贫攻坚也成为各社会工作院系坚持理论联系实际、开展实践教学、在实践中培养学生、在比较中进行研究的重要场域，因而参与者的收获是丰硕的。

对于参与脱贫攻坚，中国社会工作教育协会领导班子给予了高度重视，设计行动计划、动员组织力量，推动了整个工作向前发展。中国社会工作教育协会还建立了反贫困社会工作专业委员会，在贯彻落实协会的总体部署、推动整个活动发展方面发挥了积极作用。作为反贫困社会工作专业委员会的负责人，向德平教授和他主持的反贫困研究机构积极配合、主动工作，有力地推动了中国社会工作教育协会工作的开展。

二、社会工作界参与反贫困是理论与实践比较、互动和提升的过程

（一）社会工作教育界参与反贫困是理论与服务实践的互动过程

社会工作教育界参与反贫困的特点是，一批批具有深厚社会工作理论

与知识积累的高校教师和研究生、高年级本科生开展实践活动，这同时也是他们走出课堂和校门开展社会工作服务的过程。在一定意义上，它是理论指导实践的过程，也是实践检验书本知识和理论的过程。反贫困工作是在自然环境复杂、文化传统多样的贫困地区展开的，社会文化因素深深地影响着反贫困行动的开展。在上述经济、政治、社会、文化背景下开展的反贫困，必然比书本上介绍的复杂得多。社会工作界参与反贫困，必然会遇到上述复杂因素的影响，会遇到许多亟待解决的“中国式”问题。这是一个不断比较、选择、实践和反思的过程。对社会工作教育界来说，这是一系列挑战，也是在克服困难中不断成长的过程。

（二）书写经验是反贫困理论和实践成果的延伸

社会工作者的基本品格是奉献和共享发展成果，同时社会工作教育界又有改进教育、传播知识、贡献社会的责任。从这个角度来说，将参与反贫困的经验和思考写出来，是十分有意义的事情。向德平教授主编的这套书正是此种努力的体现。该丛书组织了国内社会工作界20多位专家学者，基于社会工作实践，总结反贫困的相关模式和经验，生产社会工作知识，价值显而易见。

该丛书以实践为基础，兼顾了反贫困知识和实践的完整性。它是多视角、全方位和具有整体性的。其主要视角包括社区为本视角、抗逆力视角、内生动力视角、资产建设视角、金融服务视角、可行能力建设视角、赋权视角、贫困治理视角、心理弹性和生涯辅导视角等。它关注的服务对象主要包括儿童、老年、妇女、残疾人及西部农村中的弱势群体。该丛书既介绍既有的社会工作理论，也介绍中国特色的社会工作实践。基于本土实践，它介绍了社会工作参与反贫困模式的多样化和经验的多元化，反映了中国反贫困的经验及社会工作参与反贫困的机制，阐明了专业社会工作是如何发挥专业优势、实现服务效能的。

该丛书也是系列教材，体现了从理论到实践、从实践到知识的转化过程。这里包含了对反贫困知识和理论的选择，包括在实践中对社会工作知识的运用和反思，也包括基于实践的知识建构，还包括不同类型和不同层次的建议。该丛书内容丰富，有借鉴、有创新，可指导实践，也为反贫困研究提供了参考框架，是反贫困领域的学术力作，是社会工作本土化的重要成果。

三、在乡村振兴中更好地运用和发展社会工作参与反贫困的经验

到2020年年底，我国在总体上消灭了绝对贫困，但是相对贫困还会长期存在。中国共产党第十九届中央委员会第五次全体会议提出“实现巩固拓展脱贫攻坚成果同乡村振兴有效衔接”，我国巩固脱贫成果和反贫困的任务依然是十分繁重的。在走向乡村振兴、实现共同富裕的进程中，已经取得的反贫困经验在一定程度上依然有效，这与相对贫困现象在地域、群体、经济状况、社会生态和文化上的连续性密切相关。当然，相对贫困也有自身的特点，贫困群体有了以往反贫困的经验，有了相对好的经济基础和社会生活条件，他们摆脱贫困的内在动力和能力也有所增强。但是我们也要看到，在新的国际国内形势下，面对不断加剧的市场化竞争，相对贫困群体的生存压力不会减少，反贫困的发展性要求会更加突出。我国已经进入社会主义现代化建设的新阶段，要贯彻新的发展理念，构建以国内大循环为主体、国内国

际双循环相互促进的新发展格局，其中乡村全面振兴、遏制返贫现象发生、实现共同富裕任务艰巨。在这种背景下，社会工作者在参与脱贫攻坚中获得的经验仍然有重要的参考价值。我们也期待社会工作者群体在参与乡村振兴和解决相对贫困问题方面取得新的成果。

把论文写在祖国大地上，中国社会工作教育界以自己的实际行动在认真践行。

王思斌
北京大学社会学系

主 编 序

打赢脱贫攻坚战，是实现中华民族伟大复兴的底线要求，是贫困地区与全国一起全面建成小康社会的关键之举，是实现国家长治久安的重要保障。

我国扶贫开发进入精准扶贫、精准脱贫的新阶段。精准扶贫战略贵在精准，精准与专业具有同构性，只有调动专业的力量参与精准扶贫，才能进一步提升精准识别、精准帮扶、精准管理的精准度，才能更专业地解决贫困人口在脱贫过程中的个性问题与发展问题。社会工作参与脱贫攻坚具有重要的意义，在反贫困工作中扮演着重要的角色。

社会工作作为专业力量参与脱贫攻坚，将专业队伍、专业方法、专业力量运用到脱贫攻坚的工作中，发挥了不可替代的专业优势和人才优势，提升了反贫困工作的专业性。事实上，社会工作起源于贫民救济或慈善事业，其发展的历史就是人们与贫困做斗争的历史。社会工作的专业方法、理念正是人们在与贫困及相关社会问题做斗争的实践中逐步形成和发展起来的，因此，社会工作参与脱贫攻坚具有深厚的历史基础和重大的现实意义。社会工作参与脱贫攻坚是社会扶贫的重要组成部分。作为精准扶贫的专业力量，社会工作通过需求评估，精准识别贫困人口及其致贫原因；通过资源整合，动员与协调各方扶贫力量和扶贫资源；通过提升扶贫对象的能力，激发和提升扶贫对象的内生动力和可行能力。社会工作参与脱贫攻坚，有助于提高反贫困工作的精准性和可持续性，实现由“输血型”扶贫向“造血型”扶贫、救助型扶贫向发展型扶贫的转变。

党中央、国务院十分重视社会工作专业人才服务贫困地区的工作，《中共中央 国务院关于打赢脱贫攻坚战的决定》(中发〔2015〕34号)、《中华人民共和国国民经济和社会发展第十三个五年规划纲要》和《国务院关于印发"十三五"脱贫攻坚规划的通知》(国发〔2016〕64号)对实施社会工作专业人才服务贫困地区计划、支持专业社会工作和志愿服务力量参与脱贫攻坚提出了明确的要求。为贯彻落实党中央、国务院的决策部署，支持社会工作专业力量参与脱贫攻坚工作，《民政部 财政部 国务院扶贫办关于支持社会工作专业力量参与脱贫攻坚的指导意见》发布，民政部办公厅、国务院扶贫办综合司出台了《社会工作教育对口扶贫计划实施方案》。

为落实《民政部 财政部 国务院扶贫办关于支持社会工作专业力量参与脱贫攻坚的指导意见》的精神，贯彻实施民政部、国务院扶贫办联合制定的《社会工作教育对口扶贫计划实施方案》，深入推进教育扶贫工作，全国社会工作专业学位研究生教育指导委员会和中国社会工作教育协会积极实施"社会工作教育对口扶贫计划"，组织全国200多所高校参与社会工作教育对口扶贫工作。在反贫困社会工作实践中，社会工作教育和实践工作者积极探索，积累了较丰富的实务经验，总结了一批典型案例，产出了一系列理论成果。本丛书是中国社会工作参与反贫困成果的系统呈现。

2019年3月16日，中国社会工作教育协会反贫困社会工作专业委员会与华东理工大学出版社在武汉举行"大国攻坚·反贫困社会工作丛书"启动仪式。来自十几所高校的20余名作者代表参加了会议。会议研讨、确定了本套丛书的写作框架和主要内容。

本丛书是在全国社会工作专业学位研究生教育指导委员会、中国社会工作教育协会的指导下，由中国社会工作教育协会反贫困社会工作专业委员会具体组织完成的。王思斌教授、阮曾媛琪教授、谢立中教授、蔡禾教授、关信平教授、马凤芝教授、彭华民教授全力支持反贫困社会工作专业委员会的工作，指导本丛书的编写。

中国社会工作教育协会前任会长徐永祥教授高度重视本丛书的编写工作，为丛书的编写和出版提供了巨大的支持。本丛书寄托了全体社会工作同仁对徐永祥教授的深沉怀念！

感谢所有关心、支持本丛书的专家和同仁！

向德平
华中科技大学社会学系

前　言

中国共产党第十九届中央委员会第五次全体会议（以下简称中共十九届五中全会）指出，要“实现巩固拓展脱贫攻坚成果同乡村振兴有效衔接”①。巩固拓展脱贫攻坚成果的关键在于增强脱贫户和边缘贫困户可持续发展的能力。发展可行能力建设视角的反贫困社会工作，是建立反贫困长效机制的重要途径。

自阿马蒂亚·森（Amartya Sen）首次提出“可行能力”概念以来，国内外学术界围绕可行能力贫困开展了大量研究，形成了丰富的可行能力视角下的贫困研究成果。然而，现有研究存在以下几方面不足：主要以贫困个体或地区为分析单位，忽视了家庭是贫困的基本单位这一社会事实，难以全面呈现家庭贫困的发生机理；以定性研究为主，少见运用科学的指标体系、系统评估贫困家庭的可行能力及其减贫机理的量化研究；多从静态视角分析可行能力与家庭贫困的关系，少见从动态层面分析可行能力建设减贫效应的研究；多从宏观层面和应然角度探讨可行能力视角的反贫困政策路径，少见基于案例分析的可行能力视角的反贫困社会工作研究成果。

基于已有研究的不足和加快发展反贫困社会工作的需要，本书从可行能力建设视角出发，以可行能力建设为切入点，开展反贫困社会工作的理论依据、现实需求、实践经验及其有效路径研究。在理论研究部分，本书全面

① 中国共产党第十九届中央委员会：《中共中央关于制定国民经济和社会发展第十四个五年规划和二〇三五年远景目标的建议》，(2020－10－29)[2021－08－20]，https://www.12371.cn/2020/11/03/ARTI1604398127413120.shtml。

梳理可行能力贫困理论及其对反贫困社会工作的启示，对“何为可行能力”“贫困家庭的可行能力现状”“可行能力视角下的致贫机理”“可行能力建设的减贫效应”和“可行能力建设反贫困社会工作的原理与路径”五个核心问题进行理论分析。在实践研究部分，本书基于实地调研，选取社会工作者参与易地扶贫搬迁人口就业帮扶、社区适应和因病致贫老年人自我健康管理的典型案例，以可行能力建设为切入点，对反贫困社会工作的实践绩效进行评估，总结以可行能力建设为切入点开展反贫困社会工作的实践经验、教训及其启示。

本书由“理论编”和“实践编”两大部分组成，共九章。其中，第一、二、三、四、五、六章为“理论编”，第七、八、九章为“实践编”。

第一章为《绪论》。该章在文献回顾的基础上，指出了现有研究在分析单位、研究方法和研究视角方面的不足，阐释了本研究的研究思路、研究内容、研究方法、数据来源及样本特征。

第二章为《可行能力建设视角下的反贫困社会工作基础理论》。该章回顾了贫困含义的多重面向，分析了可行能力贫困理论及其对反贫困社会工作的启示。研究指出，可行能力贫困观是一种多维贫困观，它的核心观点是：贫困不仅包括收入贫困，也包括健康、教育、住房、社会交往、权利等多个维度的贫困，单纯用收入低下来衡量贫困是不准确的。当一个人的基本可行能力不足时，他就无法实现正常的基本功能性活动。依据可行能力贫困理论，多数家庭贫困的外在表征是各种偶发风险事件堆积，究其内因则是家庭可行能力不足，低水平的可行能力使得家庭在面对外在风险的冲击时，无法有效启动家庭的预防和抗压机制，进而陷入贫困的牢笼。因此，从这个角度看，提高或改善贫困家庭的可行能力有助于贫困人口增强预防力和抗压力、摆脱贫困，进而增强可持续发展能力。可行能力贫困理论拓展了我们对贫困含义的理解，深化了对致贫原因的认识，为促进可持续稳定脱贫提供了理论指导。

第三章为《可行能力的测量指标体系与贫困家庭的可行能力》。该章将家庭可行能力操作化为资产能力、防护性保障、透明性保证、社会机会、资本能力、户主综合素质 6 个维度，构建了家庭可行能力的测量指标体系，基于课题组对湖北省 7 个县（市、区）1 013 个农户家庭样本的问卷调查数据，运用模糊综合评价法，测算样本家庭可行能力的各维度指数值和总体指数值。研究发现：第一，非贫困家庭与建档立卡前贫困家庭的可行能力之间存在差异。贫困家庭在建档立卡前的可行能力弱于非贫困家庭。具体表现在，贫困家庭建档立卡前的资产能力、防护性保障、透明性保证、社会机会、资本能力均弱于非贫困家庭。第二，贫困家庭可行能力在建档立卡前后存在差异。所有贫困家庭在建档立卡前的可行能力水平均低于建档立卡后的水平。具体来讲，相较于建档立卡前，贫困家庭建档立卡后的资产能力、防护性保障、透明性保证、社会机会、户主综合素质均有所改善或增强。第三，已脱贫家庭和未脱贫家庭的可行能力之间存在差异。其一，建档立卡前，已脱贫家庭和未脱贫家庭的可行能力均处于较低水平。其二，建档立卡后，未脱贫家庭的可行能力弱于已脱贫家庭的可行能力。其三，自建档立卡以来，已脱贫家庭可行能力的增量大于未脱贫家庭可行能力的增量。具体来看，未脱贫家庭在资产能力、透明性保证、社会机会、资本能力上的增量均显著低于已脱贫家庭。

第四章为《家庭可行能力不足对贫困的影响》。该章基于对湖北省7个县(市、区)1 013个农户家庭样本的问卷调查数据,运用Logistic回归模型,分析了可行能力与贫困发生概率之间的关系。研究发现:除防护性保障和透明性保证外,家庭可行能力的其他4个维度均对贫困的发生概率有显著影响。家庭资产能力越强、社会机会越多、资本能力水平越高、户主综合素质越高,其陷入贫困的可能性就越低。可见,可行能力不足是导致家庭陷入贫困的重要原因。

第五章为《家庭可行能力建设的减贫效应》。该章基于课题组对湖北省7个县(市、区)1 013个农户家庭样本的问卷调查数据,运用倾向得分匹配法,估计家庭可行能力变化对贫困家庭贫困状况影响的“参与者平均处理效应”。研究发现:家庭可行能力的改善能够显著加大贫困家庭脱贫的概率。具体表现在,家庭资产能力的提高、防护性保障的增强、透明性保证的改善、社会机会的增加、资本能力的提高、户主综合素质的提高都有助于加大贫困家庭脱贫的概率。同时,在家庭可行能力变化的6个维度上,不同维度的改善对促进贫困家庭脱贫的平均概率值呈现“社会机会变化＞透明性保证变化＞资本能力变化＞资产能力变化＞户主综合素质变化＞防护性保障变化”的特征。上述研究结果表明,家庭可行能力的改善有助于贫困家庭摆脱贫困。

第六章为《可行能力建设的反贫困社会工作原理与路径》。研究指出,多维贫困是可行能力建设视角下反贫困社会工作存在的逻辑前提,人文主义是可行能力建设视角下反贫困社会工作的基本理念,增权和赋能是可行能力建设视角下反贫困社会工作的重要手段,科学方法是可行能力建设视角下反贫困社会工作的重要保障。可行能力建设的反贫困社会工作与社会政策的路径在于：以家庭资产为切入点，加强脱贫家庭资产能力建设；以家庭防线为着力点，加强脱贫家庭的防护性保障建设；以政策宣传为侧重点，加强脱贫家庭的透明性保证建设；以社会资源为突破点，加强脱贫家庭的社会机会建设；以人力资源为关键点，加强脱贫家庭的资本能力建设；以内生动力为基点，加强脱贫家庭的户主综合素质建设。

第七章为《可行能力建设与易地扶贫搬迁人口就业帮扶》。该章分析易地扶贫搬迁人口的就业现状及其就业帮扶需求，并开展就业帮扶的社会工作实践，评估易地扶贫搬迁人口就业帮扶的社会工作介入实效及其不足，探讨在可行能力建设视角下加强对易地扶贫搬迁人口进行就业帮扶的对策建议。研究发现：社会工作能够链接各方面的优势资源，通过资源整合，形成凝聚力，助推当地的经济和社会发展；激发易地扶贫搬迁人口的就业潜能，增强他们的就业能力，通过实现稳定、持续性就业，促进区域经济发展。易地扶贫搬迁人口就业帮扶的社会工作优化路径在于：缓解易地扶贫搬迁人口的社会心理压力；增进易地扶贫搬迁人口的职业认同感；完善易地扶贫搬迁人口的社会支持体系；倡导对易地扶贫搬迁人口的就业能力提升形成常态化帮扶政策。

第八章为《可行能力建设与易地扶贫搬迁人口社区适应》。针对易地扶贫搬迁贫困人口的社区适应问题，该章引入地区发展模式，在文化与社会两个领域，从教育、社会交往、文化娱乐、社会组织四个方面对C村进行社区工作介入实践。研究发现：地区发展模式介入易地扶贫搬迁人口的社区适应具有较强的适用性，有助于链接教育资源、拓展社交网络、促进社区参与、提升文化认同与社区活力以及挖掘社区潜力。

第九章为《可行能力建设视角下因病致贫老年人的健康管理实践》。该章分析了因病致贫老年人的自我健康管理现状及其制约因素，以认知行为理论视角为主，与优势视角和社会支持理论相结合，开展个案社会工作服务。研究发现：因病致贫老年人的自我健康管理水平弱，受到家庭生计条件脆弱、个体认知偏差以及家庭有效沟通缺失的制约；对因病致贫老年人自我健康管理进行社会工作干预的关键在于改变认知、优化沟通环境；社会工作介入有助于促进因病致贫老年人自我健康管理水平的提升。对因病致贫老年人自我健康管理进行社会工作介入的优化路径在于：倡导加强农村基层健康服务能力建设，提高资源配置效率；提升农村老年人的健康意识，提高农村老年人的健康素养；加强对因病致贫老年人的健康教育，培育健康行为。

本书尝试在研究方法和研究视角两个方面拓展可行能力建设视角的反贫困研究。研究方法的创新体现为：针对已有研究多从抽象层面测量贫困人口的可行能力、尚未建构系统化测量指标的不足，本研究从家庭资产能力、防护性保障、透明性保证、社会机会、资本能力和户主综合素质六个维度构建了家庭可行能力测量指标，有助于科学呈现贫困人口的可行能力；针对已有研究多从应然层面探讨可行能力与贫困的关系、缺乏定量研究的不足，本研究运用二元 Logistic 回归法分析家庭可行能力不足的致贫机理，并运用倾向得分匹配法分析家庭可行能力建设的减贫效应，避免了反向因果推断的偏误；针对已有研究多从静态视角分析可行能力与贫困的关系的不足，本研究运用纵贯研究法分析家庭可行能力变化与家庭贫困状况变化之间的动态关系，有助于科学验证可行能力建设的减贫效应。研究视角的创新体现在：已有研究存在个体主义与结构主义视角的二元对立倾向，本研究将个体层面的家庭资产能力、资本能力、户主综合素质和结构层面的防护性保障、透明性保证、社会机会一起纳入可行能力分析框架，分析可行能力与贫困、减贫之间的关系，从而实现了个体主义与结构主义视角的有机结合。

目　录

CONTENTS

理　论　编

实 践 编

理论编

第一章　绪　　论

第一节　问题的提出

中国共产党第十九届中央委员会第五次全体会议指出："要实现巩固拓展脱贫攻坚成果同乡村振兴有效衔接。"①尽管我国在2020年就已消灭了绝对贫困，但是诸如依靠政策兜底的脱贫人群和脱贫不稳定人群，其由于自身可行能力较弱，仍旧存在较高的致贫、返贫风险。另外，农村还有如"低保户、五保户"等部分未曾享受过建档立卡政策的群体，仍旧面临着较高的贫困风险。因此，巩固拓展脱贫攻坚成果和促进贫困边缘户脱贫的关键在于增强他们的可持续发展能力，尤其是要增强他们的可行能力（关于此理论，将在下文的论述中详细介绍）。

阿马蒂亚·森曾指出，造成贫困人口陷入贫困的原因是他们获取收入

① 中国共产党第十九届中央委员会：《中共中央关于制定国民经济和社会发展第十四个五年规划和二〇三五年远景目标的建议》，(2020-10-29)[2021-08-20]，https://www.12371.cn/2020/11/03/ARTI1604398127413120.shtml。

的能力受到剥夺以及机会的丧失。① 低收入是导致贫困人口获取收入能力丧失的一个重要因素,但并不是全部因素。疾病、人力资本不足、社会保障系统的不完善、社会歧视等都是造成人们收入能力丧失的不可忽视的因素。②从这个意义上讲,贫困的发生是制度、环境、文化、人力资本、社会资本等多个因素综合作用的结果③,造成贫困的原因不仅在于贫困人口收入较低,还有可能是因病、因教(育)、因灾、因意外事故等使得他们在一段时间内的支出过高所致,其根本原因在于他们的可行能力不足。可见,巩固拓展脱贫攻坚成果的关键在于提升脱贫地区脱贫人口的可持续发展能力,尤其是要加强脱贫人口的可行能力建设。从可行能力建设视角出发,介入反贫困社会工作,是建立反贫困长效机制的重要路径。

第二节 文献回顾

一、贫困人口致贫机理的不同解释面向

(一) 国外学者关于致贫机理的主要解释视角

贫困问题是社会科学领域的一个热门研究问题。对于贫困问题,来自经济学、政治学、社会学等不同学科的学者们展开了大量的研究,形成了丰富的研究成果,并主要形成了个体主义、贫困文化论、结构主义和社会变迁

①② [印]阿马蒂亚·森:《以自由看待发展》,任赜、于真译,中国人民大学出版社 2002 年版,第 85—87 页。

③ 胡芳肖、熊欣、罗红荣:《基于 Logistic 回归的陕西农村家庭致贫因素分析》,载《社会保障研究》2012 年第 1 期。

等不同研究视角。

个体主义视角认为，每个人都能通过自身的努力来改变当下所处的境况。如果一个人陷入贫困，那么他的遭遇只能归结于自身原因，这些原因既包括自身的懒惰、不努力，还包括个人道德状况问题或者家庭环境影响等。持这种观点的人一般对政府和社会的社会救济活动持反对态度，认为社会救助会造成“养懒汉”现象。

贫困文化论的主要代表人物刘易斯(Lewis)在20世纪五六十年代对墨西哥和波多黎各的贫困问题进行研究后指出，贫困本身表现为一种自我维持的文化体系，即贫困文化。① 由于长期生活在贫困之中，穷人受周围文化环境的影响，很容易形成一种易于陷入贫困的价值观，包括不愿意规划未来、不思进取、没有上进心等。这种亚文化形式一旦形成，就会对穷人产生持续性影响，从而使穷人穷困潦倒的生活代代相传，这就是贫困的代际传递。根据贫困文化论的分析，仅仅在物质上给予穷人帮助是难以彻底消灭贫困的，要想根除贫困，就必须铲除滋生贫困的土壤，改造贫困亚文化。穷人只有摆脱其原有的价值观，接受社会主流文化，融入主流社会，才能从根本上摆脱贫困。②这种观点曾流行于20世纪60年代的美国，并对政府的反贫困政策产生了重要影响。这一理论使得政府在反贫困实践中特别注重提升个体素质、挖掘个体潜能、鼓励个体积极参与社会，通过市场竞争摆脱贫困。

结构主义视角认为，贫困的产生是由社会结构造成的。马克思在分析

①② [美]刘易斯:《贫穷文化：墨西哥五个家庭一日生活的实录》，丘延亮译，巨流图书公司1959年版，第1—473页。

资本主义社会中的贫困现象时指出，贫困产生的根本原因在于生产资料占有的不平等。资产阶级由于占有生产资料，因而可以不受节制地榨取无产阶级所创造的剩余价值，无产阶级处于被剥削的地位，从而导致了贫困。要解决资本主义社会中的贫困问题，只能彻底改变资本主义制度。[①] 贫困问题的产生是因为穷人相比于富人占据了较少的社会资源，这种社会资源分配的不平等使得穷人在社会中长期处于无权、受压迫和被歧视的地位，因而不能有效维护自身的合法权利，这些原因导致了穷人难以改变自身的境况，只能长期陷于贫困的境地。因此，要消除社会中的贫困现象，就要对社会资源特别是权力资源进行重新分配，使穷人能够有效维护自身的合法权益，进而改变穷人的处境。

功能学派认为，任何问题的产生都是一种功能需要，贫困问题也是如此，它的存在证明其存在的合理性，它的存在同样对社会的有序运行发挥着重要的作用。按照功能学派的观点，贫困问题不仅是不能根除的，而且反贫困政策也是没有必要的。

二元劳动市场论[②]认为，现代社会存在两种截然不同的劳动力市场：一种待遇好、工资高，能进入这类劳动力市场的人往往是比较富裕的阶层；另一种待遇较差、工资较低，那些进入这类劳动力市场的人往往是失败者，往往也更容易陷入贫困。这两种劳动力的划分是由个人经历、家庭背景和社会制度等多方面原因造成的。

① 马克思、恩格斯：《资本论(第三卷)》，中共中央马克思恩格斯列宁斯大林著作编译局译，人民出版社 2004 年版，第 29—49 页。

② Lewis W A, *Economic Development with Unlimited Supplies of Labour*. Oxford: Oxford University Press, 1954.

从社会变迁的角度看，社会转型往往会改变贫困者的构成。例如，在农业社会向工业社会的转变过程中，工业取代农业成为主导产业，这种产业的转型也造成了传统上居于主导地位的农业劳动者被产业工人所替代，相较于产业工人，农业劳动者更易于陷入经济上的贫困。

综上所述，国外学者分别从不同视角阐述了贫困的成因，越来越多的学者认识到，贫困的发生往往不是单一因素所致，而是各种因素综合作用的结果。

（二）国内学者对致贫机理的研究

总体而言，对“贫困问题是制度、环境、文化、人力资本、社会资本等多种因素综合作用的结果”这一观点，国内学术界已基本形成共识。但在具体的研究中，学者们对不同类型贫困的致贫原因及反贫困政策的分析，侧重点仍有不同。

基于个体主义视角的研究认为，贫困家庭的收入较低，尤其是在一定时期内支出大于收入是导致其贫困的重要原因。① 从家庭人力资本的角度来看，家庭成员中有身患残疾的，或者老人和孩子比例较高的，更容易陷入贫困；相反，家庭成员受教育水平越高或者有家庭成员外出务工，对缓解贫困有重要意义。② 也有学者指出，不同收入状况的群体遭受的贫困维度不同。因贫困人口数量不同，各省（自治区、直辖市）农户多维贫困的程度和其贡献

① 路锦非、曹艳春：《支出型贫困家庭致贫因素的微观视角分析和救助机制研究》，载《财贸研究》2011 年第 2 期。

② 徐月宾、刘凤芹、张秀兰：《中国农村反贫困政策的反思——从社会救助向社会保护转变》，载《中国社会科学》2007 年第 3 期。

率并不一致。[①]

从个体主义视角出发的学者认为，要想根除贫困，就必须注重提升个体的素质、挖掘个体潜能、改造贫困亚文化、鼓励个体积极参与社会，通过市场竞争摆脱贫困。因此，在反贫困路径的探析中应关注劳动力的建设和流动。在劳动力建设方面，应积累贫困对象的人力资本，增强其经济动力。[②③] 在劳动力流动方面，应通过促进贫困地区农村劳动力的流动来提高收入[④⑤]和缓解物质贫困[⑥]，以降低贫困深度、贫困强度[⑦]和贫困发生率。[⑧]

基于结构性视角的研究认为，城乡二元结构、贫困地区教育资源缺乏等制度性因素抑制了分工，导致农民难以自由选择职业，从而使农民陷入“制度性的贫困陷阱”[⑨]。相应地，摆脱此种“贫困陷阱”的办法就是消除抑制农村经济发展的各项制度安排，打破城乡二元结构，实现农村和城市的正常分

---

① 杨龙、汪三贵：《贫困地区农户的多维贫困测量与分解——基于 2010 年中国农村贫困监测的农户数据》，载《人口学刊》2015 年第 2 期。

② 孙亚南：《农业劳动力转移、人力资本投资与农村减贫》，载《学习与探索》2020 年第 11 期。

③ 陈爱丽、郑逸芳、许佳贤，等：《农村家庭人力资本的减贫效应研究——基于非农就业的作用机制》，载《农业现代化研究》2020 年第 1 期。

④ 张永丽、王博：《农村劳动力流动减贫效应的实证研究——基于甘肃省农户的调查》，载《人口学刊》2017 年第 4 期。

⑤ 王恒、王征兵、朱玉春：《乡村振兴战略下连片特困地区劳动力流动减贫效应研究——基于收入贫困与多维贫困的双重视角》，载《农村经济》2020 年第 4 期。

⑥ 韩佳丽：《深度贫困地区农村劳动力流动减贫的理论逻辑与实践路径》，载《云南民族大学学报(哲学社会科学版)》2020 年第 4 期。

⑦ Mat S H C, Jalil A Z A, Harun M, *Does Non-Farm Income Improve the Poverty and Income Inequality among Agricultural Household in Rural Kedah?* Procedia Economics and Finance, 2012, No. 1, pp. 269 - 275.

⑧ 樊士德、江克忠：《中国农村家庭劳动力流动的减贫效应研究——基于 CFPS 数据的微观证据》，载《中国人口科学》2016 年第 5 期。

⑨ 刘明宇：《分工抑制与农民的制度性贫困》，载《农业经济问题》2004 年第 2 期。

工分化而不是收入分化，使农民共享改革发展的成果。① 在教育资源的获取方面，教育贫困也是贫困人口陷入贫困的重要原因。② 从宏观层面来看，欠发达地区的自然地理条件、制度安排、人力资源配置及基础设施相对落后③，城镇化程度低、乡村劳动力转移程度低、卫生条件差、产业结构不合理、第一产业发展水平落后、种植业结构不合理、粮食单产低、耕地机械动力投入不足、人均政府财政预算支出不足，这些因素是制约落后地区经济发展、脱贫减贫的重要因素。

在结构主义视角下，研究者认为可以从政策和资源层面出发来缓解贫困。在政策层面，一是通过金融、生态补偿等发展性政策带动贫困人口就业，进而提高他们的收入，缓解贫困。④⑤ 二是实施医保等保障性政策，以提高农民的收入水平⑥，降低贫困发生率。⑦ 三是以低保等兜底性政策来降低保障对象的贫困水平，减缓其贫困。⑧ 在资源层面，一是注重资源的配置，可

---

① 赵玉亮、邓宏图：《制度与贫困：以中国农村贫困的制度成因为例》，载《经济科学》2009 年第 1 期。

② 赵茂林：《中国西部地区农村贫困与“教育反贫困”战略的选择》，载《甘肃社会科学》2005 年第 1 期。

③ 周猛：《集中连片特困地区的致贫因素和减贫对策探析——以西藏自治区改则县为例》，载《开发研究》2012 年第 6 期。

④ Azra, Khan D, Ahmad E, et al, *Financial Development and Poverty Alleviation: Time Series Evidence from Pakistan*. World Applied Sciences Journal, 2012, Vol. 18, No. 11, pp. 1576 - 1581.

⑤ 任林静、黎洁：《生态补偿政策的减贫路径研究综述》，载《农业经济问题》2020 年第 7 期。

⑥ 于大川、李培祥、杨永贵：《农村医疗保险制度的增收与减贫效应评估——基于 CHNS(2015)数据的实证分析》，载《农业经济与管理》2019 年第 5 期。

⑦ 张鑫、赵苑达：《微观经济个体参保行为对医疗费用支出的影响效应研究》，载《社会保障研究》2020 年第 2 期。

⑧ 韩华为、高琴：《中国农村低保制度的保护效果研究——来自中国家庭追踪调查(CFPS)的经验证据》，载《公共管理学报》2017 年第 2 期。

以通过现金转移支付等公共转移支付减缓贫困人口的贫困程度。[①][②] 同时，可以向农村投放教育资源，增加农民的收入，减缓贫困。[③] 另外，可以鼓励外商直接投资，以提升贫困人口的收入水平。[④] 二是注重资源的调整。其一，调整产业结构，以带动贫弱农户增收[⑤]；其二，提高欠发达地区基本公共服务均等化水平[⑥]；其三，进行土地整治和土地流转[⑦][⑧]，以提高农户的收入水平，缓解他们的多维贫困[⑨]并促进农户脱贫。[⑩]

基于综合性视角的研究认为，贫困的发生是自然、经济和社会三方面因素共同作用的结果。[⑪] 各种致贫因素又可以进一步分为直接因素和间接因素：直接因素包括经济因素、个体因素、社会因素、地理环境因素和脆弱性因

---

① Brady D, *The Welfare State and Relative Poverty in Rich Western Democracies, 1967 - 1997*. Social Forces, 2005, Vol. 83, No. 4, pp. 1329 - 1364.

② Gertler P J, Martinez S W, Rubio-Codina M, *Investing Cash Transfers to Raise Long-Term Living Standards*. American Economic Journal: Applied Economics, 2012, Vol. 4, No. 1, pp. 164 - 192.

③ 陈鸣、姚旭兵：《农村教育投资减缓农村贫困具有空间溢出效应吗?》，载《教育与经济》2020 年第 5 期。

④ 陈怡、裴卓尔：《外商直接投资有助于我国减贫吗？——基于微观家户数据的分析》，载《武汉金融》2020 年第 6 期。

⑤ 李慧玲、徐妍：《交通基础设施、产业结构与减贫效应研究——基于面板 VAR 模型》，载《技术经济与管理研究》2016 年第 8 期。

⑥ 兰昊骋、杨帆：《四川藏区基本公共服务对减贫的影响作用分析》，载《四川农业大学学报》2016 年第 1 期。

⑦ 李明山、谢保鹏、陈英，等：《基于双重差分模型的土地整治多维减贫效应研究——以天水甘谷县为例》，载《中国农业资源与区划》2020 年第 6 期。

⑧ 张亚洲、杨俊孝：《深度贫困地区土地流转的减贫效应研究——基于新疆南疆地区 1386 户农户调查实证》，载《干旱区资源与环境》2020 年第 7 期。

⑨ 蔡洁、夏显力：《农地转出：缓解还是加剧了农户的多维贫困?》，载《长江流域资源与环境》2019 年第 12 期。

⑩ 左孝凡、陆继霞：《贫困脆弱性视阈下的农地流转减贫效应》，载《资源科学》2020 年第 2 期。

⑪ 程晓娟、张霞：《贫困地区致贫因素指标体系研究》，载《开发研究》2005 年第 2 期。

素;间接因素包括制度因素和文化因素。①

二、可行能力视角的贫困研究

(一) 可行能力理论的提出及其发展

1. 可行能力理论的提出

1979 年 5 月,阿马蒂亚·森在斯坦福大学的演讲中首次指出,基本可行能力应是一个人能够做某些基本的事情,如满足基本的营养、保障衣食住行及参与社会生活的能力②,这为可行能力概念的提出奠定了基础。在《以自由看待发展》一书中,他将可行能力界定为“人们可能实现的、各种可能的功能性活动的组合”,包括满足温饱等基本可行能力和能认字、计数等自由。③从本质上来讲,可行能力是一种自由,是实现可替换功能组合的实质自由。④同时,阿马蒂亚·森还认为,在可行能力中,需要关注功能和能力两个概念。其中,功能指的是人们“存在和行为”的状态,如基本的温饱、健康、教育、住房、安全等生活状态或水准;而能力是功能的派生概念,指的是人们拥有实现各种功能组合的真正自由或机会,如参与社会生活的能力。⑤ 功能和能力

---

① 胡联、孙永生、王娜,等:《贫困的形成机理:一个分析框架的探讨》,载《经济问题探索》2012 年第 2 期。

② Sen A K, *Equality of What? Lecture on Human Values*. Salt Lake City: University of Utah, 1980.

③ [印] 阿马蒂亚·森:《以自由看待发展》,任赜、于真译,中国人民大学出版社 2002 年版,第 30、63 页。

④ [美] 玛莎·C. 努斯鲍姆:《寻求有尊严的生活:正义的能力理论》,田雷译,中国人民大学出版社 2016 年版,第 15 页。

⑤ Alkire S, Deneulin S, *The Human Development and Capability Approach*. An Introduction to the Human Development and Capability Approach, 2009, No. 1, pp. 22-48.

之间的区别在于实现的和有效的可能，即功能是成就或状态，能力是自由或有价值的机会。例如，旅行是一种功能，但旅行的真正机会是相应的能力。① 值得注意的是，尽管可行能力的关注点是个人，但它具有一定的灵活性，可以向家庭、群体、社区延伸和拓展。②③④⑤

2. 可行能力理论的发展

玛莎·C. 努斯鲍姆(Martha C. Nussbaum)、阿马蒂亚·森、乔纳森·沃尔夫(Jonathan Wolff)和艾维纳·德-夏里特(Avner De-Shalit)从不同的关注点出发，探讨和发展了可行能力理论。其中，前两者的关注点在于人们应该具有哪些方面的可行能力；后两者从维持人功能的可行能力视角，对玛莎·C. 努斯鲍姆的可行能力清单进行了扩展。

在阿马蒂亚·森的可行能力理论中，自由与可行能力之间是相互贯通的。他从"实质的"基础出发，对自由的概念做出了界定。自由是"人们自愿过或有理由珍惜并重视有价值生活的可行能力"⑥。同时，他又认为可行能

---

① Robeyns I, *The Capability Approach: A Theoretical Survey*. Journal of Human Development, 2005, Vol. 6, No. 1, pp. 93 - 117.

② Iversen V, *Intra-Household Inequality: A Challenge for the Capability Approach?* Feminist Economics, 2003, Vol. 9, No. 2 - 3, pp. 93 - 115.

③ Koo J, Lee H, *Regional Capability and Regional Disparity: A Conceptual Framework and Applications within Korea*. International Review of Public Administration, 2015, Vol. 20, No. 2, pp. 121 - 135.

④ Petre G, *Vulnerability Dimensions of the Roma People at the European Level: Social Inclusion Perspective Capabilities*. Research and Science Today, 2017, No. 1, pp. 26 - 38.

⑤ Hassan M H, Jebin L, *Comparative Capability of Migrant and Non-Migrant Households: Evidence from Rural Bangladesh*. Asian Economic and Financial Review, 2018, Vol. 8, No. 5, pp. 618 - 640.

⑥ [印] 阿马蒂亚·森：《以自由看待发展》，任赜、于真译，中国人民大学出版社 2002 年版，序，第 3、30—32、85 页。

力是一种自由，是“人们具有的、过有理由珍惜并重视的有价值生活的实质自由”①。他还指出，实质自由可以被划分为五种工具性自由——透明性保证、经济条件、政治自由、防护性保障、社会机会，它们是构成可行能力清单的主要维度，有助于让人们通过个人珍惜并重视的形式来进行生活。② 除此之外，他拒绝认可一个规范性、固定性和权威性的可行能力清单，原因在于，他认为可行能力的内容应根据社会条件的时空性、主体异质性和研究目的的多样性来确定。③④

玛莎·C. 努斯鲍姆在她的可行能力理论中，以发展或未经发展的内在特性、外在环境为抓手，把可行能力细分为三种类型。第一种类型为内在可行能力。它指的是训练或发展出来的特质和能力，如性格品质、智力、身体健康状况等。第二种类型为综合可行能力。它是在内在可行能力的基础上，融合政治、经济等适当的外在环境所发展出来的能力，是实现内在可行能力的一种途径或机会，包括选择和行动的实质自由。第三种类型为基本可行能力。它指的是个人固有的内在潜能，是得到培养或未经培养的天赋力量，它为后期的发展和训练提供了可能性。此外，玛莎·C. 努斯鲍姆以个体、个体与外在环境的链接为主线，提出了包括寿命、健康或完整的身体、实践理性、思维、归属感、同自然共存、情感、控制外部环境和玩耍等几种能力

---

① [印] 阿马蒂亚·森：《以自由看待发展》，任赜、于真译，中国人民大学出版社 2002 年版，序，第 85 页。

② [印] 阿马蒂亚·森：《以自由看待发展》，任赜、于真译，中国人民大学出版社 2002 年版，序，第 7、30—32 页。

③ [印] 阿马蒂亚·森：《以自由看待发展》，任赜、于真译，中国人民大学出版社 2002 年版，序，第 3 页。

④ Alkire S, *Choosing Dimensions: The Capability Approach and Multidimensional Poverty*. MPRA Paper, 2008, Vol. 76, No. 5, pp. 89 - 119.

在内的可行能力清单。①②

乔纳森·沃尔夫和艾维纳·德-夏里特指出,人们所处的优势或劣势地位不是资源占有或偏好满足的问题,而是人们能做什么和成为什么样的人的问题。他们的关注点在于维持人的功能所需的能力和方法,这种能力应使人们能够获得并长期维持社会的某些功能。功能的缺乏或被剥夺使人处于一种不利的状态。同时,他们在玛莎·C.努斯鲍姆的可行能力清单上增加了善待他人、能够表达感激之情、以守法的方式生活和完全独立四种类别。此外,乔纳森·沃尔夫和艾维纳·德-夏里特还指出他们所提供的可行能力清单是临时性的,是需要在未来的理论和实证研究中加以发展和完善的。③

在可行能力理论中,贫困不仅表现为贫困人口拥有较低的收入水平,还表现在他们的可行能力被剥夺或缺失上面④,或体现在他们的创收能力匮乏和机会的缺失等方面⑤,抑或表现为贫困人口缺乏人们所重视并有理由重视的多重自由⑥。总之,在这一视角下,贫困是缺乏物质财富、价值行为和人的

---

① [美]玛莎·C.努斯鲍姆:《寻求有尊严的生活:正义的能力理论》,田雷译,中国人民大学出版社2016年版,第15—25页。

② Nussbaum M, *Capabilities as Fundamental Entitlements: Sen and Social Justice*. Feminist Economics, 2003, No.9, pp.33-59.

③ Jonathan W, Avner D S, *Disadvantage*. Oxford: Oxford University Press, 2007.

④ Nussbaum M, *Creating Capabilities*. England: The Belknap Press of Harvard University Press, 2011.

⑤ [印]阿马蒂亚·森:《以自由看待发展》,任赜、于真译,中国人民大学出版社2002年版,第85—86页。

⑥ Alkire S, *Development: A Misconceived Theory Can Kill*. OPHI Working Paper 11, University of Oxford, 2008, pp.2-18.

自由选择①,具有多层面和综合性的特点②③。因此,对贫困的分析和治理不仅要向人们有缘由追求的目标转移,更要向能够顺利实现这些目标的自由转变。④

(二)可行能力贫困的实证研究

1. 可行能力视角的贫困测量研究

1)收入在内的贫困测量

有研究者指出,获取收入、健康和教育是使人们达到适当生活水平的重要可行能力,贫困的衡量应围绕这三者展开。⑤ 基姆(Kim)等学者利用 1996 年至 2008 年英国家庭面板调查数据,从收入、健康、就业、住房、耐用消费品和社会资本六个维度来衡量贫困。⑥ 里宾(Rippin)则从主客观的视角围绕健康、教育、就业、住房、外部环境(交通和安全的环境)、收入六个维度来测

---

① Juhász J, Bajmócy Z, Malovics G, et al., *Contrasting Theoretical and Case-Related Thinking in Poverty Alleviation: A Framework Based on the Capability Approach*. Social Science, 2018, No. 3, pp. 37 - 55.

② Hick R, *Material Poverty and Multiple Deprivation in Britain: The Distinctiveness of Multidimensional Assessment*. Journal of Public Policy, 2016, Vol. 36, No. 2, pp. 277 - 308.

③ Megbowon E T, *Multidimensional Poverty Analysis of Urban and Rural Households in South Africa*. Studia Universitatis Babes-Bolyai Oeconomica, 2018, Vol. 63, No. 1, pp. 3 - 19.

④ [印] 阿马蒂亚·森:《以自由看待发展》,任赜、于真译,中国人民大学出版社 2002 年版,第 87 页。

⑤ Callander E J, Schofield D J, Shrestha R N, *Towards a Holistic Understanding of Poverty: A New Multidimensional Measure of Poverty for Australia*. Health Sociology Review, 2012, Vol. 21, No. 2, pp. 138 - 152.

⑥ Kim S G, *What Have We Called as "Poverty"? A Multidimensional and Longitudinal Perspective*. Social Indicators Research, 2016, Vol. 129, No. 1, pp. 229 - 276.

量多维贫困。[①] 除此之外，世界银行于2013年围绕教育、饮用水、电、卫生设施、收入和消费这些指标对全球119个国家人口的多维贫困状态进行衡量时，发现有九分之八的人至少在教育或基础设施服务方面处于被剥夺状态。[②]

2）收入之外的贫困测量

苏帕（Suppa）认为，应从教育、住房、健康、物质匮乏、社会参与和就业六个维度来测量贫困。[③] 希克（Hick）认为，在分析贫困时应着重考虑以下几个方面的可行能力：避免过早死亡和拥有正常的寿命、良好的营养、避免非自愿移民、健康、住房、社会参与、有可利用的受教育机会、避免受歧视和羞辱、拥有自主权、对生活感到满意、避免犯罪和失业。[④] 阿尔基尔（Alkire）则从生活水平、健康和教育出发，提出了一种用于判断个人或家庭是否处于多维贫困状态的MPI指数[⑤]，联合国开发计划署利用该指数在调查101个样本国家时发现有23.1%（13亿）的人属于多维贫困人口[⑥]。

---

① Rippin N, *Multidimensional Poverty in Germany: A Capability Approach*. Forum for Social Economics, 2016, Vol. 45, No. 2－3, pp. 230－255.

② World Bank, *Poverty and Shared Prosperity 2018: Piecing Together the Poverty Puzzle*. Washington DC: World Bank, 2018, pp. 1－167.

③ Suppa N, *Towards a Multidimensional Poverty Index for Germany*. Empirica, 2018, Vol. 45, No. 4, pp. 655－683.

④ Hick R, *Poverty as Capability Deprivation: Conceptualizing and Measuring Poverty in Contemporary Europe*. European Journal of Sociology, 2014, Vol. 55, No. 3, pp. 295－323.

⑤ Alkire S, *Multidimensional Poverty and Its Discontents*. SSRN Electronic Journal, OPHI Working Paper, 2011, Vol. 25, No. 2, pp. 1－28.

⑥ UNDP, *Global Multidimensional Poverty Index 2019: Illuminating Inequalities*. New York: UNDP, 2019, pp. 1－20.

2. 贫困人口的可行能力研究

1）贫困人口可行能力的描述性分析

（1）可行能力贫困的一般表征。学者们认为，贫困的实质是可行能力不足或缺失[①]，其具体表现为：① 资源禀赋不足，尤其是包括年龄、性别等个体差异在内的功能和获得资源的能力不足[②]。② 内生发展动力不足。一是自信心匮乏，贫困对象长期处于贫困状态，生活自信心倍受打击，抱着得过且过的心态。[③] 二是参与意识和能力弱，即参与公共事务的意识弱、参与能力不足。[④] 三是依赖思想严重，贫困对象适应了贫困状态，缺少脱贫的自主性，甚至将贫困视为显性福利。[⑤] ③ 制度发展滞后，主要表现为社会保障制度缺乏公平性，无法为弱势群体的重大风险提供防范。[⑥]

（2）特定群体的可行能力特征。① 女性的可行能力特征。农村妇女发展困境的本质在于可行能力贫困，主要表现在经济条件水平低（与男性相比在生产性资源的获得上存在差距）、社会机会匮乏（就业、择业等发展性资源受到限制）、透明性保证不足（信息需求无法得到满足）和防护性保障缺失（医疗保健

① 李文祥、田野：《社会工作介入贫困群体的可行能力建设研究》，载《社会科学》2018 年第 12 期。

② 李冰：《农村贫困治理：可行能力、内生动力与伦理支持》，载《齐鲁学刊》2019 年第 3 期。

③ 渠鲲飞、左停、王琳瑛：《深度贫困区技能扶贫运行困境分析——基于能力贫困的视阈》，载《中央民族大学学报(哲学社会科学版)》2018 年第 3 期。

④ 钟晓华：《可行能力视角下农村精准扶贫的理论预设、实现困境与完善路径》，载《学习与实践》2016 年第 8 期。

⑤ 王修华、任静远、王毅鹏：《基于贫困户可行能力不足的扶贫困境与破解思路》，载《农村经济》2019 年第 5 期。

⑥ 何慧超：《中国城市贫困与治理：基于可行能力的视角》，载《学习与实践》2008 年第 2 期。

和疾病防护不足)等方面。① 同时,农村女性的可行能力具有脆弱性,且这种脆弱性与贫困程度存在正相关关系,即贫困程度越深,脆弱性越严重。② ② 农民工的可行能力特征。农民工群体的可行能力贫困不仅表现在政治自由(选举权、言论权)、经济条件(就业政策)、社会机会(子女教育和医疗保障)、透明性保证(就业权益)和防护性保障(社会保障)的缺失上面③,还表现在人力资本水平低④、公共事务参与度不高、适应能力弱、人际关系缺失及自我成长不足等方面。⑤ ③ 贫困家庭的可行能力特征。贫困户(家庭)的可行能力弱于非贫困户(家庭)。⑥ 其中,低保家庭可行能力的贫困集中表现在:一是透明性保证缺失,即信息获取途径单一和不了解扶贫救助政策;二是防护性保障不足,即对低保金或养老金及医疗保险报销持有较低的满意度;三是社会机会匮乏,即存在被动辍学家庭成员、拥有较少的心理健康保障和社会活动机会。⑦

2) 可行能力视角下对特定贫困群体的研究

(1) 残疾贫困群体研究。残疾和可行能力被剥夺之间存在因果关系,残

① 姚德超、刘筱红:《农业女性化视野下农村妇女发展的困境与政策调适——基于阿马蒂亚·森自由发展观的分析》,载《兰州学刊》2012 年第 8 期。

② 沈茂英:《农村女性可行能力与生态扶贫路径探究——以川西贫困藏区为例》,载《西藏研究》2016 年第 6 期。

③ 徐玮、董婷婷:《农民工"可行能力"的贫困》,载《中国矿业大学学报(社会科学版)》2009 年第 1 期。

④ 程世勇、秦蒙:《中国城市农民工多维贫困测度与精准扶贫策略选择》,载《教学与研究》2017 年第 4 期。

⑤ 李友得、范晓莉:《新生代农民工市民化可行能力提升路径研究——基于职业教育"精准扶贫"的视角》,载《职教论坛》2019 年第 1 期。

⑥ 闫磊、邓文慧、王海燕:《精准脱贫:变量厘定与问题发觉》,载《兰州大学学报(社会科学版)》2018 年第 5 期。

⑦ 钟晓华:《粤北山区农村低保家庭能力贫困测度》,载《湖南理工学院学报(自然科学版)》2018 年第 3 期。

疾人的就业机会少、生活质量差,面临更高的多维贫困风险。[①②] 在残疾人群体中,女童和妇女、农村居民、智力和精神或多重残疾人的可行能力被剥夺得最严重[③],且户主残疾贫困家庭的贫困程度更深[④]。

(2) 贫困儿童研究。有学者从教育、健康、社会参与和收入四个维度的可行能力方面分析了贫困儿童的形成原因,结果表明,监护人的受教育程度低、家庭成员失业[⑤]、家庭收入低会造成儿童的贫困[⑥],另外,收入贫困又会增加儿童患病的风险和减少社会参与行为[⑦],使得儿童更容易面临多维贫困风险[⑧⑨]。

---

① Pinilla-Roncancio M, *The Reality of Disability: Multidimensional Poverty of People with Disability and Their Families in Latin America*. Disability and Health Journal, 2018, Vol. 11, No. 3, pp. 398 - 404.

② Jean-Francois T, Parul B, Derek B, et al., *Disability as Deprivation of Capabilities: Estimation Using a Large-Scale Survey in Morocco and Tunisia and an Instrumental Variable Approach*. Social Science & Medicine, 2018, Vol. 211, pp. 48 - 60.

③ Trani J F, Bakhshi P, Myer Tlapek S, et al., *Disability and Poverty in Morocco and Tunisia: A Multidimensional Approach*. Journal of Human Development and Capabilities, 2015, Vol. 16, No. 4, pp. 1 - 31.

④ Bella A, Dartanto T, *Persons with Disabilities (PWD) and Poverty in Indonesia*. Malaysian Journal of Economic Studies, 2018, Vol. 55, No. 2, pp. 167 - 188.

⑤ Bastos A, Machado C, *Child Poverty: A Multidimensional Measurement*. International Journal of Social Economics, 2009, Vol. 36, No. 3, pp. 237 - 251.

⑥ Hegde G N, Devarani L, Lahiri B, et al., *Child Multidimensional Poverty and Its Determinants in Rural Farm-Households of Garo Hills, Meghalaya*. Economic Affairs, 2019, Vol. 64, No. 2, pp. 459 - 467.

⑦ Wüst K, Volkert J, *Childhood and Capability Deprivation in Germany: A Quantitative Analysis Using German Socio-Economic Panel Data*. Social Indicators Research, 2012, Vol. 106, No. 3, pp. 439 - 469.

⑧ Chzhen Y, Ferrone L, *Multidimensional Child Deprivation and Poverty Measurement: Case Study of Bosnia and Herzegovina*. Social Indicators Research, 2017, Vol. 131, No. 3, pp. 999 - 1014.

⑨ Kim H, *Beyond Monetary Poverty Analysis: The Dynamics of Multidimensional Child Poverty in Developing Countries*. Social Indicators Research, 2019, Vol. 141, No. 3, pp. 1107 - 1136.

(3) 贫困家庭研究。韦格尔(Wagle)以尼泊尔加德满都为研究对象，指出家庭总体可行能力(健康、教育、性别歧视)可以有效预测其他方面的贫困。[①] 克拉森(Klasen)等学者引入性别视角，认为女性户主家庭和男性户主家庭之间存在一定的贫困差距，其中，女性户主家庭面临着更高的多维贫困风险。[②③]

3) 可行能力视角下的反贫困政策研究

一些学者从主体性视角出发，强调要关注贫困对象的参与性及其内在动力[④]，主张通过激发贫困对象的内生动力，帮助和引导贫困对象通过自身努力来扩大和改善其可行能力，降低被剥夺情况和减缓被剥夺程度[⑤]，以实现减贫的目的。[⑥] 例如，有学者主张，在治理儿童贫困问题时，应关注贫困儿童能够利用外界提供的福利服务做什么[⑦]，帮助贫困儿童提高立志能力和终

---

① Wagle U, *Multidimensional Poverty Measurement with Economic Well-being, Capability, and Social Inclusion: A Case from Kathmandu, Nepal*. Journal of Human Development, 2005, Vol. 6, No. 3, pp. 301 - 328.

② Adenuga A H, Omotesho O A, Ojehomon V E T, et al., *Poverty Analysis of Rice Farming Households: A Multidimensional Approach*. Albanian Journal of Agricultural Sciences, 2013, Vol. 12, No. 4, pp. 641 - 651.

③ Adepoju A O, Akinluyi O I, *Multidimensional Poverty Status of Rural Households in Nigeria: Does Family Planning have Any Effect?* International Journal of Social Economics, 2017, Vol. 44, No. 8, pp. 1046 - 1061.

④ Hick R, *The Capability Approach: Insights for a New Poverty Focus*. Journal of Social Policy, 2012, Vol. 41, No. 2, pp. 291 - 308.

⑤ [印] 阿马蒂亚・森:《以自由看待发展》，任赜、于真译，中国人民大学出版社 2002 年版，第 89 页。

⑥ Juhász J, Bajmócy Z, Malovics G, et al., *Contrasting Theoretical and Case-Related Thinking in Poverty Alleviation: A Framework Based on the Capability Approach*. Social Science, 2018, No. 3, pp. 26 - 27.

⑦ Glassman M, *Is Education Ripe for a Paradigm Shift? The Case for the Capability Approach*. Education as Change, 2011, Vol. 15, No. 1, pp. 161 - 174.

身学习能力，为贫困儿童提高发展能力提供机会，扩大生活机会。[①②]

一些学者从制度主义视角出发，主张通过强化社会责任来保障贫困人口的能力和机会，在政策上保障贫困对象可行能力的安全性或防止可行能力被剥夺[③]，进而达至消除或减轻贫困的目的。[④] 有学者指出，在治理残疾人贫困问题时，应通过教育投资、提供社会援助和增强集体能力的方式来增强残疾贫困者的可行能力。[⑤]

三、对现有研究的评价

总体而言，从可行能力建设视角开展的贫困研究成果相对较少。在为数不多的可行能力贫困研究中，相关研究在如下方面仍有待进一步拓展。

一是在分析单位上，现有研究主要以贫困个体或贫困地区为分析单位，以贫困家庭为分析单位的研究成果较少，忽视了家庭作为一个生活有机体的社会属性，也忽视了家庭而非个人是贫困认定的基本单位这样一个社会事实，因而较难全面地呈现家庭贫困发生的内在机理及可行能力对家庭贫

---

① Bessant J, *A Dangerous Idea? Freedom, Children and the Capability Approach to Education*. Critical Studies in Education, 2014, Vol. 55, No. 2, pp. 138 - 153.

② Kim K H, *Transformative Educational Actions for Children in Poverty: Sen's Capability Approach into Practice in the Korean Context*. Education as Change, 2017, Vol. 21, No. 1, pp. 174 - 192.

③ Nussbaum M, *Creating Capabilities*. England: The Belknap Press of Harvard University Press, 2011.

④ [印] 阿马蒂亚·森：《以自由看待发展》，任赜、于真译，中国人民大学出版社 2002 年版，第 285—288 页。

⑤ Graham L, Moodley J, Selipsky L, *The Disability-Poverty Nexus and the Case for a Capabilities Approach: Evidence from Johannesburg, South Africa*. Disability & Society, 2013, Vol. 28, No. 3, pp. 324 - 337.

困的作用机制。

二是在研究方法上，一方面，已有的关于可行能力与贫困的研究成果多以定性研究为主，多从抽象或应然层面分析可行能力与贫困之间的关系，少见基于科学的家庭可行能力测量指标体系，系统全面地评估贫困家庭的可行能力，进而对可行能力与家庭贫困之间的关系进行严谨量化分析的成果；另一方面，已有的相关研究多从静态视角分析可行能力与家庭贫困之间的关系，少见从动态层面分析可行能力改变对家庭贫困的影响及其减贫效应的实证研究成果。

三是在研究路径上，现有研究多从宏观政策层面和应然角度探讨可行能力与家庭贫困之间的关系以及可行能力视角下的反贫困政策路径，少见基于行动研究和案例研究探讨可行能力视角下反贫困社会工作的实证与案例研究成果。

第三节　研 究 设 计

一、研究思路与研究内容

基于已有研究的不足和加快发展反贫困社会工作的需要，本书从可行能力建设视角出发，以可行能力建设为切入点，开展反贫困社会工作的理论依据、实践经验及其有效路径研究。在理论研究部分，本书全面梳理可行能力贫困理论及其对反贫困社会工作的启示，回答了“何为可行能力”“贫困家庭的可行能力现状”“可行能力视角下的致贫机理”“可行能力建设的减贫效应”和“可行能力建设反贫困社会工作的原理与路径”五个基本问题。在实践研究部分，本书基于实地调研，选取社会工作者参与易地扶贫搬迁人口就业帮扶、社区适应和因病致贫老年人自我健康管理的典型案例，以可行能力建设为切入点，对反贫困社会工作的实践绩效进行评估，总结以可行能力建设为切入点开展反贫困社会工作的实践经验、教训及其启示。

其主要研究内容如下：

1. 可行能力建设视角下反贫困社会工作的基础理论。梳理贫困含义的多重面向，分析可行能力贫困理论及其对反贫困社会工作的启示。

2. 可行能力与家庭贫困的实证研究。一是可行能力的测量指标体系与贫困家庭的可行能力。将家庭可行能力操作化为资产能力、防护性保障、透明性保证、社会机会、资本能力、户主综合素质六个维度，构建家庭可行能力的测量指标体系，运用模糊综合评价法，测量贫困家庭的可行能力水平。二是家庭可行能力不足对贫困的影响。运用 Logistic 回归模型，分析可行能力与贫困发生概率之间的关系。三是家庭可行能力建设的减贫效应。运用倾向得分匹配法，估计家庭可行能力变化对贫困家庭贫困状况影响的“参与者平均处理效应”。

3. 可行能力建设的反贫困社会工作原理与路径。从逻辑前提、基本理念、主要手段和方法保障四个方面分析可行能力建设的反贫困社会工作原理；从家庭资产、家庭保障、政策宣传、社会资源、人力资源和内生动力六个方面探讨可行能力建设视角下反贫困社会工作的路径。

4. 可行能力建设视角下的反贫困社会工作实践。一是可行能力建设与易地扶贫搬迁贫困人口就业帮扶。开展就业帮扶社会工作实践，评估易地扶贫搬迁贫困人口就业帮扶的社会工作介入实效，探讨在可行能力视角下加强易地扶贫搬迁贫困人口就业帮扶的对策建议。二是可行能力建设与易地扶贫搬迁贫困人口社区适应。针对易地扶贫搬迁贫困人口社区适应问题，引入地区发展模式，开展社区工作介入实践，评估服务效果，探讨优化路径。三是可行能力视角下因病致贫老年人的健康管理实践。以认知行为理论视角为主，结合优势视角和社会支持理论，开展个案社会工作服务，评估服务效果，探讨优化路径。

具体研究思路见图 1－1。

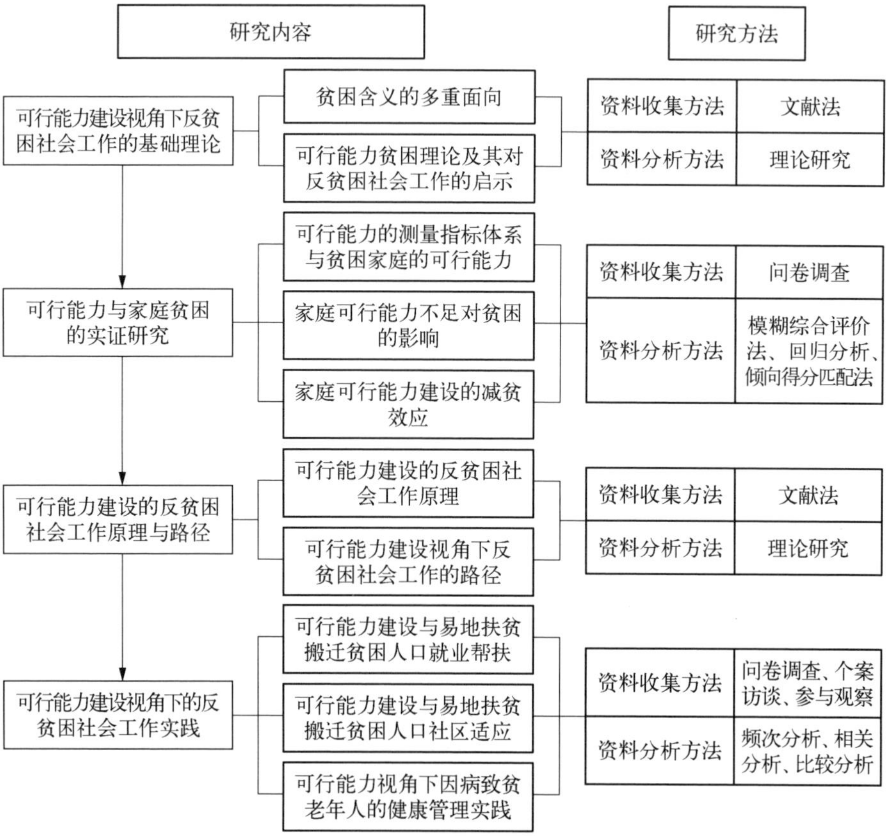

图 1－1　课题研究框架与技术路线

二、数据来源与样本特征

（一）数据来源

本书是湖北省社科基金一般项目“可行能力建设视角的反贫困社会工作研究”（项目编号：2021030）和中央高校基本科研业务费专项资金资助项目“‘后2020’时期农村相对贫困问题及其治理研究”（项目编号：2662020WFPY003）的成果，研究数据来源于课题组2019年8月、9月和12月在郧西县、老河口市、公安县、五峰土家族自治县、孝昌县、竹山县、浠水县开展的问卷调查。调查分两个阶段进行，分别通过系统抽样和整群抽样的方式来抽取调查样本。

第一阶段，通过系统抽样的方式在五峰土家族自治县、老河口市、郧西县、公安县分别抽取1个城关乡镇或街道（抽取5个社区）和2个非城关乡镇（各抽取3个村）。之后，在每个社区（抽取困难家庭和普通家庭各10户，共20户）和村（抽取贫困户、脱贫户、低保或临时救助户、非贫困户各5户，共20户）共抽取40户。最后，分别对各县/市5个社区的100户和6个村的120户户主进行问卷调查。

因第一阶段回收的贫困户的样本量较少，所以在第二阶段的调研过程中，课题组分别在孝昌县、竹山县、浠水县3个县通过整群抽样的方式抽取一些贫困户样本进行补充。先在每个县抽取2到3个乡镇（场），再在每个乡镇（场）选择1至3个贫困户安置点，然后对安置点内贫困家庭的户主进行问卷调查。

最终，在湖北省七个县（市、区）共发放1 540份问卷，回收1 013份，有效回收率为65.8%。在回收的1 013份问卷中，建档立卡贫困家庭的样本数为547份，边缘贫困家庭的样本数为169份，非贫困家庭的样本数为297份。

（二）样本特征

如表 1－1 所示，样本家庭户主基本特征如下：

第一，在性别分布方面，调查样本中男性为 594 人，女性为 419 人，男性数量虽高于女性，但总体来说性别比例较为均衡。

第二，在年龄分布方面，青年有 159 人，占比为 15.7%；中年有 411 人，占比为 40.6%；低龄老人有 363 人，占比为 35.8%；高龄老人有 80 人，占比为 7.9%。由此可见，样本家庭的户主主要是中老年人，且中老年人占总调查样本的绝大多数。

第三，在户口性质分布方面，在所有调查样本中，户口性质为农业户口的占比为 78.8%，共 798 人；户口性质为非农户口的占比为 21.2%，共 215 人。

第四，在文化程度分布方面，小学及以下的占样本总数的比例为 57.3%，共 580 人；初中学历的占 27.4%，共 278 人；高中、中专、技校的占 11.5%，共 116 人；高职高专的共 29 人，占比 2.9%；其他文化程度的有 10 人，占 1.0%。可见，样本家庭户主以较低学历为主，原因可能是调查对象以中老年人为主，农村的教育起步较晚且发展较慢，中老年人群在受教育阶段未能享有良好的教育资源，这一情况也较为符合早年中国农村文化教育较为缺失的现实。

第五，在身体健康状况分布方面，在所有有效样本中，身体健康者为 340 人，占比 33.6%；体弱、小病多者为 194 人，占比 19.2%；患有慢性病者有 319 人，占比达到 31.5%；患有大病者有 80 人，占比 7.9%；残疾者有 80 人，占比 7.9%。总体来看，调查样本中身体健康状况欠佳者居多。

第六，在婚姻状况方面，在所有有效样本中，已婚者占绝大多数，有 809

人，占比为 79.9%；未婚者有 79 人，占比为 7.8%；离婚者有 43 人，占比为 4.2%；丧偶者有 82 人，占比为 8.1%。

综合来看，样本家庭户主的特征基本能够代表区域对象的总体特征。

表 1-1 样本家庭户主特征分析

变量名	变量赋值与含义	有效百分比/%	有效个案数/个
性别	男=1	58.6	594
	女=2	41.4	419
年龄	青年=1	15.7	159
	中年=2	40.6	411
	低龄老人=3	35.8	363
	高龄老人=4	7.9	80
户口性质	非农户口=1	21.2	215
	农业户口=2	78.8	798
文化程度	小学及以下=1	57.3	580
	初中=2	27.4	278
	高中、中专、技校=3	11.5	116
	高职高专=4	2.9	29
	其他=5	1.0	10
身体健康状况	健康=1	33.6	340
	体弱、小病多=2	19.2	194
	患有慢性病=3	31.5	319
	患有大病=4	7.9	80
	残疾=5	7.9	80
婚姻状况	未婚=1	7.8	79
	已婚=2	79.9	809
	离婚=3	4.2	43
	丧偶=4	8.1	82

第二章　可行能力建设视角下的反贫困社会工作基础理论

第一节　贫困含义的多重面向与可行能力贫困理论

一、贫困含义的多重面向

所谓贫困，是指在一个给定的社会中，一个或多个人因为缺乏必要的资源，而“没有达到依照那个社会制定的合理的、最低限度的某一经济福利水平”①。早期的学者多将贫困视为单一的、绝对的物质贫困，尤其是收入贫困。例如，西勃海姆(Seebohm)指出，“如果一个家庭的总收入不足以满足维持仅仅是物质生活所必备的需要，那么，该家庭就处于贫困状态”②。20世纪70年代以来，越来越多的学者开始意识到，贫困不仅指绝对贫困，还包括相对贫困；贫困不仅仅指收入低微，还包括人力发展不足、对外部冲击的脆

① [美] 马丁·瑞沃林：《贫困的比较》，赵俊超译，北京大学出版社2005年版，第4页。
② Rowntree B, Seebohm, *Poverty: A Study of Town Life* (*Centennial Edition*). Macmillan: Policy Press, 1901.

弱性、缺少发言权、权力受限和被社会排斥在外等。[1] 相应地，人们对贫困概念的认识开始由从单维视角向多维视角转变。

与以往局限于收入视角的贫困理论不同，诺贝尔经济学奖获得者阿马蒂亚·森在其《以自由看待发展》一书中将“可行能力”理念融入人类发展分析之中，创造性地提出了“可行能力贫困”的概念，并详细论述了可行能力贫困理论。在书中，“实质自由”是贯穿于全文的中心概念，即享有人们有理由珍视的那种生活的可行能力。从实质自由的视角来看，与自由相对的便是被剥夺。他认为，贫困就是一种不自由的状态，收入低下并不是贫困的实质，因此对贫困的考察不能仅仅局限在收入上，而应放眼于个体可行能力的被剥夺方面。

不难看出，阿马蒂亚·森的可行能力贫困理论与以往贫困成因理论的不同之处在于：他关注的是贫困本身，指出贫困是实质自由的缺乏，即可行能力的被剥夺。他澄清了造成贫困的工具性条件与贫困本身的区别，指出贫困的成因是十分复杂的，贫困状态是由众多因素造成的，而不仅仅是收入低下。因此，对贫困的衡量不应仅仅以单纯的经济标准为维度。从理论对比视角来看，阿马蒂亚·森的“可行能力平等”克服了主流经济学的收入平等、功利主义的效用平等以及罗尔斯的“基本善”的平等所忽视的人具有多样性和异质性这一理论局限，其从更广泛的视角来重新思考社会平等问题，为人们勾勒出了一种全面、实质和积极的平等观。[2]

---

① 世界银行：《2000/2001年世界发展报告：与贫困作斗争》，中国财政经济出版社2001年版，第15页。

② 周文文：《新的平等：阿马蒂亚·森的“可行能力平等”》，载《理论界》2005年第1期。

阿马蒂亚·森之所以赞成对贫困问题采用可行能力方法的分析视角，主要有以下三点理由。“其一，贫困可以用可行能力的被剥夺来合理识别，这种方法集中关注具有自身固有的重要性的被剥夺(不像收入低下，它只有工具性意义)。其二，除了收入低下以外，还有其他因素也影响可行能力的被剥夺，从而影响到真实的贫困状况(收入不是产生可行能力的唯一工具)。其三，低收入与低可行能力之间的工具性联系，在不同的地方，甚至不同的家庭和不同的个人之间，是可变的(收入对可行能力的影响是随境况而异的、条件性的)。”①

可行能力被剥夺作为识别贫困的方法，满足了自由视角下对贫困的解释。从可行能力视角看待贫困的重要意义在于，它通过把注意力从手段(通常是收入)转向人们有理由追求的目的，并相应地转向可以使这些目的得以实现的自由，从而加强了我们对贫困和剥夺的性质与原因的理解，更加接近社会正义所要求的基本信息。此外，收入视角与可行能力视角的对比，对我们从个人处境和实质自由的角度理解不平等的实质也更具有说服力。②

值得注意的是，阿马蒂亚·森指出，尽管在概念上对可行能力贫困和收入贫困进行区分是重要的，但这两种视角是相互联系的。收入低下可以是一个人的可行能力被剥夺的重要原因，但可行能力的提高也会扩展使人具有更高生产力并挣得高收入的能力，即二者之间是相互联系的，这对于消除收入贫困具有重要意义。例如，更好的教育和医疗保健服务不仅能直接改

① [印]阿马蒂亚·森:《以自由看待发展》,任赜、于真译,中国人民大学出版社2002年版,第86页。

② 黄荟:《阿马蒂亚·森的贫困概念解析——以他的自由发展观为视域》,载《江汉论坛》2010年第1期。

善个体的生活质量，同时也能提高个体获取收入并摆脱收入贫困的能力。

综上所述，相较于传统的贫困观，可行能力视角下的贫困是一种多维贫困观，不仅包括收入贫困，也包括健康、教育、住房、社会交往、权利等多个维度的贫困。因此，单纯用收入低下来衡量贫困是不准确的，当一个人的基本可行能力不足时，他就无法实现正常的基本功能性活动。

二、可行能力与可行能力贫困

阿马蒂亚·森指出，可供使用的贫困识别方法有许多种，但每一种方法中都还存在大量有待解决的技术问题；要从整体上描绘贫困，就必须超越对贫困人口的"识别"①。他主张将饥饿和贫困问题放在权利体系中加以分析。一个人避免饥饿或贫困的能力依赖于他的所有权，以及他所面对的交换权利映射；而一个人所具有的交换权利还取决于他在社会经济等级中的地位以及在该经济等级中的生产方式。因此，要理解普遍存在的贫困、频繁出现的饥饿或饥荒，我们不仅要关注所有权模式和交换权利，还要关注隐藏在它们背后的因素，尤其是生产方式、经济等级结构和它们之间的关系以及国家提供的社会保障。② 阿马蒂亚·森指出，一般而言，收入和财富使我们能获取更多的自由去享受我们有理由珍视的生活，但收入和财富的作用既不是排他的，也不是单一的。对发展的恰当定义，必须远远超越财富的积累和国内生产总值以及其他与收入有关的变量的增长。为了更充分地理解发展过

① [印]阿马蒂亚·森：《贫困与饥荒》，王宇、王文玉译，商务印书馆2001年版，第1页。
② [印]阿马蒂亚·森：《贫困与饥荒》，王宇、王文玉译，商务印书馆2001年版，第5—15页。

程，我们需要对发展的目标和手段进行考察和审视。[①]

阿马蒂亚·森将发展看作扩展人们享有真实自由的一个过程。他指出，扩展自由是发展的首要目的和主要手段，而自由的基础是要具备可行能力。那什么是可行能力呢？“一个人的可行能力指的是此人有可能实现的、各种可能的功能性活动组合。可行能力因此是一种自由，是实现各种可能的功能性活动组合的实质自由。”具体来说，“实质自由包括免受困苦——诸如饥饿、营养不良、可避免的疾病、过早死亡之类——的基本可行能力，以及能够识字算数、享受政治参与等的自由”[②]。根据这一视角，贫困可以被看作对基本可行能力的剥夺，而不仅仅是收入低下。除收入低下外，可行能力被剥夺还表现为过早死亡、营养不良、患有长期疾病、文盲及其他一些失败，如性别歧视、失业等。个人可行能力严重依赖于经济的、社会的政治安排。国家和社会在加强和保障人们的可行能力方面具有广泛而重要的作用。这是一种支持性的作用，而不是提供制成品的作用。也就是说，必须把人们看作要主动参与他们自身的前途来塑造，而不只是被动接受某些精心设计的发展计划的成果。为此，要减少贫困，就必须发展穷人的可行能力，如提高识字率、降低出生死亡率、改善营养状况等。[③]

那么，可行能力具体是如何定义的呢？阿马蒂亚·森在定义可行能力

① [印] 阿马蒂亚·森：《以自由看待发展》，任赜、于真译，中国人民大学出版社 2002 年版，第 1—8 页。

② [印] 阿马蒂亚·森：《以自由看待发展》，任赜、于真译，中国人民大学出版社 2002 年版，第 30 页。

③ [印] 阿马蒂亚·森：《以自由看待发展》，任赜、于真译，中国人民大学出版社 2002 年版，第 85—103 页。

时使用了“功能性活动”这个概念(源自亚里士多德),“反映了一个人认为值得去做或达到的多种多样的事情或状态”[①],既包括免受饥饿、营养良好、避免疾病等初级的生理需求,也包括拥有自尊、参与社区生活等复杂的活动。依据此概念,我们不难发现,功能性活动的主体是人,它是一个活动集合,包含了多种多样的活动。可行能力与功能性活动密切相关,可由功能性活动转变而成,代表有能力做某事。因此,按照阿马蒂亚·森的理解,“一个人的可行能力集由这个人可以选择的那些可相互替代的功能性活动向量组成”[②]。能力大小反映了个人在集合中选择的自由度,即能力越强,实现功能性活动的限制越小,其自由也体现得越充分。

在可行能力清单的制定上,尽管阿马蒂亚·森承认拥有良好的健康状况和获得有质量的教育等部分能力是极其重要的,但他拒绝赞同存在一个权威性的、细化的能力清单。因为他所构建的可行能力是一个一般性的、具有弹性的理论框架,它对于可估计的目的以及关于个人利益、评估规范和社会安排的概念都是开放的,即它们可在这个框架内被构建。[③] 阿马蒂亚·森从能力利用的角度挑选出了几个相对重要的能力,如健康,教育,政治参与,不受种族、地区和性别歧视。他对将能力运用于定义基本公平感兴趣,但他并没有将各种能力关联起来,也没有指出他的能力集会走的方向。[④] 对此,

① [印]阿马蒂亚·森:《以自由看待发展》,任赜、于真译,中国人民大学出版社2002年版,第62页。

② [印]阿马蒂亚·森:《以自由看待发展》,任赜、于真译,中国人民大学出版社2002年版,第63页。

③ Magni F, *Metaethical Issues in the Capability Approach*. The Fourth International Conference on the Capability Approach, 2004.

④ 杨兴华、张格儿:《阿马蒂亚·森和玛莎·努斯鲍姆关于可行能力理论的比较研究》,载《学术论坛》2014年第2期。

可行能力理论的重要发展者玛莎·C.努斯鲍姆持相反的观点，她认为应该建立一个权威性的能力清单，以明晰应该发展的具体能力。她对可行能力理论研究采取了更为广泛的哲学方法，构建了一个适用于全球范围的人类核心能力清单，包括十项人类核心能力，分别是生活、身体健康、身体完整、思维、情感、理性、关系、娱乐、控制环境、其他。[①] 虽然之后有学者质疑这份清单的合理性，但它的确为我们理解和掌握可行能力提供了更为广阔的视角。

在实践中，哪些特定的功能性活动应该列入个体重要成就以及相应的可行能力清单？阿马蒂亚·森认为，不同的群体和对象其功能性活动各不相同，其可行能力也要视实际情况而定。[②] 在《以自由看待发展》一书中，阿马蒂亚·森特别考察了促进发展的五种最重要的工具性自由。第一，政治自由，包括人们有选举的权利、批评监督的权利以及政治表达的机会；第二，经济条件，指个人分别享有的为了消费、生产、交换目的而运用其经济资源的机会；第三，社会机会，即保障个体平等地享受教育、医疗等社会公共服务以促进个体拥有平等的社会机会；第四，透明性保证，即满足人们对于信息公开性的需要；第五，防护性保障，即建立社会安全网，为人们提供社会保护。这五种自由互相补充、相互强化，有助于拓展人们的可行能力范围。

如上所述，阿马蒂亚·森从“可行能力”和“实质自由”的视角来分析社会正义，认为贫困是对个体基本可行能力的剥夺，而不仅仅是收入低下。

---

① Nussbaum M, *Capabilities as Fundamental Entitlements: Sen and Social Justice*. Feminist Economics, 2003, Vol. 9, No. 2 - 3, pp. 33 - 59.

② 黄荟：《阿马蒂亚·森的贫困概念解析——以他的自由发展观为视域》，载《江汉论坛》2010 年第 1 期。

"如果我们把注意力从排他性地集中考虑收入贫困,转到考虑更具包容性的可行能力的剥夺,我们就能按照一种不同的信息基础来更好地理解人类生活的贫困和自由。"①在阿马蒂亚·森看来,"识别贫困的最普遍做法是确定一个'基本'——或'最低'——生活必需品集合,把缺乏满足这些基本需要的能力作为贫困的检验标准"②。因此,贫困可以通过可行能力的被剥夺来合理识别,进而为人类反贫困事业提供理论指导。

依据可行能力贫困理论,多数家庭贫困的外在表征是各种偶发风险事件的堆积,究其内因则是家庭可行能力的不足,低水平的可行能力使得家庭在面对外在风险冲击时无法有效启动家庭的预防和抗压机制,进而陷入贫困的牢笼。因此,从这个角度看,通过提高或改善贫困家庭的可行能力则有助于贫困人口增强预防能力和抗压能力,摆脱贫困,进而增强可持续发展能力。

第二节　可行能力贫困理论及其对反贫困社会工作的启示

一、可行能力贫困理论拓展了对贫困含义的理解

可行能力贫困理论将贫困视为对人们实现实质自由的基本可行能力的剥夺,即发展能力的贫困。相对于收入贫困而言,发展能力贫困是一个更全

① [印]阿马蒂亚·森:《以自由看待发展》,任赜、于真译,中国人民大学出版社2002年版,第14页。

② [印]阿马蒂亚·森:《贫困与饥荒》,王宇、王文玉译,商务印书馆2001年版,第24页。

面、更具动态性的概念。其全面性体现为,发展能力贫困包括收入贫困或收入能力的贫困,但比收入贫困更能反映和揭示贫困的内在本质特征①;其动态性体现为,发展能力贫困概念不是只停留在关注贫困的现状,其更关注致贫过程和原因,能使我们在更接近社会正义所要求的信息层面上看待贫困问题②。

二、可行能力贫困理论深化了对致贫原因的认识

对于贫困问题,学术界一直存在个体主义和结构主义两种不同解释视角的分歧。阿马蒂亚·森充分吸收了马克思主义资本主义不平等理论,将贫困问题放在权利关系中加以分析,认为贫困是发展可行能力被剥夺的结果,权利贫困是发展能力贫困的根本原因,而这一切都与个体在社会经济等级中的地位以及在该经济等级中的生产方式密切相关,并严重依赖于经济的、社会的政治安排。可行能力贫困理论一方面从个体层面指出了贫困的本质是能力贫困,另一方面从社会层面指出了贫困的根本原因在于权利的不足,在一定程度上实现了个体主义解释视角与结构主义解释视角的有机结合。

三、可行能力贫困理论为促进可持续稳定脱贫提供了理论指导

阿马蒂亚·森一方面指出,国家和社会在加强和保障人们的可行能力

① 岳映平、贺立龙:《精准扶贫的一个学术史视角:阿马蒂亚·森的贫困观》,载《经济问题》2016年第12期。

② 刘晓靖:《阿马蒂亚·森以"权利"和"可行能力"看待贫困思想论析》,载《郑州大学学报(哲学社会科学版)》2011年第1期。

方面具有广泛而重要的作用；另一方面又强调，国家和社会的作用是一种支持性的作用，而不是提供制成品的作用。为此，减贫的重点应聚焦于提高贫困者的发展可行能力。也就是说，扶贫的重点不在于为贫困地区和贫困人口“输血”，而在于帮助贫困地区和贫困人口提升自我造血功能；不在于“授之以鱼”，而在于“授之以渔”，即一方面为贫困地区和贫困人口提供脱贫发展的政策与制度支撑，另一方面帮助贫困地区和贫困人口提升素养，最大限度地突破脱贫发展的内外部障碍，实现高质量与可持续的稳定脱贫。

第三章　可行能力的测量指标体系与贫困家庭的可行能力

第一节　可行能力的测量指标体系

尽管阿马蒂亚·森只是在抽象层面提出了代表可行能力的五种工具自由，但这五种工具自由基本可以涵盖可行能力的主要方面。借鉴阿马蒂亚·森的可行能力理论，本研究将可行能力的测量指标体系划分为资产能力、防护性保障、透明性保证、社会机会、资本能力和户主综合素质六个维度，在各维度设置若干三级测量指标，形成可行能力的测量指标体系。

一、资产能力

资产能力指的是家庭所拥有的物质资源情况，包括家庭生产生活设备拥有量和家庭资产拥有量。前者指的是家庭拥有的生产性和生活性设备；后者指的是家庭拥有承包地、住房、股票或债券、存款以及家中是否从事个体经营和拥有企业的基本情况。① 作为家庭经济条件的重要衡量指标，物质资产的正向变化不仅能够增强家庭的抗风险能力，还能帮助贫困户实现脱贫。② 具体来看，在家庭生产生活设备拥有量方面，若贫困家庭拥有的生产生活设备增多，则既可以改善贫困家庭的生产生活条件，又能够增强发展信心，增强脱贫动力。在家庭资产拥有量方面，若贫困家庭的住房有保障③或土地面积有增加，则有助于减轻家庭贫困。④ 股票或债券、存款的增加有助于增大贫困家庭的发展可能性，促进其脱贫致富。⑤ 家庭成员若从事个体经营或拥有企业，则家庭会拥有更为稳定的收入来源，更容易预防或摆脱贫困。

在操作化层面，本研究将“家庭生产生活设备拥有量”操作化为贫困家庭对交通工具(如家用汽车、小型面包车、电动车/摩托车)、生产性设备(如运输或耕种机械)、生活性设备(如电脑、电冰箱/冰柜、空调、全自动洗衣机、热水器、液晶电视机)等 3 类共计 11 项家庭生产生活设备的拥有情况，若贫困家庭拥有其中的一项则赋值为“1”，反之为“0”，再将贫困家庭所拥有的项目数进行加总，生成新的连续型变量。对“家庭资产拥有量”，通过询问“您家在农村是否拥有承包地?”“您家是否有自己的房子或门面?”“您家在银行

---

① 田北海、徐杨：《可行能力视角下家庭支出型贫困的致贫机理及其治理——基于湖北省四个县(市)的调查》，载《社会保障研究》2020 年第 4 期。

② 向运华、刘欢：《内生贫困意识对自主脱贫行为的影响——家庭资产组合下的交互效应与调节效应检验》，载《吉林大学社会科学学报》2018 年第 5 期。

③ 陈云凡：《从收入扶持到资产拓展：社会救助扶贫的政策转型》，载《中州学刊》2017 年第 4 期。

④ Arora A, Singh S P, *So Why is Uttar Pradesh Still Poor? Poverty Incidence and its Correlates: An Inter-Regional Analysis*. International Journal of Social Economics, 2017, Vol. 44, No. 12, pp. 2351 - 2377.

⑤ 杨均华、刘璨：《精准扶贫背景下农户脱贫的决定因素与反贫困策略》，载《数量经济技术经济研究》2019 年第 7 期。

是否有存款余额?”“您家是否从事个体经营?”“您家是否有自己的企业?”和“您家是否持有股票或债券?”进行测量。若贫困家庭户主对其中的某一项回答为“是”,则赋值为“1”,回答为“否”,则赋值为“0”,再将 6 项分值进行加总,得到新的连续型变量。

二、防护性保障

防护性保障是民生的安全网,有助于增强家庭的风险防御能力,在当前的语境下,其主要指的是社会保障。本研究通过家庭及其成员参与各类社会保险的情况来测量贫困家庭具有的防护性保障。保险具有反贫困和防返贫的效果,其不仅能够帮助人们应对外界负向冲击,还能够缓解贫困对象的贫困状态,降低他们的生计脆弱性。[①][②] 其中,商业保险和社会保险作为防护性保障重要的衡量指标,有助于弱化贫困威胁,帮助贫困对象摆脱贫困。[③][④] 对于贫困家庭而言,通过增强防护性保障,增加家庭及其成员参与各类保险项目数,有助于降低其脆弱性,抵御致贫因素冲击,防止贫困程度的加深,还能优化家庭的生活开支分配,为他们有序开展生产生活撑起“防护伞”,提振生产生活信心,促使他们顺利脱贫。

在操作化层面,对于家庭防护性保障,通过以下四个题目进行测量:“您

① 左停、徐卫周:《综合保障性扶贫:中国脱贫攻坚的新旨向与新探索》,载《内蒙古社会科学(汉文版)》2019 年第 3 期。

② 景鹏等:《保险机制能否助推脱贫并守住脱贫成果?——基于资产积累模型的分析》,载《经济科学》2019 年第 2 期。

③ Chantarat S, et al, *Welfare Impacts of Index Insurance in the Presence of a Poverty Trap*. World Development, 2017, Vol. 94, pp. 119 - 138.

④ 黄薇:《医保政策精准扶贫效果研究——基于 URBMI 试点评估入户调查数据》,载《经济研究》2017 年第 9 期。

家是否参加了基本医疗保险?”“您家是否参加了大病保险?”“您家是否参加了长期护理保险?”“您家是否购买了意外保险?”对于每个题目,若被访者回答“全家都参加/购买了”则赋值为“2”,回答“部分成员参加/购买”则赋值为“1”,回答“无人参加/购买”则赋值为“0”。对于以整个家庭为参保对象的保险项目,通过询问“您家是否购买了农业保险或其他商业保险?”进行测量,若被访者为其所在家庭选择“是”则赋值为“1”,若选择“否”则赋值为“0”。最后,将家庭及其成员参与上述各类保险的分值进行加总,生成“家庭及其成员参与各类保险的得分”这一新的连续型变量,该变量的取值区间为0至9。

三、透明性保证

透明性保证指的是人们对政策信息的获知情况能满足其公开性需要。① 本研究采用询问户主是否知晓扶贫政策、社会救助政策来测量家庭具有的透明性保证方面的可行能力。对于贫困家庭而言,从建档立卡前对扶贫救助政策的一无所知,到建档立卡后,知道或了解相关的扶贫救助政策,这一变化有助于他们及时捕捉发展机遇和信息,选取并利用相关的扶贫救助政策实现自我的发展,进而改善家庭境遇,顺利实现脱贫。

在操作化方面,本研究通过询问“您对本地扶贫政策是否了解?”“您是否了解本地的社会救助政策?”两个题目测量贫困家庭具有的透明性保证方面的可行能力。若回答“是”则赋值为“1”,回答“否”则赋值为“0”,再将上述2项分值进行加总,生成取值区间为0至2的这一新的连续型变量。

① [印]阿马蒂亚·森:《以自由看待发展》,任赜、于真译,中国人民大学出版社2002年版,第32页。

四、社会机会

社会机会指的是家庭成员享受社会基本公共服务的情况，包括能否享受宽带服务、就业培训①、项目分红或金融支持等。社会机会直接影响着人们对更好生活方式的自由选择。就宽带网络服务的作用而言，一方面，宽带网络的接入有助于帮助农村家庭成员及时了解社会政策与市场信息，拓展家庭成员就业增收机会，具有防贫反贫功能；另一方面，宽带网络的接入能为贫困家庭与外界串联起一条方便快捷的信息沟通渠道，有助于贫困家庭搭乘信息化列车，享受公共服务和参与电子商务，跟上时代的步伐，实现脱贫致富。② 就业培训方面，强化就业或职业技能方面的培训有助于增加贫困家庭的收入，增大其摆脱贫困的可能性。③ 就项目分红的作用而言，项目分红能够为生产经营动力不足的贫困家庭提供持续且稳定的收益④，助力贫困家庭脱贫。就金融支持的作用而言，就业扶贫贷款可以为有发展意愿和能力的贫困家庭提供资金支持，促进就业，带动增收，为他们实现脱贫提供助力。因此，在建档立卡后，对于贫困家庭而言，拥有宽带入户、增加就业培训次数、增加就业扶贫贷款次数与项目分红，均有助于他们利用社会机会实现自我发展，进而增大脱贫的可能性。

---

① 徐烽烽、李放、唐焱：《苏南农户土地承包经营权置换城镇社会保障前后福利变化的模糊评价——基于森的可行能力视角》，载《中国农村经济》2010 年第 8 期。

② 王哲：《美国的减贫政策体系及启示》，载《宏观经济管理》2019 年第 12 期。

③ 戈艳霞：《职业技能培训在提升精准扶贫实效中的困境与出路》，载《教育与职业》2020 年第 2 期。

④ 徐志明：《资产收益扶贫的机制创新与现实困境》，载《现代经济探讨》2019 年第 11 期。

在操作化层面，家庭社会机会由“网络宽带服务”“家庭成员接受的技能培训次数”“项目分红或就业扶贫贷款次数”3个子指标变量组成。其中，“网络宽带服务”通过询问“您家是否接入了网络宽带服务？”进行测量，设置“是”和“否”两个选项，并分别赋值为“1”和“0”。对“家庭成员接受的技能培训次数”通过询问“您家里接受过几次就业技能培训？”来测量，分别设置“没有接受过”“1次”“2次”“3次”“4次及以上”5个选项，并分别赋值为“0”“1”“2”“3”“4”，生成新的连续型变量（取值区间为0至4），分值越高，代表家庭成员接受过的技能培训越多。“项目分红或就业扶贫贷款次数”考察的是家庭成员得到的项目分红或就业扶贫贷款次数，为连续型变量。此外，需要指出的是，上述贫困家庭成员接受的培训次数、得到的项目分红或就业扶贫贷款次数指的是贫困家庭建档立卡后脱贫前的基本情况，在这里将其模糊化地视为建档立卡后（当前）的基本情况，并视贫困家庭建档立卡前均未得到过技能培训、项目分红或就业扶贫贷款。原因在于，技能培训、项目分红或就业扶贫贷款均为贫困家庭建档立卡以后享受到的政策待遇，是针对特定人群实行的特定政策，具有选择性、针对性和特殊性。

五、资本能力

资本能力指的是家庭拥有的人力资源禀赋，其正向指标为人力资源存量，负向指标为家庭负担。

在人力资源存量中，一方面，家庭内劳动力数量越多，越不容易发生贫困。①

① 宋扬、赵君：《中国的贫困现状与特征：基于等值规模调整后的再分析》，载《管理世界》2015年第10期。

就贫困家庭而言，建档立卡以来，有收入的劳动力数量的增多，能够直接带动家庭增收，积累物质财富，增强抗风险能力，助力脱贫。另一方面，劳动力所掌握的专业技能和资质不仅能够提高劳动力素质，提升劳动力的市场竞争力，还能够帮助他们开辟新的谋生渠道，增加收入，顺利摆脱贫困。因此，在建档立卡后，贫困家庭成员掌握技能数量的增多，有助于他们实现开源创收，顺利实现脱贫。

家庭负担具体是指家中大病、慢性病、失能患者人数和家中教育负担。家中大病、慢性病和失能患者越多，家中医疗、护理负担越重，对家庭劳动力的牵制越强，意味着家庭抗逆力越弱。家庭成员出现患病或残疾①等身体健康水平下降的情况不仅会限制生产力水平，还会降低生活水平②，阻碍贫困户脱贫。③ 因此，在建档立卡之后，就贫困家庭而言，家庭医护负担人数中大病、慢性病病人和残疾人数量的减少有助于贫困家庭减轻家庭医护负担，减少家庭开支，助力脱贫。另外，家庭中子女上学会减少家庭的劳动力数量，拉高人均消费支出，加重家庭负担，不利于其脱贫。因此，对于贫困家庭而言，家庭中在读学生数量的增多，会加大家庭负担，增加家庭开支压力，弱化资本能力，不利于其实现脱贫。

在操作化层面，本研究将人力资源存量操作化为“有收入的劳动力数量”和“技能或资质的拥有量”2 个子指标变量。具体来看，对“有收入的劳动力数量”，通过询问“您家里有几个有收入的劳动力?”来测量，此为连续型变

---

① 刘亚楠:《基于扶贫客体的精准脱贫及其影响因素》，载《北方园艺》2019 年第 16 期。

② Ataguba E O, Ichoku H E, Fonta W M, *Multidimensional Poverty Assessment: Applying the Capability Approach*. International Journal of Social Economics, 2013, Vol. 40, No. 4, pp. 331 - 354.

③ 廖文梅、邱海兰、秦克清，等:《健康水平对农村贫困户脱贫的影响——来自 789 户贫困户的调查》，载《调研世界》2018 年第 9 期。

量。对“技能或资质的拥有量”，通过询问“您家里是否有人有专业技能?”“您家里有几人会开车(有驾照)?”“您家里有几人能熟练使用电脑?”进行测量，将被访者对上述问题回答的结果进行加总，生成新的连续型变量。

本研究将家庭负担操作化为“家庭医护负担人数”和“家庭教育负担人数”2个子指标变量。其中，对“家庭医护负担人数”，通过询问“您家里是否有大病病人?”“您家里是否有慢性病病人?”“您家里是否有人生活不能自理?”进行测量。将被访者对这3个问题的回答结果进行加总，生成新的连续型变量。对“家庭教育负担人数”，通过询问“您家里是否有学龄前儿童?”“您家里是否有在读小学生、初中生?”和“您家里是否有在读高中生、大学生?”进行测量，将这3个问题的回答结果进行加总，生成新的连续型变量。

六、户主综合素质

户主综合素质指的是家庭户主为改变自身境况而适应社会所具备的最基本的一些能力。① 户主是家庭的主心骨，户主综合素质直接影响家庭兴衰，是实现“真脱贫”的关键。② 户主综合素质主要包括户主自我管理能力、户主社会交往能力和户主创新能力。户主自我管理能力越强，家庭发展动力、行动力、执行力就越强，预防和摆脱支出型贫困的概率也越高；户主社会交往能力越强，家庭在遭遇支出型困境时户主拓展资源、寻找救助的能力就越强，预防和摆脱支出型贫困的概率也越高；户主创新能力越强，家庭在面

① 王曙光：《乡村振兴战略与中国扶贫开发的战略转型》，载《农村金融研究》2018年第2期。

② 于乐荣：《影响贫困农户脱贫的动力及能力因素——基于河南X县实地调查数据》，载《南京农业大学学报(社会科学版)》2019年第3期。

临高支出型困境时户主寻找出路、摆脱困境的能力就越强，预防和摆脱支出型贫困的概率也越高。①

本研究将户主综合素质操作化为“户主创新能力”“户主社会交往能力”和“户主自我管理能力”3个三级指标。对“户主创新能力”，通过以下4个题目进行测量：“您是否有关注新鲜事物的习惯?”(主动力)、“您是否喜欢体验新的生活方式?”(接纳力)、“您是否敢于为了成功而探索未知的世界?”(探索力)、“在面对问题时，您是否常常能想到一些与众不同的解决方案?”(变通力)。若回答“是”则赋值为“2”，若回答“不好说”则赋值为“1”，若回答“否”则赋值为“0”，再对回答的结果进行加总，形成取值区间为0至8的新的连续型变量。对“户主社会交往能力”，通过以下5个题目进行测量：“在与他人初次相识时，您是否善于很快与他人找到共同语言?”(主动沟通力)、“您是否善于与不同类型的人打交道?”(求同存异力)、“在您遇到困难时，您是否善于很快找到求助的对象?”(求助力)、“您是否善于与周围的人融洽相处?”(与人融洽相处力)、“在您与他人发生矛盾或纠纷时，您是否善于找到缓解的办法?”(冲突化解力)。若回答“是”则赋值为“2”，若回答“不好说”则赋值为“1”，若回答“否”则赋值为“0”，再对回答的结果进行加总，得到取值区间为0至10的新的连续型变量。对“户主自我管理能力”，通过以下5个问题的回答结果进行测量：“您是否有下列成瘾行为?”“您的情绪控制能力如何?”“您的目标执行能力如何?”“您的专注力如何?”“您是否了解自己?”对于第一个问题，若户主有吸烟、酗酒、沉迷于网络游戏或赌博任一行为则

① 田北海、徐杨：《可行能力视角下家庭支出型贫困的致贫机理及其治理——基于湖北省四个县(市)的调查》，载《社会保障研究》2020年第4期。

赋值为“1”，反之为“0”，并对上述四种行为的分值进行加总，得到户主的健康管理能力。对于后 4 个问题，分别设置 “很弱”“较弱”“一般”“较强”“很强”5 个选项，并依次赋值为“1”“2”“3”“4”“5”，之后对被访者所选的结果进行加总。最终，对上述 5 个问题的回答结果进行加总，生成“户主自我管理能力”新变量，该变量的取值区间为 4 至 24。

表 3－1　家庭可行能力的操作化指标

变 量 名 称	变量的赋值及含义
资产能力	
家庭生产生活设备拥有量	将生产生活设备的数量进行加总
家庭资产拥有量	将家庭是否拥有承包地、住房、股票或债券、存款以及家中是否从事个体经营和拥有企业的情况进行加总
防护性保障	
家庭及其成员参与各类社会保险的情况	将家庭及其成员参与各类保险的分值进行加总
透明性保证	
户主知晓扶贫政策、社会救助政策情况	将户主是否知晓扶贫、社会救助政策的分值进行加总
社会机会	
网络宽带服务	0＝未接入，1＝接入
家庭成员接受的技能培训次数	将家庭成员接受技能培训的次数进行赋值后加总
项目分红或就业扶贫贷款次数	将家庭得到的项目分红或就业扶贫贷款次数进行赋值后加总
资本能力	
人力资源存量	
有收入的劳动力数量	将家中能够创造收入的劳动力数量进行赋值后加总
技能或资质的拥有量	将家庭成员所拥有的专业技能和资质数量进行赋值后加总

续 表

变量名称	变量的赋值及含义
家庭负担	
家庭医护负担人数	将家庭成员中身患大病、慢性病和失能人数进行加总
家庭教育负担人数	将家庭中学龄前儿童与在读小学生、初中生、高中生和大学生的人数进行加总
户主综合素质	
户主创新能力	将户主的主动力、接纳力、探索力和变通力进行赋值后加总
户主社会交往能力	将户主的主动沟通力、求同存异力、求助力、与人融洽相处力、冲突化解力进行赋值后加总
户主自我管理能力	将户主的健康管理力、情绪控制力、目标执行力、专注力、自我了解力进行赋值后加总

第二节　贫困家庭的可行能力分析

一、贫困家庭可行能力的测量方法

（一）家庭可行能力各维度及整体值的测度

家庭可行能力具有一定的模糊性，很难判定它究竟是强还是弱。而模糊综合评价法则能够有效解决这种界限或定义不明晰与难以量化的问题。① 另外，学术界也有一些学者用这一方法来测量其研究对象的可行能力。②③ 基于此，本研究通过模糊综合评价法来测算样本家庭可行能力的各维度指

① 刘祎、王芳、秦国伟，等：《不同模式下乡村旅游发展扶贫效应的测度与分析——基于安徽省贫困县区的数据》，载《林业经济》2020 年第 7 期。

② 刘璞、姚顺波：《退耕还林前后农户能力贫困的比较研究》，载《统计与决策》2015 年第 16 期。

③ 郭郡郡、刘玉萍：《可行能力对流动人口城市居留意愿的影响》，载《城市问题》2019 年第 11 期。

数值和总体指数值。

1. 设置家庭可行能力函数集

$$F^{(P)}=\{x, y_F(x)\}$$

（公式 3-1）

F 表示家庭的可行能力集，那么，$F^{(P)}$ 则表示第 P 个家庭的可行能力集，$y_F(x)$ 是 x 对于 F 的隶属度，取值范围为 0 至 1，$y_F(x)$ 取值越大，则表示家庭可行能力越强。

2. 设置隶属函数公式，求取隶属度

根据隶属函数 $y_F(x)$ 来求得隶属度，设 x_i 是家庭可行能力的第 i 个维度子集，x_{ij} 表示家庭可行能力第 i 个维度子集中第 j 个子指标，隶属度为 $y(x_{ij})$。根据变量的类型选取不同的隶属函数公式 $y_F(x)$：公式 3-2 是求二分变量隶属度的函数公式，公式 3-3 和公式 3-4 是求连续型变量隶属度的函数公式（Miceli，1998）。具体公式详见公式 3-2、公式 3-3 和公式 3-4。

$$y(x_{ij})=\begin{cases}1, & x_{ij}=1\\0, & x_{ij}=0\end{cases}$$

（公式 3-2）

求连续型变量的隶属度时需要考虑指标变量的正负性。对于指标 x_{ij} 越大，隶属度越大，家庭可行能力越强的连续型变量使用公式 3-3；对于指标 x_{ij} 越小，隶属度越大，家庭可行能力越强的连续型变量使用公式 3-4。①

① Cerioli A, Zani S, *A Fuzzy Approach to the Measurement of Poverty*. Income and Wealth Distribution, Inequality and Poverty, Berlin: Springer, 1990.

x_{ij}^{max} 和 x_{ij}^{min} 分别表示指标变量的最大值和最小值。

$$y(x_{ij})=\begin{cases}1, & x_{ij}\geqslant x_{ij}^{max}\\ 0, & x_{ij}\leqslant x_{ij}^{min}\\ (x_{ij}-x_{ij}^{min})\ /\ (x_{ij}^{max}-x_{ij}^{min}), & x_{ij}^{min}<x_{ij}<x_{ij}^{max}\end{cases}$$

（公式 3 - 3）

$$y(x_{ij})=\begin{cases}1, & x_{ij}\leqslant x_{ij}^{min}\\ 0, & x_{ij}\geqslant x_{ij}^{max}\\ (x_{ij}^{max}-x_{ij})\ /\ (x_{ij}^{max}-x_{ij}^{min}), & x_{ij}^{min}<x_{ij}<x_{ij}^{max}\end{cases}$$

（公式 3 - 4）

连续型变量隶属函数的最大值、最小值可以根据调研的样本数据得出，且一般分别以变化前和变化后的最小值和最大值为界①②，也可以以变化前样本数据的最大值、最小值为准③。为了使结果更加客观，且考虑到两个时间点样本情况的差异，本研究在设定贫困家庭可行能力连续型变量隶属函数的最大值、最小值时，分别通过建档立卡前和建档立卡后的样本数据来确定。另外，为了便于比较非贫困家庭和建档立卡前贫困家庭的可行能力之间的差异，非贫困家庭可行能力中连续型变量隶属函数的最大值、最小值参照贫困家庭建档立卡前连续型变量最小值、最大值进行设定。连续型变量

① 王伟、马超：《不同征地补偿模式下失地农民福利变化研究——来自准自然实验模糊评价的证据》，载《经济与管理研究》2013 年第 4 期。

② 王寻寻、苗齐：《不同补偿方式下失地农民福利状况研究——以江苏省淮安市为例》，载《江苏农业科学》2017 年第 8 期。

③ 黄海燕、王永平：《城镇安置生态移民可持续发展能力评价研究——基于贵州生态移民家庭的调研》，载《农业现代化研究》2018 年第 4 期。

的最小值、最大值详见表 3-2。

表 3-2 家庭可行能力的最小值和最大值统计量

变量名称		变量类型	贫困家庭				非贫困家庭	
			建档立卡前		建档立卡后		调查日期时	
			Min	Max	Min	Max	Min	Max
资产能力								
家庭生产生活设备拥有量		连续变量	0	7	0	7	0	7
家庭资产拥有量		连续变量	0	4	0	4	0	4
防护性保障								
家庭及其成员参与各类社会保险的情况		连续变量	0	8	0	8	0	8
透明性保证								
户主知晓扶贫政策、社会救助政策情况		连续变量	0	2	0	2	0	2
社会机会								
网络宽带服务		定类变量	0	1	0	1	0	1
家庭成员接受的技能培训次数		连续变量	0	0	0	4	0	0
项目分红或就业扶贫贷款次数		连续变量	0	0	0	5	0	0
资本能力								
人力资源存量	有收入的劳动力数量	连续变量	0	4	0	8	0	4
	技能或资质的拥有量	连续变量	0	6	0	6	0	6
家庭负担	家庭医护负担人数	连续变量	0	5	0	7	0	5
	家庭教育负担人数	连续变量	0	3	0	4	0	3
户主综合素质								
户主创新能力		连续变量	0	8	0	8	0	8
户主社会交往能力		连续变量	0	10	0	10	0	10
户主自我管理能力		连续变量	7	24	7	24	7	24

注：① 建档立卡前指的是建档立卡前一年，建档立卡后指的是 2019 年调查日期时。② Min 表示变量的最小值，Max 表示变量的最大值。

3. 设置权重，求取家庭可行能力各维度指数

在求出隶属度后，需要用公式 3－5 来计算各指标隶属度的权重①：

$$w_{ij} = ln[1 / \overline{y(x_{ij})}]$$

（公式 3－5）

其中，$\overline{y(x_{ij})} = 1 \big/ n \sum_{p=1}^{n} y(x_{ij})^{(P)}$，$n$ 表示样本家庭的数量，w_{ij} 表示家庭可行能力第 i 个维度集合中第 j 个子指标的权重，$y(x_{ij})^{(P)}$ 表示第 P 个家庭的可行能力 x_{ij} 的隶属度。$\overline{y(x_{ij})}$ 表示所有家庭可行能力 x_{ij} 的隶属度均值。

然后，用公式 3－6 求出家庭可行能力各维度的指数值：

$$y(k) = \sum_{i=1}^{k} [y(x_{ij}) \cdot w_{ij}] / \sum_{i=1}^{k} w_{ij}$$

（公式 3－6）

k 表示某一维度中含有 k 项子指标。

4. 求取家庭可行能力指数

在得出各维度的指数值后，根据公式 3－7 计算总指标隶属度，即家庭可行能力指数：

$$F^{(P)} = \sum_{r=1}^{m} [y_r(k) \cdot w_r] / \sum_{r=1}^{m} w_r$$

（公式 3－7）

其中，$r \in 1, 2, \cdots\cdots m$，$r$ 表示家庭可行能力各个维度，总维度数为 m。$w_r = ln[1 / \overline{y_r(k)}]$，为各个维度的权重。$F^{(P)}$ 表示第 P 个家庭可行能

① Cheli B, Lemmi A, *A "Totally" Fuzzy and Relative Approach to the Multidimensional Analysis of Poverty*. Economic Notes, 1995, Vol. 24, pp. 115－133.

力总隶属度值，即第 P 个家庭可行能力的指数。最终，求得家庭可行能力各维度与子指标的权重值，结果详见表 3－3。

表 3－3　家庭可行能力各维度与子指标的权重值

家庭可行能力维度与指标		贫困家庭		非贫困家庭
		建档立卡前权重	建档立卡后权重	调查日期时
资产能力		1.113 2	0.583 7	0.487 5
家庭生产生活设备拥有量		1.363 4	0.416 1	0.253 0
家庭资产拥有量		0.789 6	0.698 7	0.604 7
防护性保障		1.059 2	0.701 1	0.905 2
家庭及其成员参与各类社会保险的情况		1.059 2	0.701 1	0.905 2
透明性保证		1.288 2	0.532 2	0.769 9
户主知晓扶贫政策、社会救助政策情况		1.288 2	0.532 2	0.769 9
社会机会		4.018 7	1.999 5	3.799 4
网络宽带服务		2.001 2	0.820 4	0.523 6
家庭成员接受的技能培训次数		6.907 8	2.124 3	6.907 8
项目分红或就业扶贫贷款次数		6.907 8	2.830 8	6.907 8
资本能力		1.547 4	1.624 2	0.491 0
人力资源存量	有收入的劳动力数量	1.153 2	1.551 0	0.706 7
	技能或资质的拥有量	2.706 7	2.374 4	0.994 2
家庭负担	家庭医护负担人数	0.244 0	0.170 3	0.183 3
	家庭教育负担人数	0.239 4	0.177 5	0.347 1
户主综合素质		0.521 1	0.510 6	0.514 9
户主创新能力		0.687 7	0.683 6	0.539 2
户主社会交往能力		0.339 1	0.319 1	0.216 6
户主自我管理能力		0.438 4	0.416 1	0.620 5

注：① 表中权重值只保留小数点后四位，但在实际计算中为多位数计数值。② 为符合数学意义，在计算时，将隶属度 1 和 0 分别换成 0.999、0.001。

（二）贫困家庭可行能力变化的测度

在上述步骤的基础上，将贫困家庭建档立卡之后（2019 年问卷调查时）可行能力各子指标、维度及整体值减去建档立卡前的值来确定家庭可行能力变化的相关变量，并将其作为倾向得分匹配法（PSM）的自变量。具体操作方法为：

第一，资产能力变化。这一维度由“家庭生产生活设备拥有量变化”“家庭资产拥有量变化”2 个二分子指标变量组成。具体来看，若“家庭生产生活设备拥有量”“家庭资产拥有量”在建档立卡前后的差值均大于 0，则视为上述变量有所提高，并赋值为“1”。若前后的差值小于或等于 0，则视为没有提高，并赋值为“0”。另外，“资产能力变化”维度考察的是贫困家庭资产能力指数在建档立卡前后的变化情况，具体来看，若资产能力指数前后的差值大于 0，则视为有改善，并赋值为“1”；若差值小于或等于 0，则视为无改善，并赋值为“0”。

第二，防护性保障变化。这一维度主要包括“家庭及其成员参与各类社会保险的情况变化”这一子指标变量。具体处理方法是，若“家庭及其成员参与各类社会保险的情况”在建档立卡前后的差值大于 0，则视为该变量有提高，并赋值为“1”；若这一变量在建档立卡前后的差值小于或等于 0，则视为该变量没有提高，并赋值为“0”。另外，“防护性保障变化”考察的是贫困家庭防护性保障指数在建档立卡前后的变化情况。若“防护性保障变化”指数前后的差值大于 0，则视为有改善，并赋值为“1”；若小于或等于 0，则视为无改善，并赋值为“0”，生成“防护性保障变化”新变量。

第三，透明性保证变化。这一维度主要通过“户主知晓扶贫政策、社会救助政策情况变化”进行分析。具体操作方法是，若“户主知晓扶贫政策、社会救助政策情况”在建档立卡前后的差值大于0，则认为该变量有提高，并赋值为“1”；若前后的差值等于或小于0，则视为没有提高，并赋值为“0”。另外，若“透明性保证变化”指数在建档立卡前后的差值大于0，则视为有改善，并赋值为“1”；若差值小于或等于0，视为没有改善，并赋值为“0”，生成“透明性保证变化”新变量。

第四，社会机会变化。这一维度由“网络宽带服务变化”“家庭成员接受的技能培训次数变化”“项目分红或就业扶贫贷款次数变化”3个二分子指标变量组成。具体的操作方法是，若“网络宽带服务”“家庭成员接受的技能培训次数”“项目分红或就业扶贫贷款次数”在建档立卡前后的差值均大于0，则认为上述变量都有所增加，并分别赋值为“1”。反之，若差值均小于或等于0，则视为无变化，并分别赋值为“0”。同理，“社会机会变化”维度照此方法进行处理。

第五，资本能力变化。这一维度主要以“人力资源存量变化”“家庭负担变化”2类4个子指标变量进行分析。具体来看，在“人力资源存量变化”中，若“有收入的劳动力数量”和“技能或资质的拥有量”在建档立卡前后的差值均大于0，则认为均有增加，并分别赋值为“1”；若差值均小于或等于0，则视为均无变化，并赋值为“0”。之后，分别生成“有收入的劳动力数量变化”“技能或资质的拥有量变化”两个新的二分变量。在“家庭负担变化”中，若“家庭医护负担人数”变量和“家庭教育负担人数”变量在建档立卡前后的差值均小于0，则视为有减少，并分别赋值为“1”；若差值均等于或大于0，则视为没有减少，并分别赋值为“0”。之后，分别生成“家庭医护负担人数变化”和“家庭教育负担人数变化”两个新的二分变量。另外，“资本能力变化”变量考察的是建档立卡前后资本能力指数的变化情况。若“资本能力变化”在前后的差值大于0,视为有改善,并赋值为“1”;若差值小于或等于0,则视为无改善,并赋值为“0”,生成“资本能力变化”这一新的二分变量。

第六,户主综合素质变化。这一维度主要包括两个部分:其一,在子指标上,若“户主创新能力”“户主社会交往能力”和“户主自我管理能力”在建档立卡前后的差值均大于0,则视为上述变量有提高,并分别赋值为“1”;若均小于或等于0,则视为上述变量没有提高,并赋值为“0”;之后,依次生成3种能力变化的二分变量。其二,在“户主综合素质变化”维度上,若贫困家庭户主综合素质指数在建档立卡前后的差值大于0,则视为有改善,并赋值为“1”;若差值小于或等于0,则视为无改善,并赋值为“0”,得到“户主综合素质变化”这一新的二分变量。

第七,家庭可行能力变化。这一指标主要分析贫困家庭在建档立卡前后可行能力指数的变化情况。若贫困家庭的可行能力指数在建档立卡前后的差值大于0,则认为其有改善,并赋值为“1”;若差值小于或等于0,则认为其没有改善,并赋值为“0”;然后得到“家庭可行能力变化”这一新的二分变量。

二、贫困家庭可行能力的描述性分析

(一)贫困家庭和非贫困家庭可行能力的比较分析

在比较分析贫困家庭和非贫困家庭可行能力之间的差异时,本研究团队考虑到非贫困家庭并未受到政策的干预,故将非贫困家庭可行能力的基本情况视为未发生变化,并将调查时(2019年)对非贫困家庭可行能力的测度情况与贫困家庭建档立卡前的可行能力进行比较。具体详见表3-4。

表 3-4 非贫困家庭和贫困家庭可行能力的统计量与检验

家庭可行能力各维度及子指标	P	N	均值	标准差	t
资产能力	0	297	0.61	0.19	20.75***
	1	543	0.33	0.19	
家庭生产生活设备拥有量	0	297	5.65	2.06	27.89***
	1	543	1.79	1.84	
家庭资产拥有量	0	297	2.20	0.92	6.19***
	1	543	1.82	0.70	
防护性保障	0	297	0.40	0.21	4.02***
	1	543	0.35	0.18	
家庭及其成员参与各类社会保险的情况	0	297	3.25	1.69	4.06***
	1	543	2.77	1.46	
透明性保证	0	297	0.46	0.48	5.68***
	1	543	0.28	0.42	
户主知晓扶贫政策、社会救助政策情况	0	297	0.93	0.95	5.68***
	1	543	0.55	0.85	
社会机会	0	297	0.02	0.02	2.08*
	1	543	0.02	0.04	
网络宽带服务	0	297	0.59	0.49	14.27***
	1	543	0.13	0.34	
家庭成员接受的技能培训次数	0	297	0.00	0.00	/
	1	543	0.00	0.00	
项目分红或就业扶贫贷款次数	0	297	0.00	0.00	/
	1	543	0.00	0.00	

续 表

家庭可行能力各维度及子指标		*P*	*N*	均值	标准差	*t*
资本能力		0	297	0.61	0.25	25.54***
		1	543	0.21	0.12	
人力资源存量	有收入的劳动力数量	0	297	2.05	1.34	8.90***
		1	543	1.26	1.00	
	技能或资质的拥有量	0	297	2.33	2.29	13.99***
		1	543	0.40	0.88	
家庭负担	家庭医护负担人数	0	297	0.84	0.97	−3.48**
		1	543	1.08	0.98	
	家庭教育负担人数	0	297	0.91	1.01	4.23***
		1	543	0.64	0.83	
户主综合素质		0	297	0.60	0.18	0.26
		1	543	0.59	0.21	
户主创新能力		0	297	5.31	2.61	6.47***
		1	543	4.02	2.83	
户主社会交往能力		0	297	8.06	2.24	5.43***
		1	543	7.13	2.61	
户主自我管理能力		0	297	19.51	2.32	8.67***
		1	543	17.97	2.53	
家庭可行能力		0	297	0.25	0.08	9.42***
		1	543	0.19	0.09	

注：① * $p<0.05$，** $p<0.01$，*** $p<0.001$。② *P* 表示组间虚拟变量，其中，$P=0$ 表示非贫困家庭，$P=1$ 表示贫困家庭（建档立卡前）。*N* 表示样本量。③ 由于家庭成员接受的技能培训次数、项目分红或就业扶贫贷款次数两个变量在两组间的标准差均为 0，故无法计算 *t* 值。

第一，资产能力。在子指标上，非贫困家庭在生产生活设备拥有量和家庭资产拥有量上的均值均显著（p＜0.001）高于贫困家庭建档立卡前的均值，且分别高出3.86、0.38个单位。在资产能力维度上，非贫困家庭的资产能力指数均值（0.61）显著（p＜0.001）大于贫困家庭建档立卡前的指数均值（0.33）。

第二，防护性保障。在子指标上，非贫困家庭及其成员参与各类社会保险的情况均值（3.25）比贫困家庭建档立卡前的均值（2.77）高出了0.48个单位，并在0.1%的水平上通过了显著性检验。在防护性保障维度上，非贫困家庭的防护性保障指数均值（0.40）高于贫困家庭建档立卡前的指数均值（0.35），并通过了显著性检验（p＜0.001）。

第三，透明性保证。在子指标上，非贫困家庭户主在扶贫政策、社会救助政策的知晓情况上的均值（0.93）显著（p＜0.001）高于贫困家庭建档立卡前的均值（0.55）。在透明性保证维度上，非贫困家庭的透明性保证指数均值（0.46）比贫困家庭建档立卡前的指数均值（0.28）高出了0.18个单位，并在0.1%的水平上通过了显著性检验。

第四，社会机会。在子指标上，相较于建档立卡前贫困家庭网络宽带服务的均值（0.13），非贫困家庭在网络宽带服务上的均值（0.59）高出了0.46个单位，该结果在0.1%的水平上通过了显著性检验。而贫困家庭（建档立卡前）和非贫困家庭在家庭成员接受的技能培训次数、享有的项目分红或就业扶贫贷款次数的均值方面，均为0。原因可能在于，本研究视技能培训、项目分红或就业扶贫贷款为贫困家庭建档立卡后政策给予他们的机会，具有一定的选择性和时间差，从而使得两者的均值均接近0。在社会机会维度上，与贫困家庭建档立卡前的社会机会指数均值（0.018）①相比，非贫困家庭的社会机会指数均值（0.022）②显著（$p<0.05$）高出了0.004个单位。

第五，资本能力。在子指标上，一是在人力资源存量中，非贫困家庭有收入的劳动力数量和技能或资质的拥有量的均值，分别比建档立卡前的贫困家庭高出了0.79、1.93个单位，并均在0.1%的水平上通过了显著性检验。二是在家庭负担中，非贫困家庭在医护负担人数上的均值（0.84）显著（$p<0.01$）小于建档立卡前贫困家庭的均值（1.08）；而在教育负担人数的均值上，非贫困家庭（0.91）则显著（$p<0.001$）大于建档立卡前的贫困家庭（0.64）。在资本能力维度上，贫困家庭建档立卡前的指数均值（0.21）显著（$p<0.001$）低于非贫困家庭（0.61）。

第六，户主综合素质。在子指标上，非贫困家庭户主的创新能力、社会交往能力、自我管理能力的均值均高于建档立卡前的贫困家庭户主，分别高出了1.29、0.93、1.54个单位，且均在0.1%的水平上通过了显著性检验。在户主综合素质维度上，非贫困家庭户主的指数均值（0.60）高于建档立卡前贫困家庭户主的指数均值（0.59），但未通过显著性检验。

第七，家庭可行能力。非贫困家庭的可行能力指数均值（0.25）显著（$p<0.001$）高于贫困家庭建档立卡前的指数均值（0.19），高出了0.06个单位。因此，总体而言，贫困家庭建档立卡前的可行能力水平低于非贫困家庭。

---

① 表3-4中的均值只保留了小数点后两位，但在实际计算中为多位数计数值，故0.018在表3-4中显示为0.02。

② 表3-4中的均值只保留了小数点后两位，但在实际计算中为多位数计数值，故0.022在表3-4中显示为0.02。

（二）贫困家庭可行能力的比较分析

1. 不同时期贫困家庭可行能力的比较分析

贫困家庭无论是否脱贫，其可行能力在两个观测时间点上都发生了较大变化。表 3－5 显示了在建档立卡前和建档立卡后两个时期贫困家庭（包括已脱贫家庭和未脱贫家庭）可行能力均值的基本情况。

表 3－5　贫困家庭可行能力的统计量与检验

家庭可行能力各维度及子指标	*T*	*N*	均值	标准差	*t*
资产能力	0	543	0.33	0.19	28.09***
	1	543	0.56	0.13	
家庭生产生活设备拥有量	0	543	1.79	1.72	24.08***
	1	543	3.57	1.84	
家庭资产拥有量	0	543	1.82	0.70	7.01***
	1	543	1.99	0.70	
防护性保障	0	543	0.35	0.18	16.62***
	1	543	0.50	0.19	
家庭及其成员参与各类社会保险的情况	0	543	2.77	1.46	16.61***
	1	543	3.97	1.52	
透明性保证	0	543	0.28	0.42	16.20***
	1	543	0.59	0.35	
户主知晓扶贫政策、社会救助政策情况	0	543	0.55	0.85	16.19***
	1	543	1.17	0.90	
社会机会	0	543	0.02	0.04	18.12***
	1	543	0.14	0.15	

续　表

家庭可行能力各维度及子指标		T	N	均值	标准差	t
网络宽带服务		0	543	0.13	0.34	14.59***
		1	543	0.44	0.50	
家庭成员接受的技能培训次数		0	543	0.00	0.00	10.75***
		1	543	0.48	1.03	
项目分红或就业扶贫贷款次数		0	543	0.00	0.00	11.05***
		1	543	0.29	0.61	
资本能力		0	543	0.21	0.12	−5.19***
		1	543	0.20	0.13	
人力资源存量	有收入的劳动力数量	0	543	1.26	1.00	11.38***
		1	543	1.69	1.44	
	技能或资质的拥有量	0	543	0.40	0.88	6.66***
		1	543	0.55	1.00	
家庭负担	家庭医护负担人数	0	543	1.08	0.98	0.72
		1	543	1.09	1.00	
	家庭教育负担人数	0	543	0.64	0.83	0.60
		1	543	0.65	0.86	
户主综合素质		0	543	0.59	0.21	1.81*
		1	543	0.60	0.22	
户主创新能力		0	543	4.02	2.83	0.35
		1	543	4.04	2.85	
户主社会交往能力		0	543	7.13	2.61	2.94**
		1	543	7.27	2.67	

续　表

家庭可行能力各维度及子指标	T	N	均值	标准差	t
户主自我管理能力	0	543	17.97	2.53	5.08***
	1	543	18.21	2.50	
家庭可行能力	0	543	0.19	0.09	30.27***
	1	543	0.32	0.11	

注：① * $p<0.05$，** $p<0.01$，*** $p<0.001$。② T 表示时间虚拟变量，其中，$T=0$ 表示建档立卡前一年（建档立卡前），$T=1$ 表示 2019 年问卷调查日期时（建档立卡后）。③ N 表示样本量。

在资产能力维度，贫困家庭建档立卡前的资产能力指数均值（0.33）显著（$p<0.001$）低于建档立卡后的均值（0.56）。在子指标上，所有贫困家庭在生产生活设备拥有量和家庭资产拥有量方面的均值都有所提高。具体来看，贫困家庭生产生活设备拥有量的均值由 1.79 增加到 3.57，家庭资产拥有量的均值由 1.82 增加到 1.99。通过配对样本检验，发现两期（建档立卡前后）的标准差均为正数，t 所对应的 p 值均小于 0.1%，说明贫困家庭拥有的生产生活设备、家庭资产在建档立卡前后存在显著性差异，即与建档立卡前相比，贫困家庭在建档立卡后的生产生活设备拥有量、家庭资产拥有量均有显著增加。

在防护性保障维度，贫困家庭的防护性保障指数均值由建档立卡前的 0.35 显著（$p<0.001$）增加至建档立卡后的 0.50。在子指标上，所有贫困家庭及其成员参与各类社会保险的情况均值从 2.77 上升至 3.97，两期（建档立卡前后）的均值差为 1.20，在 0.1%的水平上通过了显著性检验。这表明，从建档立卡前至建档立卡后，贫困家庭的防护性保障水平有了显著的提高。

在透明性保证维度，从建档立卡前至建档立卡后，贫困家庭的透明性保证指数均值由 0.28 增加到了 0.59，显著($p<0.001$)提高了 0.31 个单位。在子指标上，户主知晓扶贫政策、社会救助政策情况的均值从建档立卡前(0.55)到建档立卡后(1.17)，显著($p<0.001$)增加了 0.62 个单位。这说明建档立卡以来，贫困家庭在透明性保证方面的可行能力有了显著提升。

在社会机会维度，与建档立卡前的社会机会指数均值(0.02)相比，贫困家庭建档立卡后的社会机会指数均值(0.14)显著($p<0.001$)提高了 0.12 个单位。另外，在子指标上，建档立卡以来，贫困家庭及其成员在网络宽带服务、接受技能培训次数、享有的项目分红或就业扶贫贷款次数指标方面的均值分别提高了 0.31、0.48、0.29 个单位，且在配对样本检验中，三个子指标均在 0.1%的水平上通过了显著性检验。这表明从建档立卡前至建档立卡后，贫困家庭及其成员享受到了更多的社会机会。

在资本能力维度，贫困家庭在建档立卡前的资本能力指数均值(0.21)显著($p<0.001$)高于建档立卡后的均值(0.20)，高出了 0.01 个单位。原因可能是，从建档立卡前至建档立卡后，部分贫困家庭的家庭负担有所增加，进而拉低了资本能力指数，使得贫困家庭的资本能力指数有所下降。在子指标上，一是在人力资源存量中，贫困家庭中有收入的劳动力数量的均值由 1.26增加到 1.69，增加了 0.43 个单位，在 0.1%的水平上通过了显著性检验，说明与建档立卡前相比，贫困家庭中有收入的劳动力数量有较为显著的增加；贫困家庭成员的技能或资质拥有量的均值由 0.40 增加到 0.55，增加了 0.15 个单位，且在 0.1%的水平上通过了显著性检验。二是在家庭负担中，与建档立卡前相比，贫困家庭在建档立卡后的医护负担人数和教育负担

人数均有小幅上升，但未通过显著性检验，说明建档立卡以来两个子指标变量的变化并不显著。

在户主综合素质维度，贫困家庭户主综合素质指数均值由建档立卡前的 0.59 提高到建档立卡后的 0.60，提高了 0.01 个单位，且在 5%的水平上通过了显著性检验。在子指标上，建档立卡后，贫困家庭户主的创新能力、社会交往能力、自我管理能力的均值均高于建档立卡前的均值，分别高出了 0.02、0.14 和 0.24 个单位。且除了户主创新能力未通过显著性检验外，户主的社会交往能力和自我管理能力分别在 1%和 0.1%的水平上通过了显著性检验。这表明建档立卡以来，贫困家庭户主的社会交往能力和自我管理能力均有显著提高。

在家庭可行能力方面，贫困家庭建档立卡前的可行能力指数均值（0.19）显著（$p<0.001$）低于建档立卡后的指数均值（0.32），低了 0.13 个单位。这表明建档立卡以来，贫困家庭的可行能力有所提高。

2. 已脱贫家庭和未脱贫家庭可行能力的比较分析

表 3－6 显示了已脱贫家庭和未脱贫家庭的可行能力在建档立卡前和建档立卡后两期时间上的基本情况，以及建档立卡以来两类贫困家庭可行能力变化的基本情况。

1) 建档立卡前已脱贫家庭和未脱贫家庭可行能力的比较分析

在建档立卡前（$T=0$ 期），从家庭可行能力的子指标上看，未脱贫家庭（$G=0$）的医护负担人数均值（1.27）显著（$p<0.01$）高于已脱贫家庭（$G=1$）的均值（0.98），高出了 0.29 个单位，这表明在建档立卡前未脱贫家庭的医护负担人数显著大于已脱贫家庭。另外，在户主综合素质方面，已脱贫家庭户

表 3-6　不同类别贫困家庭的可行能力在两期时间上的统计量与检验

家庭可行能力各维度及子指标	T	$T=0$			$T=1$			T_1-T_0			
	G	均值	σ	t 值	均值	σ	t 值	均值	σ	t 值	t°值
资产能力	0	0.34	0.19	1.25	0.54	0.14	-2.13^{*}	0.20	0.20	13.90^{***}	-2.78^{*}
	1	0.32	0.19		0.57	0.13		0.25	0.18	25.05^{***}	
家庭生产生活设备拥有量	0	1.97	1.88	1.69	3.46	1.72	−1.17	1.49	1.73	11.85^{***}	-2.98^{**}
	1	1.69	1.81		3.64	1.72		1.95	1.70	21.44^{***}	
家庭资产拥有量	0	1.79	0.68	−0.62	1.93	0.67	−1.53	0.14	0.47	3.98^{***}	−1.20
	1	1.83	0.71		2.02	0.72		0.19	0.62	5.80^{***}	
防护性保障	0	0.34	0.16	−1.02	0.47	0.18	-2.73^{**}	0.13	0.21	8.62^{***}	−1.63
	1	0.35	0.19		0.51	0.19		0.16	0.21	14.31^{***}	
家庭及其成员参与各类社会保险的情况	0	2.69	1.30	−1.02	3.73	1.45	-2.73^{**}	1.04	1.66	8.62^{***}	−1.63
	1	2.82	1.54		4.10	1.55		1.28	1.68	14.30^{***}	
透明性保证	0	0.25	0.42	−0.97	0.49	0.46	-3.70^{***}	0.24	0.43	7.66^{***}	-2.78^{***}
	1	0.29	0.42		0.64	0.43		0.35	0.45	14.54^{***}	
户主知晓扶贫政策、社会救助政策情况	0	0.50	0.84	−0.97	0.98	0.91	-3.70^{***}	0.48	0.87	7.66^{***}	-2.78^{***}
	1	0.58	0.85		1.28	0.87		0.70	0.91	14.54^{***}	
社会机会	0	0.02	0.04	−0.44	0.09	0.12	-5.81^{***}	0.07	0.12	8.41^{***}	-5.73^{***}
	1	0.02	0.04		0.16	0.16		0.14	0.16	16.56^{***}	

续 表

家庭可行能力各维度及子指标		T	T=0			T=1			T_1-T_0			
		G	均值	σ	t 值	均值	σ	t 值	均值	σ	t 值	t°值
网络宽带服务		0	0.13	0.33	−0.44	0.34	0.48	−3.54***	0.21	0.45	6.62***	−3.34**
		1	0.14	0.35		0.49	0.50		0.35	0.50	13.26***	
家庭成员接受的技能培训次数		0	0	0		0.25	0.72	−4.30***	0.25	0.72	4.84***	−4.30***
		1	0	0		0.60	1.15		0.60	1.15	9.75***	
项目分红或就业扶贫贷款次数		0	0	0		0.17	0.53	−3.54***	0.17	0.53	4.51***	−3.54***
		1	0	0		0.36	0.65		0.36	0.65	10.31***	
资本能力		0	0.20	0.13	−1.23	0.18	0.12	−2.84**	−0.02	0.06	−6.23***	−3.07**
		1	0.22	0.12		0.21	0.13		−0.01	0.07	−2.34*	
人力资源存量	有收入的劳动力数量	0	1.19	1.02	−1.16	1.42	1.40	−3.31**	0.23	0.82	3.80***	−4.20***
		1	1.30	1.00		1.84	1.44		0.54	0.90	11.35***	
	技能或资质的拥有量	0	0.37	0.90	−0.57	0.47	0.99	−1.52	0.10	0.43	3.20***	−2.02*
		1	0.41	0.87		0.60	1.00		0.19	0.61	5.86***	
家庭负担	家庭医护负担人数	0	1.27	1.05	3.26**	1.27	1.03	3.02**	0.00	0.42	0.00	−0.53
		1	0.98	0.93		1.00	0.98		0.02	0.42	0.90	
	家庭教育负担人数	0	0.59	0.83	−0.94	0.55	0.84	−1.86	−0.04	0.39	−1.30	−1.91
		1	0.66	0.84		0.70	0.87		0.04	0.45	1.55	

续 表

家庭可行能力各维度及子指标	T / G	$T=0$ 均值	$T=0$ σ	$T=0$ t 值	$T=1$ 均值	$T=1$ σ	$T=1$ t 值	T_1-T_0 均值	T_1-T_0 σ	T_1-T_0 t 值	t°值
户主综合素质	0	0.54	0.22	-4.42^{***}	0.54	0.22	-4.9^{***}	0.00	0.08	−0.32	−1.75
	1	0.62	0.20		0.63	0.21		0.01	0.08	2.53^{*}	
户主创新能力	0	3.49	2.80	-3.25^{**}	3.44	2.74	-3.65^{***}	−0.05	0.93	−0.78	−1.06
	1	4.31	2.80		4.36	2.86		0.05	1.20	0.84	
户主社会交往能力	0	6.28	2.74	-5.51^{***}	6.36	2.78	-5.87^{***}	0.08	1.42	0.72	−1.06
	1	7.59	2.41		7.77	2.47		0.18	0.95	4.58^{***}	
户主自我管理能力	0	17.79	2.67	−1.23	17.90	2.68	-2.15^{*}	0.11	1.13	1.41	-2.00^{*}
	1	18.07	2.45		18.38	2.39		0.31	1.13	5.28^{***}	
家庭可行能力	0	0.18	0.08	−1.52	0.28	0.10	-6.73^{***}	0.10	0.09	14.54^{***}	-5.85^{***}
	1	0.19	0.09		0.34	0.10		0.15	0.10	27.82^{***}	

注：① $^{*}p<0.05$，$^{**}p<0.01$，$^{***}p<0.001$。② T 为时间虚拟变量，其中，$T=0$ 表示建档立卡前一年（建档立卡前），$T=1$ 表示 2019 年问卷调查日期时（建档立卡后/当前）。T_1-T_0 表示建档立卡前后两个时间差。G 为组间虚拟变量，其中，$G=1$ 表示已脱贫家庭，$G=0$ 表示未脱贫家庭。已脱贫家庭样本数为 352，未脱贫家庭样本数为 191。③ 在 $T=0$ 期，由于家庭及其成员接受的技能培训次数、享有的项目分红或就业扶贫贷款次数两个变量在两组间的标准差均为 0，故无法计算 t 值。④ t°值表示两类贫困家庭的可行能力在建档立卡前后两个时间差的均值差异的 t 检验。⑤ σ 表示标准差。

主的创新能力均值(4.31)显著($p<0.01$)高于未脱贫家庭(3.49)。同时，未脱贫家庭户主的社会交往能力均值(6.28)显著($p<0.001$)低于已脱贫家庭(7.59)。虽然已脱贫家庭在可行能力中的多个子指标变量上的均值均大于未脱贫家庭，但除了上述3个子指标变量通过了显著性检验外，其他子指标变量均未通过显著性检验，这表明已脱贫家庭和未脱贫家庭在多数可行能力子指标上并不存在显著差异。

另外，在家庭可行能力各维度的指数均值中，虽然已脱贫家庭的资产能力指数均值(0.32)低于未脱贫家庭(0.34)，但在防护性保障、透明性保证、资本能力、户主综合素质方面的指数均值均高于未脱贫家庭。在社会机会方面，两者的指数均值(0.02)相等。但是，在上述各维度的指数均值中，只有在户主综合素质指数均值方面，已脱贫家庭和未脱贫家庭之间才存在显著($p<0.001$)差异。

此外，在总的家庭可行能力指数上，已脱贫家庭的均值(0.19)大于未脱贫家庭(0.18)，但未通过显著性检验。因此，总体上来看，在建档立卡前，贫困家庭的可行能力处于较低水平，两类贫困家庭的可行能力并不存在显著差异。

2) 建档立卡后已脱贫家庭和未脱贫家庭可行能力的比较分析

在建档立卡后($T=1$期)，从家庭可行能力子指标上看：其一，在资产能力子指标中，已脱贫家庭在生产生活设备拥有量、资产拥有量上的均值均大于未脱贫家庭，但均未通过显著性检验。其二，在防护性保障子指标中，未脱贫家庭及其成员参与各类社会保险情况的均值(3.73)显著($p<0.01$)低于已脱贫家庭的均值(4.10)。其三，在透明性保证子指标中，相较于已脱贫家庭的均值(1.28)，未脱贫家庭的户主知晓扶贫政策、社会救助政策情况的

均值较低(0.98),两类贫困家庭的均值差异在0.1%的水平上通过了显著性检验,表明已脱贫家庭的户主比未脱贫家庭的户主更了解一些扶贫与社会救助政策。其四,在社会机会子指标中,已脱贫家庭在网络宽带服务、家庭成员接受的技能培训次数、项目分红或就业扶贫贷款次数的均值分别是0.49、0.60、0.36,均显著($p<0.001$)高于未脱贫家庭(分别是0.34、0.25、0.17),分别高出了0.15、0.35、0.19个单位,这表明已脱贫家庭比未脱贫家庭享有更多的网络宽带服务、技能培训次数和项目分红或就业扶贫贷款的机会。其五,在资本能力子指标中,已脱贫家庭在人力资源存量上的均值高于未脱贫家庭,但只有家中有收入的劳动力数量这一子指标变量通过了显著性检验($p<0.01$)。同时,在家庭负担中,已脱贫家庭的医护负担人数这一指标的均值(1.00)显著($p<0.01$)小于未脱贫家庭(1.27)。虽然已脱贫家庭的教育负担人数这一指标的均值(0.70)大于未脱贫家庭(0.55),但未通过显著性检验,说明已脱贫家庭和未脱贫家庭在教育负担人数上并不存在显著性差异。其六,在户主综合素质子指标中,相较于未脱贫家庭,已脱贫家庭在户主创新能力、社会交往能力和自我管理能力上的均值(分别是4.36、7.77、18.38)均显著高于未脱贫家庭(分别是3.44、6.36、17.90),分别高出了0.92($p<0.001$)、1.41($p<0.001$)、0.48($p<0.05$)个单位。

另外,在家庭可行能力各维度的指数均值中,已脱贫家庭在资产能力、防护性保障、透明性保证、社会机会、资本能力、户主综合素质上的指数均值均显著高于未脱贫家庭。具体来看,已脱贫家庭的资产能力指数均值(0.57)显著($p<0.05$)高于未脱贫家庭(0.54)。与未脱贫家庭的防护性保障指数均值(0.47)和透明性保证指数均值(0.49)相比,已脱贫家庭在这两

个维度上的指数均值(分别是0.51、0.64)分别高出了0.04、0.15个单位,并都通过了显著性检验(显著性水平分别为1%、0.1%)。在社会机会、资本能力、户主综合素质的指数均值方面,已脱贫家庭均显著高于未脱贫家庭,分别高出了0.07($p<0.001$)、0.03($p<0.01$)、0.09($p<0.001$)个单位。

此外,在家庭可行能力总指数上,未脱贫家庭的均值(0.28)低于已脱贫家庭的均值(0.34),低了0.06个单位,且在0.1%的水平上通过了显著性检验。因此,总体而言,在建档立卡后,已脱贫家庭在家庭可行能力多个子指标和维度上的均值均高于未脱贫家庭,且通过了显著性检验。

3)建档立卡以来已脱贫家庭和未脱贫家庭可行能力变化的比较分析

第一,资产能力。在子指标方面,未脱贫家庭在生产生活设备拥有量上的均值由$T=0$期的1.97增加到$T=1$期的3.46,增加了1.49个单位;已脱贫家庭则由1.69增加到3.64,增加了1.95个单位。并且,两类家庭的这一指标均在0.1%的水平上通过了显著性检验。已脱贫家庭的生产生活设备拥有量的增量显著($p<0.01$)大于未脱贫家庭。同时,未脱贫家庭的资产拥有量均值增加了0.14个单位,已脱贫家庭的均值增加了0.19个单位,且显著性水平均为0.1%。在资产能力维度方面,未脱贫家庭的指数均值由$T=0$期的0.34显著($p<0.001$)提高至$T=1$期的0.54,已脱贫家庭的指数均值由$T=0$期的0.32显著($p<0.001$)提高到$T=1$期的0.57。未脱贫家庭在两期时间差上的均值增量(0.20)显著($p<0.05$)低于已脱贫家庭(0.25)。

第二,防护性保障。在子指标方面,从建档立卡前至建档立卡后,未脱贫家庭及其成员、已脱贫家庭及其成员参与各类社会保险的情况均值分别提高了1.04、1.28个单位,两者均在0.1%的水平上通过了显著性检验。同时，在参与各类社会保险情况均值的增量上，两类贫困家庭之间并不存在显著差异。在防护性保障维度方面，已脱贫家庭的指数均值由 0.35 增加至 0.51，显著（$p<0.001$）增加了 0.16 个单位；未脱贫家庭的指数均值由 0.34 增加至 0.47，显著（$p<0.001$）增加了 0.13 个单位。

第三，透明性保证。在子指标方面，从建档立卡前至建档立卡后，未脱贫家庭户主知晓扶贫政策、社会救助政策情况的均值由 0.50 上升至 0.98，显著（$p<0.001$）提高了 0.48 个单位。而已脱贫家庭户主知晓扶贫政策、社会救助政策情况的均值则由 0.58 上升至 1.28，显著（$p<0.001$）提高了 0.70 个单位。两类贫困家庭在这一指标上的增量在 0.1%的水平上存在显著性差异。在透明性保证维度方面，建档立卡以来，未脱贫家庭的透明性保证指数均值显著（$p<0.001$）增加了 0.24 个单位，已脱贫家庭的这一指数均值显著（$p<0.001$）增加了 0.35 个单位。已脱贫家庭的透明性保证指数均值的增量显著（$p<0.001$）大于未脱贫家庭。

第四，社会机会。在子指标方面，与建档立卡前相比，建档立卡后未脱贫家庭在网络宽带服务、家庭成员接受的技能培训次数、项目分红或就业扶贫贷款次数上的均值分别显著（$p<0.001$）提高了 0.21、0.25、0.17 个单位，而已脱贫家庭在上述变量上的均值分别显著（$p<0.001$）提高了 0.35、0.60、0.36 个单位。已脱贫家庭在上述子指标变量上的均值增量均显著（$p<0.01$）大于未脱贫家庭。在社会机会维度方面，建档立卡以来，未脱贫家庭享有社会机会的指数均值增加了 0.07 个单位，而已脱贫家庭的这一指数均值增加了 0.14 个单位，且均在 0.1%的水平上通过了显著性检验。另外，已脱贫家庭的指数均值增量显著（$p<0.001$）大于未脱贫家庭的指数均值增量。

第五，资本能力。在子指标方面，建档立卡以来，一是未脱贫家庭中有收入的劳动力数量均值显著($p<0.001$)上升了0.23个单位，而已脱贫家庭则显著($p<0.001$)上升了0.54个单位。已脱贫家庭中有收入的劳动力数量的均值增量显著($p<0.001$)大于未脱贫家庭。二是未脱贫家庭成员专业技能或资质的拥有量由$T=0$期的0.37提高至$T=1$期的0.47，显著($p<0.001$)提高了0.10个单位，而已脱贫家庭在该变量上的均值则显著($p<0.001$)提高了0.19个单位(由$T=0$期的0.41提高至$T=1$期的0.60)，后者的均值增量显著($p<0.01$)大于前者。三是在家庭医护负担人数上，未脱贫家庭在$T=0$期与$T=1$期的均值均为1.27，而已脱贫家庭则增加了0.02个单位，但均未通过显著性检验。可能是因为，患大病、慢性病和身患残疾的贫困家庭成员的治疗周期长，且无法实现治愈，只能将其纳入医保救助范围，通过享有相应的医疗减免政策来减缓家庭的压力。同时，有部分贫困家庭成员罹患的大病、慢性病为遗传性疾病，相关疾病的确诊存在一定的时间差。此外，有些贫困家庭成员并不注重自身健康问题和安全问题，没有形成良好的健康、安全意识和习惯，因此，建档立卡以来，两类贫困家庭的医护负担人数的变化并不明显，甚至还出现了增加。四是与建档立卡前相比，建档立卡后未脱贫家庭的教育负担人数均值下降了0.04个单位，而已脱贫家庭这一指标的均值则提高了0.04个单位，但均未通过显著性检验。原因可能在于，在建档立卡前，有些贫困家庭成员的子女还未到上学年龄。另外，已脱贫家庭和未脱贫家庭在家庭医护负担人数和教育负担人数于两期时间上的均值变化中均不存在显著差异。在资本能力维度方面，未脱贫家庭的指数均值从$T=0$期的0.20降至$T=1$期的0.18，显著($p<0.001$)降低了0.02个单位，

而已脱贫家庭的指数均值则由 0.22 降至 0.21，显著（$p<0.05$）降低了 0.01 个单位，未脱贫家庭资本能力指数均值的降低值显著（$p<0.01$）大于已脱贫家庭。资本能力这一维度的指标出现负向增长的可能原因在于，家庭医护负担人数和教育负担人数两个负向指标对资本能力造成了负向影响。

第六，户主综合素质。在子指标方面，与建档立卡前相比，建档立卡后未脱贫家庭除了户主创新能力有所降低（－0.05）外，其户主社会交往能力、自我管理能力均有所提高，分别提高了 0.08、0.11 个单位，但均不具有统计学上的意义（未通过显著性检验）。而建档立卡以来，已脱贫家庭的户主创新能力、社会交往能力、自我管理能力均有所提高，分别提高了 0.05、0.18、0.31 个单位，但只有户主社会交往能力和自我管理能力通过了显著性检验（$p<0.001$）。另外，已脱贫家庭户主自我管理能力的均值增量显著（$p<0.05$）大于未脱贫家庭户主自我管理能力的均值增量，而在户主创新能力和户主自我管理能力这两个子指标上，已脱贫家庭和未脱贫家庭的均值增量均不存在显著差异。在户主综合素质维度方面，建档立卡以来，未脱贫家庭户主综合素质的指数均值未出现变化，而已脱贫家庭户主综合素质的指数均值显著（$p<0.05$）增加了 0.01 个单位。未脱贫家庭与已脱贫家庭在户主综合素质均值变化量上并不存在显著差异。

第七，家庭可行能力。未脱贫家庭可行能力的指数均值从建档立卡前的 0.18 增至建档立卡后的 0.28，显著（$p<0.001$）增加了 0.10 个单位。而已脱贫家庭可行能力的指数均值则由建档立卡前的 0.19 增至建档立卡后的 0.34，显著（$p<0.001$）增加了 0.15 个单位。已脱贫家庭可行能力的增加值显著（$p<0.001$）大于未脱贫家庭可行能力的增加值。

第四章　家庭可行能力不足对贫困的影响

第一节　研究假设与分析模型

一、研究假设

基于前文的理论分析，本研究认为，风险遭遇是致贫的外在因素，家庭可行能力不足是贫困的根本原因。为此，本研究建立假设 4－1 如下：

可行能力不足是造成家庭贫困的重要原因。可行能力越弱的家庭，其陷入贫困的可能性越大。具体而言，资产能力越弱、社会机会越少、资本能力越低和户主综合素质越低，家庭陷入贫困的可能性就越大。

二、变量设置

（一）因变量

本章的被解释变量（因变量）为调查对象“是否为建档立卡贫困家庭”，此为二分变量，若为建档立卡贫困家庭则赋值为“1”，若不是则赋值为“0”。

具体的操作方法是，将政策上被评为建档立卡的贫困户视为贫困家庭。

（二）自变量

本章的解释变量（自变量）为家庭可行能力，具体操作化为资产能力、防护性保障、透明性保证、社会机会、资本能力和户主综合素质6个维度的12个变量。其中，资产能力操作化为“家庭生产生活设备拥有量”和“家庭资产拥有量”2个连续型变量；防护性保障操作化为“家庭及其成员参与各类社会保险的情况”1个连续型变量；透明性保证操作化为“户主知晓扶贫政策、社会救助政策情况”1个连续型变量；社会机会操作化为“网络宽带服务”1个定类变量①；在家庭资本能力中，人力资源存量操作化为家中“有收入的劳动力数量”和家庭成员“技能或资质的拥有量”2个连续型变量，家庭负担操作化为“家庭医护负担人数”和“家庭教育负担人数”2个连续型变量；户主综合素质操作化为“户主创新能力”“户主社会交往能力”和“户主自我管理能力”3个连续型变量。上述变量的操作化方法在前文已有说明，此处不再赘述。

（三）控制变量

本章将户主的性别、户口性质、受教育程度、民族和婚姻状况5个可能对家庭贫困状况有影响的相关变量设置为控制变量。其中，针对户主的性别这一变量，设置“男”“女”两个选项，分别赋值为“0”“1”。同时，针对户口性质这一变量，分别设置“非农户口”和“农业户口”两个选项，分别赋值为“0”和“1”。另外，针对户主的受教育程度这一变量，将“小学及以下”“初中”分别赋值为“1”“2”，将“高中、中专、技校”“高职高专”“本科及以上”合并为一

① 本章主要分析致贫原因，而“家庭成员接受的技能培训次数”和“项目分红或就业扶贫贷款次数”是反贫困过程中的政策介入因素，故不在此列。——编者注

个选项,赋值为"3"。户主的受教育程度越高,其劳动生产率就越高,收入可能越多,其所在家庭越不容易发生贫困。此外,对于民族这一变量,分别设置"汉族"和"少数民族"两个选项,分别赋值为"0"和"1"。最后,对于婚姻状况这一变量,将"已婚"赋值为"1",将"未婚""离婚"和"丧偶"合并为一个选项,表示处于单身状态,赋值为"0"。

三、分析模型

根据假设,将调查对象"是否为建档立卡贫困家庭"设为被解释变量,将资产能力、防护性保障、透明性保证、社会机会、资本能力和户主综合素质 6 个维度的 12 个变量设为解释变量,将户主特征的 5 个变量作为控制变量,建立二元 Logistic 逻辑回归模型:

$$\text{Logit } P = \ln[p/1-p] = \beta_0 + \sum \beta_i X_i + \varepsilon$$

(公式 4-1)

在分析过程中采用逐步回归的方式构建 6 个嵌套模型。

第二节　家庭可行能力对贫困发生概率的回归分析

一、资产能力对家庭贫困的影响

模型 1 的结果表明,资产能力对家庭贫困的发生具有显著的负向影响。具体来看,家庭生产生活设备拥有量每提高一个单位,家庭发生贫困的概率就会降低 49.6%;家庭资产拥有量每提高一个单位,家庭发生贫困的概率就会下降 44.1%。家庭生产生活设备和资产的拥有量越多,生产生活的信心就越强,家庭陷入贫困的可能性就越小。

二、防护性保障对家庭贫困的影响

模型 2 的结果表明,在加入防护性保障这一变量之后,原模型 1 中对被解释变量有显著影响的解释变量的影响依然显著。家庭防护性保障能力正向影响家庭贫困的发生,家庭防护性保障能力每提高一个单位,家庭发生贫困的概率就会上升 4.7%,但该结果并未通过显著性检验。

三、透明性保证对家庭贫困的影响

模型 3 的结果表明,在加入透明性保证这一变量之后,原模型 2 中对被解释变量有显著影响的解释变量的影响仍然显著。此外,相较于受教育程度为小学及以下的户主,户主的受教育程度为高中、中专、技校及以上这一变量也显著正向影响家庭贫困的发生。户主知晓扶贫政策、社会救助政策情况每提高一个单位,家庭发生贫困的概率就会上升 3%,但该结果并未通过显著性检验,不具备统计学上的意义。

四、社会机会对家庭贫困的影响

模型 4 的结果表明,在加入社会机会这一变量之后,除了户主的受教育程度为高中、中专、技校及以上这一变量的影响不再显著外,原模型 3 中其他变量对被解释变量的影响依然显著。网络宽带服务这一变量对家庭贫困的发生有显著的负向影响，享有网络宽带服务的家庭发生贫困的可能性比未享受的家庭低 57.3%。原因可能是，家庭成员若享有网络宽带服务，则更有可能接触到一些新的理念和想法，发现新的发展机遇，更不容易发生贫困。该变量在模型 5 至模型 6 中对贫困家庭的形成仍具有显著影响，方向是稳定的。

五、资本能力对家庭贫困的影响

模型 5 的结果表明，在加入资本能力这一变量之后，原模型 4 中的解释变量对被解释变量的影响仍然显著，且作用和方向均是稳定的。在家庭人力资源存量方面，家庭成员的技能或资质的拥有量每增加一个单位，家庭发生贫困的概率就会降低 32.5%。在家庭负担方面，家庭医护负担人数每增加一个单位，家庭发生贫困的概率就会上升 27.7%。家庭成员拥有的专业技能或资质越多，越有助于他们拓宽就业面，增加就业机会，也就越不容易发生贫困。家庭中患病或失能的人越少，其医护负担会越小，就越不可能发生贫困。

六、户主综合素质对家庭贫困的影响

模型 6 的结果表明，在加入户主综合素质这一变量之后，原模型 5 中对被解释变量有显著影响的解释变量的影响仍旧显著。户主创新能力、社会交往能力每提高一个单位，家庭发生贫困的概率均会降低 1.6%；户主自我管理能力每提高一个单位，家庭发生贫困的概率则会下降 9.4%，但只有户主自我管理能力这一变量在 10%的水平上通过了显著性检验。因此，自我管理能力、创新能力和社会交往能力越强的户主，越能在家庭遭遇困境时从多个层面、多个角度探求解决方法，带领家庭走出困境。

家庭贫困影响因素的 Logistic 回归分析结果见表 4-1。

表 4-1　家庭贫困影响因素的 Logistic 回归分析结果

家庭可行能力	模型 1	模型 2	模型 3	模型 4	模型 5	模型 6
控制变量						
性别(参照组：男)	0.930 (0.210)	0.935 (0.211)	0.937 (0.212)	0.948 (0.217)	1.168 (0.283)	1.191 (0.293)
户口性质(参照组：非农户口)	12.585*** (4.644)	12.451*** (4.596)	12.473*** (4.605)	11.862*** (4.384)	12.431*** (4.709)	13.293*** (5.149)
受教育程度(参照组：小学及以下)						
初中	0.489*** (0.116)	0.493*** (0.117)	0.489*** (0.118)	0.494*** (0.120)	0.462*** (0.115)	0.489*** (0.124)
高中、中专、技校及以上	0.548 (0.206)	0.539 (0.203)	0.533* (0.202)	0.618 (0.241)	0.673 (0.276)	0.711 (0.295)
民族(参照组：汉族)	0.958 (0.278)	0.956 (0.277)	0.966 (0.282)	1.076 (0.323)	1.139 (0.360)	1.147 (0.373)
婚姻状况(参照组：未婚、离异、丧偶)	0.513* (0.175)	0.516* (0.176)	0.517* (0.177)	0.498** (0.170)	0.568 (0.196)	0.580 (0.203)
自变量						
资产能力						
家庭生产生活设备拥有量	0.504*** (0.028)	0.502*** (0.029)	0.501*** (0.029)	0.524*** (0.031)	0.555*** (0.034)	0.560*** (0.035)
家庭资产拥有量	0.559*** (0.096)	0.552*** (0.096)	0.549*** (0.096)	0.589*** (0.104)	0.659** (0.120)	0.685** (0.127)
防护性保障						
家庭及其成员参与各类社会保险的情况		1.047 (0.088)	1.045 (0.088)	1.091 (0.093)	1.084 (0.097)	1.084 (0.100)
透明性保证						
户主知晓扶贫政策、社会救助政策情况			1.030 (0.130)	1.058 (0.136)	1.123 (0.151)	1.175 (0.162)

续　表

家庭可行能力		模型 1	模型 2	模型 3	模型 4	模型 5	模型 6
社会机会							
网络宽带服务					0.427***	0.550**	0.534**
					(0.111)	(0.151)	(0.148)
资本能力							
人力资源存量	有收入的劳动力数量					0.997	0.999
						(0.117)	(0.117)
	技能或资质的拥有量					0.675***	0.689***
						(0.065)	(0.067)
家庭负担	家庭医护负担人数					1.277**	1.240*
						(0.154)	(0.152)
	家庭教育负担人数					1.000	1.001
						(0.133)	(0.134)
户主综合素质							
户主创新能力							0.984
							(0.048)
户主社会交往能力							0.984
							(0.053)
户主自我管理能力							0.906*
							(0.049)
常数		21.513***	19.760***	19.767***	16.773***	8.746***	52.543***
		(10.739)	(10.326)	(10.335)	(8.753)	(4.801)	(55.828)
伪 R^2		0.501	0.502	0.502	0.511	0.533	0.537
N		840	840	840	840	840	840

注：① 括号内为标准误。② * $p<0.1$，** $p<0.05$，*** $p<0.01$。

综上，除防护性保障和透明性保证外，家庭可行能力的其他 4 个维度均对建档立卡家庭贫困的发生概率有显著影响。家庭资产能力越强、社会机会越多、资本能力越高、户主综合素质越高，其陷入贫困的可能性就越低。可见，可行能力不足是导致家庭贫困的重要原因。

第五章　家庭可行能力建设的减贫效应

第一节　可行能力建设减贫效应评估的变量与模型设置

一、研究假设

本章的研究假设主要预测家庭可行能力的减贫效应，即可行能力变化对贫困家庭贫困状况（脱贫与未脱贫）的影响。借鉴阿马蒂亚·森的可行能力理论，结合本土实际，本研究围绕资产能力、防护性保障、透明性保证、社会机会、资本能力、户主综合素质6个维度提出研究假设。

假设5-1：从建档立卡前到建档立卡后，家庭资产能力的增强有助于贫困家庭自身实现脱贫。

假设5-2：从建档立卡前到建档立卡后，就贫困家庭自身而言，防护性保障的加强有助于其实现脱贫。

假设5-3：从建档立卡前到建档立卡后，就贫困家庭自身而言，知晓相关的扶贫政策、社会救助政策更能帮助他们实现脱贫。

假设 5－4：从建档立卡前到建档立卡后，社会机会的增加有助于贫困家庭自身实现脱贫。

假设 5－5：从建档立卡前到建档立卡后，贫困家庭自身资本能力的增强有助于其实现脱贫。

假设 5－6：从建档立卡前到建档立卡后，就贫困家庭自身而言，户主综合素质的提高有助于他们实现脱贫。

假设 5－7：从建档立卡前到建档立卡后，家庭可行能力有提高的贫困家庭实现脱贫的可能性更大。

二、变量设置

（一）被解释变量

本章的被解释变量为建档立卡贫困家庭的贫困状况，为二分变量。通过询问“您家是否已经脱贫（低保/五保退出）?”测量。回答“是”则赋值为“1”，回答“否”则赋值为“0”。

（二）解释变量

本章的解释变量是贫困家庭的可行能力变化情况，即将贫困家庭建档立卡之后（2019 年问卷调查时）的可行能力各子指标、维度及整体值减去建档立卡前的值来确定家庭可行能力变化的相关变量，并将其作为倾向得分匹配法的自变量。

三、模型设置

本章主要采用倾向得分匹配法（简称 PSM）来分析家庭可行能力变化的减贫效应。通过户主特征对贫困家庭进行分组匹配，来估计贫困家庭可行能力变化对贫困家庭贫困状况影响的“参与者平均处理效应”（ATT）。

PSM 可以通过匹配来获得家庭可行能力发生变化的贫困家庭若处于未变化状态时的反事实结果，使家庭可行能力发生变化的处理组和家庭可行能力未发生变化的控制组之间产生可比性，那么，家庭可行能力变化对贫困家庭贫困状况的干预则表现为两组间存在的差异，这种干预即家庭可行能力变化的减贫效果。

在本章中，以虚拟变量 $P_m=\{0,1\}$ 表示贫困家庭可行能力是否发生变化，其中，1 表示可行能力发生变化的贫困家庭，为处理组；0 表示可行能力未发生变化的贫困家庭，为控制组。将家庭可行能力变化对贫困家庭贫困状况的影响记为 C_m。对于贫困家庭 m，其贫困状况 C_m 可能有两种状态，其取决于家庭可行能力是否发生变化，即：

$$C_m=\begin{cases}C_{1m}, & 若\ P_m=1\\ C_{0m}, & 若\ P_m=0\end{cases}$$

（公式 5 - 1）

在公式 5 - 1 中，C_{1m} 为贫困家庭可行能力发生变化时的贫困状况，C_{0m} 表示贫困家庭可行能力未发生变化时的贫困状况。$C_{1m}-C_{0m}$ 为家庭可行能力变化影响贫困家庭贫困状况的处理效应。那么，家庭可行能力变化（包括发生变化和未发生变化)对贫困家庭贫困状况影响的"平均处理效应"为：

$$\mathrm{ATE}=E[C_{1m}-C_{0m}]$$

（公式 5－2）

而可行能力发生变化对贫困家庭贫困状况影响的"参与者平均处理效应"为：

$$\begin{aligned}\mathrm{ATT}&=E[C_{1m}-C_{0m}\mid P_m=1]\\&=E[C_{1m}\mid P_m=1]-E[C_{0m}\mid P_m=1]\end{aligned}$$

（公式 5－3）

式中，ATT 表示家庭可行能力发生变化的贫困状况 $E[C_{1m}\mid P_m=1]$ 与家庭可行能力未发生变化的贫困状况 $E[C_{0m}\mid P_m=1]$ 之间的差异。由于无法对 $E[C_{0m}\mid P_m=1]$ 进行观测，PSM 为家庭可行能力发生变化的贫困家庭 m 找到对照组 $E[C_{0m}\mid P_m=0]$ 来代替 $E[C_{0m}\mid P_m=1]$，进而进行反事实估计。为稳健起见，本研究使用 Stata16.0 软件，采取半径匹配法、近邻匹配法和核匹配法 3 种方法进行匹配分析。

第二节　家庭可行能力变化的减贫效应分析

在观测建档立卡前后贫困家庭可行能力变化的基础上，本部分研究利用倾向得分匹配法来评估家庭可行能力的减贫效应。在模型分析之前，先用共同支撑假设和平衡性检验法对匹配质量进行检验。需要指出的是，由于在半径匹配法和近邻匹配法下的平衡性检验中，防护性保障变化、技能或资质的拥有量变化、家庭教育负担人数变化、家庭医护负担人数变化、户主社会交往能力变化、户主自我管理能力变化等诸多变量在匹配后存在一些协变量的标准化偏差大于10%的情况，故采用核匹配法来建立基准模型，以半径匹配法和近邻匹配法来建立检验模型。因此，下文中的共同支撑假设和平衡性检验皆为核匹配法下的结果呈现。

一、共同支撑假设和平衡性检验

（一）共同支撑假设

共同支撑假设检验通过的前提条件是，处理组和控制组在倾向得分分布上的范围与形态基本一致。[①] 本研究采用核密度函数图进行共同支撑假设检验。由于家庭可行能力变化的子指标、各维度及整体值在匹配前后的核密度函数图共有42幅，数量较多，本部分研究只保留了匹配后的21幅核密度函数图。

图5-1是家庭可行能力子指标变化匹配后的核密度函数图。图5-2是家庭可行能力各维度及整体值变化匹配后的核密度函数图。从图5-1和图5-2中可以发现，家庭可行能力变化的子指标、各维度及整体值在处理组和控制组的核密度函数曲线不仅在范围和形态上基本一致，且各指标所对应的处理组与控制组的核密度函数曲线的重合度也较高，也就是说，在倾向得分区间上，两组样本重合范围较大，这意味着在匹配时数据样本的损失量会较少，共同支撑假设成立。

① 朱卫东、郭训弘：《金字塔结构对企业价值的影响分析——基于PSM视角的检验》，载《金融与经济》2017年第7期。

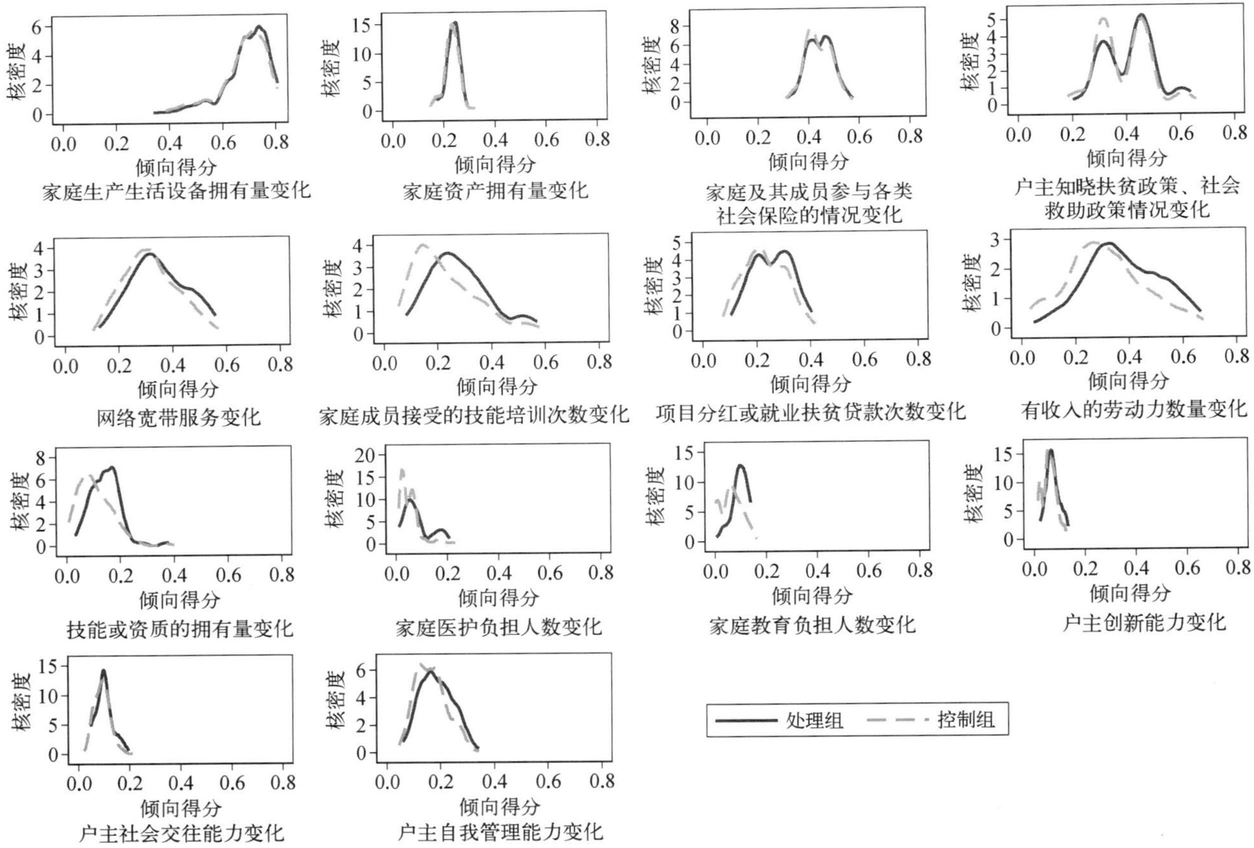

图 5-1　家庭可行能力子指标变化的核密度函数图(匹配后)

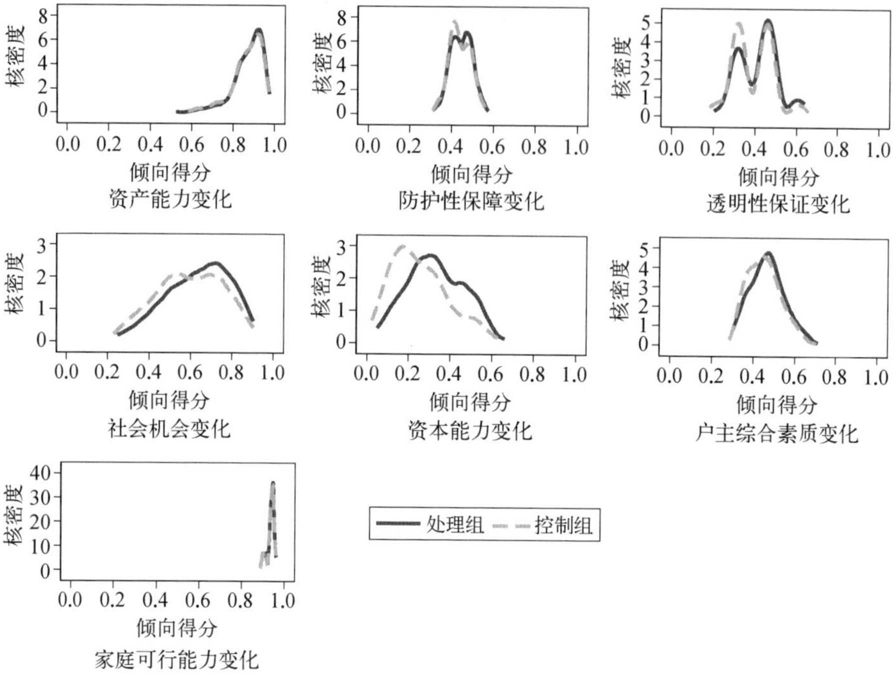

图 5－2　家庭可行能力各维度及整体值变化的核密度函数图(匹配后)

(二) 平衡性检验

可以通过两组指标来判定平衡性检验的结果：第一，查看单个协变量在匹配后标准化偏差绝对值和 T 值的显著性。若前者小于 20%，后者在 0.1 的置信水平上未通过显著性检验，则匹配有效。①②第二，查看协变量联合检验结果中的 LR 统计量的 p 值、伪 R^2 值与 B 值。若伪 R^2 值有较大幅度的降低、匹配后 LR 统计量的 p 值在 0.1 的置信水平上不再显著以及 B 值小于

① 綦建红、尹达：《外商直接投资提高中国工业企业生产率了吗?》，载《上海经济研究》2017 年第 11 期。

② Rosenbaum P R, Rubin D B, *Constructing a Control Group Using Multivariate Matched Sampling Methods That Incorporate the Propensity Score*. The American Statistician, 1985, Vol. 39, No. 1, pp. 33－38.

25，则通过检验。[①②]

表 5－1 是核匹配后单个协变量的检验结果。从表中可以发现，在匹配前，标准化偏差绝对值的取值范围为 0～65.8％，同时，性别、年龄等诸多协变量的 T 值均通过了显著性检验。在匹配后，所有变量的标准化偏差绝对值的取值范围为 0～15.3％，均小于限值。另外，所有变量的 T 值都不在 0.1 的水平上显著，表明在匹配后，家庭可行能力变化的处理组和控制组的户主特征差异得到了控制。

表 5－2 是核匹配后协变量的联合检验结果。可以发现，伪 R^2 值的取值范围从匹配前的 0.004～0.088 降至匹配后的 0～0.007。另外，除了整体家庭可行能力变化的 LR chi2 值由匹配前的 2.42 升至匹配后的 9.27 外，其他子指标与维度变量的 LR chi2 值的取值范围皆由匹配前的 2.61～60.09 降至匹配后的 0.03～3.95，且匹配后 LR 统计量都不再显著。此外，B 值的取值范围从匹配前的 16.5～79.6 降至匹配后的 1.9～19.1，在匹配后，B 值有明显下降，且匹配后的 B 值均小于限值 25。因此，总体上看，PSM 模型的平衡性检验结果较好。

① 张晓恒、朱战国、刘余，等：《职业技能培训与新生代农民工收入增长——基于倾向得分匹配模型的分析》，载《统计与信息论坛》2017 年第 3 期。

② Rubin D B, *Using Propensity Scores to Help Design Observational Studies: Application to the Tobacco Litigation*. Health Services & Outcomes Research Methodology, 2001, Vol. 2, No. 3－4, pp. 169－188.

表 5-1　单个协变量的检验结果

家庭可行能力变化	匹配类型	性别		年龄		受教育水平		民族		身体健康状况		婚姻状况	
		匹配前	匹配后	匹配前	匹配后	匹配前	匹配后	匹配前	匹配后	匹配前	匹配后	匹配前	匹配后
资产能力变化	偏误%	3.0	−2.6	48.5	3.4	−31.7	−2.5	−32.7	1.7	−2.8	4.9	−10.1	−10.2
	T 值	0.24	−0.40	3.86***	0.52	−2.71***	−0.42	−2.99***	0.32	−0.23	0.77	−0.79	−1.57
家庭生产生活设备拥有量变化	偏误%	18.2	−2.9	−3.3	6.6	0.2	−0.7	−28.5	−2.4	17.7	−0.6	16.2	0.2
	T 值	1.96*	−0.39	−0.36	0.87	0.03	−0.10	−3.28**	−0.38	1.95*	−0.09	1.80*	0.02
家庭资产拥有量变化	偏误%	−3.3	0.5	−7.6	−4.2	4.2	1.7	−11.4	−0.7	7.5	1.0	−1.7	−4.5
	T 值	−0.33	0.04	−0.76	−0.34	0.42	0.13	−1.08	−0.06	0.75	0.08	−0.17	−0.36
防护性保障变化	偏误%	15.0	−0.5	−0.0	1.5—219	4.4	0.2	4.0	−0.1	10.6	1.0	4.8	0.4
	T 值	1.74*	−0.06	−0.00	0.16	0.51	0.02	0.46	−0.01	1.22	0.12	0.56	0.05
家庭及其成员参与各类社会保险的情况变化	偏误%	15.0	−0.5	−0.0	1.5—219	4.4	0.2	4.0	−0.1	10.6	1.0	4.8	0.4
	T 值	1.74*	−0.06	−0.00	0.16	0.51	0.02	0.46	−0.01	1.22	0.12	0.56	0.05
透明性保证变化	偏误%	−22.7	0.4	8.7	2.2	6.5	2.4	20.9	−1.9	6.7	−1.2	22.0	1.8
	T 值	−2.56**	0.04	0.98	0.23	0.74	0.24	2.44**	−0.18	0.75	−0.13	2.46**	0.20
户主知晓扶贫政策、社会救助政策情况变化	偏误%	−22.7	0.4	8.7	2.2	6.5	2.4	20.9	−1.9	6.7	−1.2	22.0	1.8
	T 值	−2.56**	0.04	0.98	0.23	0.74	0.24	2.44**	−0.18	0.75	−0.13	2.46**	0.20
社会机会变化	偏误%	9.6	−1.0	−65.4	−0.3	13.9	−0.7	−9.2	1.3	19.1	2.8	21.0	−0.3
	T 值	1.09	−0.13	−7.42***	−0.04	1.59	−0.08	−1.07	0.18	2.19**	0.35	2.43**	−0.03

续　表

家庭可行能力变化		匹配类型	性别		年龄		受教育水平		民族		身体健康状况		婚姻状况	
			匹配前	匹配后	匹配前	匹配后	匹配前	匹配后	匹配前	匹配后	匹配前	匹配后	匹配前	匹配后
网络宽带服务变化		偏误%	6.4	0.9	−29.1	0.4	1.2	−1.4	−18.8	−0.9	28.7	0.5	20.6	0.1
		T 值	0.70	0.09	−3.21***	0.04	0.13	−0.12	−1.96*	−0.10	3.08***	0.05	2.18**	0.01
家庭成员接受的技能培训次数变化		偏误%	12.0	4.5	−65.8	−1.3	13.0	−0.0	−17.7	1.2	21.7	3.2	14.6	−2.4
		T 值	1.18	0.35	−6.10***	−0.11	1.29	−0.00	−1.63	0.11	2.11**	0.33	1.38	−0.20
项目分红或就业扶贫贷款次数变化		偏误%	−6.9	−3.2	−36.6	−0.9	15.5	4.1	−18.3	1.4	8.0	2.7	18.3	−2.4
		T 值	−0.67	−0.25	−3.42***	−0.07	1.51	0.32	−1.69*	0.13	0.79	0.21	1.73*	−0.20
资本能力变化		偏误%	34.8	0.5	−54.5	−2.9	11.0	−7.8	−29.8	−0.8	6.9	2.7	35.5	−2.7
		T 值	3.59***	0.04	−5.53***	−0.25	1.13	−0.63	−2.76**	−0.09	0.70	0.22	3.38***	−0.27
人力资源存量变化	有收入的劳动力数量变化	偏误%	23.3	0.8	−50.0	2.6	6.0	−7.6	−43.6	−3.4	20.5	0.0	10.4	0.3
		T 值	2.53**	0.07	−5.48***	0.23	0.66	−0.66	−4.23***	−0.48	2.27**	0.00	1.10	0.02
	技能或资质的拥有量变化	偏误%	−5.0	−4.2	−52.5	0.7	21.9	2.7	7.3	5.2	−9.8	−9.1	37.2	−1.3
		T 值	−0.36	−0.23	−3.56***	0.04	1.66*	0.14	0.55	0.28	−0.71	−0.48	2.41**	−0.08
家庭负担变化	家庭医护负担人数变化	偏误%	37.2	−1.8	−4.5	−9.2	−21.3	−2.4	−3.6	−4.0	−21.4	−7.4	−43.6	−2.0
		T 值	1.99**	−0.07	−0.24	−0.34	−1.04	−0.10	−0.19	−0.15	−1.07	−0.28	−2.52**	−0.07
	家庭教育负担人数变化	偏误%	−3.6	−0.4	−39.5	1.8	23.6	−0.3	−1.0	4.0	−5.9	−7.6	65.1	3.8
		T 值	−0.21	−0.02	−0.27**	0.08	1.53	−0.01	−0.06	0.17	−0.33	−0.32	2.95***	0.28

续 表

家庭可行能力变化	匹配类型	性别		年龄		受教育水平		民族		身体健康状况		婚姻状况	
		匹配前	匹配后	匹配前	匹配后	匹配前	匹配后	匹配前	匹配后	匹配前	匹配后	匹配前	匹配后
户主综合素质变化	偏误%	−9.0	−5.2	−15.9	1.9	21.2	2.0	11.4	0.0	18.7	−2.2	−3.1	−1.0
	T 值	−1.04	−0.58	−1.84*	0.20	2.48**	0.21	1.33	0.00	2.17**	−0.24	−0.36	−0.12
户主创新能力变化	偏误%	23.1	6.0	−15.5	−3.1	16.5	3.1	2.3	−0.7	12.8	3.6	39.2	3.0
	T 值	1.31	0.24	−0.83	−0.12	1.01	0.12	0.12	−0.03	0.73	0.15	1.90*	0.15
户主社会交往能力变化	偏误%	0.6	1.0	20.4	3.3	−23.0	−2.4	8.5	−0.0	20.0	2.1	−4.0	−3.0
	T 值	0.04	0.05	1.37	0.16	−1.42	−0.13	0.60	−0.00	1.29	0.11	−0.27	−0.15
户主自我管理能力变化	偏误%	−22.5	−0.4	−12.0	0.4	9.1	−1.4	−9.9	−2.0	25.5	1.3	13.9	1.6
	T 值	−1.90*	−0.03	−1.04	0.03	−0.81	−0.09	−0.82	−0.14	2.18**	0.09	1.17	0.11
家庭可行能力变化	偏误%	1.3	−4.2	−1.0	4.3	−3.1	−0.3	−0.0	4.5−12	−12.1	−15.3	21.6	3.6
	T 值	0.08	−0.67	−0.06	0.71	−0.18	−0.04	−0.00	0.74	−0.71	−2.45**	1.31	0.60

注：① * $p<0.1$，** $p<0.05$，*** $p<0.01$。② 偏误%指的是标准化偏差%。

表 5－2　协变量的联合检验结果

家庭可行能力变化	匹配类型	伪 R^2	LR chi2	B
资产能力变化	匹配前	0.062	26.60***	64.2
	匹配后	0.003	3.95	13.0
家庭生产生活设备拥有量变化	匹配前	0.029	19.42***	40.6
	匹配后	0.001	0.99	7.3
家庭资产拥有量变化	匹配前	0.004	2.61	16.5
	匹配后	0.001	0.30	6.9
防护性保障变化	匹配前	0.008	5.69	20.6
	匹配后	0	0.05	2.1
家庭及其成员参与各类社会保险的情况变化	匹配前	0.008	5.69	20.6
	匹配后	0	0.05	2.1
透明性保证变化	匹配前	0.030	21.56***	41.2
	匹配后	0	0.23	4.6
户主知晓扶贫政策、社会救助政策情况变化	匹配前	0.030	21.56***	41.2
	匹配后	0	0.23	4.6
社会机会变化	匹配前	0.082	60.09***	70.0
	匹配后	0	0.19	3.4
网络宽带服务变化	匹配前	0.037	25.24***	46.7
	匹配后	0	0.03	1.9
家庭成员接受的技能培训次数变化	匹配前	0.073	42.60***	70.7
	匹配后	0.001	0.32	7.2
项目分红或就业扶贫贷款次数变化	匹配前	0.036	21.35***	48.7
	匹配后	0.001	0.24	6.2
资本能力变化	匹配前	0.088	54.05***	75.1
	匹配后	0.002	0.61	9.4

续 表

家庭可行能力变化		匹配类型	伪 R^2	LR chi2	B
人力资源存量变化	有收入的劳动力数量变化	匹配前	0.082	55.13***	70.6
		匹配后	0.001	0.67	8.9
	技能或资质的拥有量变化	匹配前	0.067	25.16***	74.4
		匹配后	0.002	0.34	10.6
家庭负担变化	家庭医护负担人数变化	匹配前	0.055	12.43*	65.8
		匹配后	0.004	0.33	14.9
	家庭教育负担人数变化	匹配前	0.073	19.27***	79.6
		匹配后	0.002	0.22	11.0
户主综合素质变化		匹配前	0.020	14.90**	33.5
		匹配后	0.001	0.42	5.8
户主创新能力变化		匹配前	0.027	6.84	47.9
		匹配后	0.001	0.11	8.0
户主社会交往能力变化		匹配前	0.019	6.34	37.7
		匹配后	0.001	0.08	5.6
户主自我管理能力变化		匹配前	0.026	12.77**	41.3
		匹配后	0	0.05	3.2
家庭可行能力变化		匹配前	0.009	2.42	28.2
		匹配后	0.007	9.27	19.1

注：* $p<0.1$，** $p<0.05$，*** $p<0.01$。

二、家庭可行能力变化对贫困家庭贫困状况的影响

为保证结果的稳定性，本研究分别采用三种匹配方法来评估家庭可行能力变化的减贫效应，即分析家庭可行能力变化对贫困家庭贫困状况影响的平均处理效应。表 5－3 是家庭可行能力变化对贫困家庭贫困状况影响处

理效应的分析结果，表中只保留了匹配后的平均处理效应。

表5-3　家庭可行能力变化对贫困家庭脱贫影响的处理效应结果

家庭可行能力维度及指标	ATT	核匹配（宽度=0.03）	半径匹配（卡尺=0.1）	近邻匹配（1对3）
资产能力变化	处理组	0.667	0.667	0.662
	控制组	0.536	0.539	0.536
	差值	0.131*	0.128*	0.126*
家庭生产生活设备拥有量变化	处理组	0.689	0.689	0.690
	控制组	0.597	0.590	0.585
	差值	0.092*	0.099**	0.105**
家庭资产拥有量变化	处理组	0.714	0.714	0.714
	控制组	0.637	0.629	0.647
	差值	0.077*	0.085*	0.067
防护性保障变化	处理组	0.678	0.678	0.674
	控制组	0.624	0.619	0.616
	差值	0.054	0.059	0.058
家庭及其成员参与各类社会保险的情况变化	处理组	0.678	0.678	0.674
	控制组	0.624	0.619	0.620
	差值	0.054	0.059	0.054
透明性保证变化	处理组	0.712	0.712	0.712
	控制组	0.580	0.585	0.582
	差值	0.132***	0.127***	0.130***
户主知晓扶贫政策、社会救助政策情况变化	处理组	0.712	0.712	0.712
	控制组	0.580	0.585	0.579
	差值	0.132***	0.127***	0.133***
社会机会变化	处理组	0.731	0.731	0.727
	控制组	0.558	0.545	0.527
	差值	0.173***	0.186***	0.200***

续 表

家庭可行能力维度及指标		ATT	核匹配（宽度=0.03）	半径匹配（卡尺=0.1）	近邻匹配（1对3）
网络宽带服务变化		处理组	0.746	0.746	0.746
		控制组	0.639	0.627	0.639
		差值	0.107**	0.119***	0.107**
家庭成员接受的技能培训次数变化		处理组	0.780	0.780	0.780
		控制组	0.645	0.637	0.630
		差值	0.135***	0.143***	0.150***
项目分红或就业扶贫贷款次数变化		处理组	0.816	0.816	0.816
		控制组	0.616	0.602	0.609
		差值	0.200***	0.214***	0.207***
资本能力变化		处理组	0.761	0.763	0.761
		控制组	0.620	0.626	0.652
		差值	0.141***	0.137***	0.109*
人力资源存量变化	有收入的劳动力数量变化	处理组	0.787	0.787	0.787
		控制组	0.629	0.621	0.644
		差值	0.158***	0.166***	0.143***
	技能或资质的拥有量变化	处理组	0.746	0.746	0.746
		控制组	0.636	0.634	0.587
		差值	0.110*	0.112*	0.159**
家庭负担变化	家庭医护负担人数变化	处理组	0.621	0.621	0.621
		控制组	0.662	0.650	0.649
		差值	−0.041	−0.029	−0.028
	家庭教育负担人数变化	处理组	0.611	0.611	0.611
		控制组	0.659	0.648	0.658
		差值	−0.048	−0.037	−0.047

续　表

家庭可行能力维度及指标	ATT	核匹配（宽度=0.03）	半径匹配（卡尺=0.1）	近邻匹配（1对3）
户主综合素质变化	处理组	0.691	0.691	0.690
	控制组	0.614	0.616	0.587
	差值	0.077*	0.075*	0.103**
户主创新能力变化	处理组	0.727	0.727	0.727
	控制组	0.642	0.643	0.659
	差值	0.085	0.084	0.068
户主社会交往能力变化	处理组	0.760	0.760	0.760
	控制组	0.631	0.638	0.597
	差值	0.129**	0.122*	0.163**
户主自我管理能力变化	处理组	0.744	0.744	0.742
	控制组	0.635	0.639	0.607
	差值	0.109**	0.105**	0.135**
家庭可行能力变化	处理组	0.667	0.667	0.662
	控制组	0.395	0.371	0.409
	差值	0.272***	0.296***	0.253**

注：* $p<0.1$，** $p<0.05$，*** $p<0.01$。

（一）家庭可行能力各维度变化对贫困家庭贫困状况的影响

1. 资产能力变化对贫困家庭贫困状况的影响

在本研究中，我们分别将资产能力指数有变化（有提高）、家庭生产生活设备拥有量有变化（有增加）、家庭资产拥有量有变化（有增加）的贫困家庭作为处理组，将上述变量未增加或未提高的贫困家庭作为控制组进行匹配。可以发现，在三种匹配方法的测算下，上述变量的参与者平均处理效应均为正数，且只有家庭资产拥有量变化在近邻匹配法中没有通过显著性检验，而资产能力变化、家庭生产生活设备拥有量变化均在三种匹配方法中通过了显著性检验。

具体来看，在资产能力变化的两个子指标中，以核匹配法为例，相较于生产生活设备拥有量未增加的贫困家庭，生产生活设备拥有量有增加的贫困家庭的脱贫概率显著（$p<0.1$）提高了 9.2%，而在半径匹配和近邻匹配两个检验模型中，生产生活设备拥有量的增加带动贫困家庭脱贫的概率分别显著（$p<0.05$）提高了 9.9%和 10.5%。另外，在核匹配法、半径匹配法和近邻匹配法的测算下，家庭资产拥有量的增加促进贫困家庭脱贫的概率分别提高了 7.7%（$p<0.1$）、8.5%（$p<0.1$）、6.7%。这可能是因为，一方面，家庭生产生活设备拥有量的增加有助于保障和改善贫困家庭的生产生活条件，提高家庭消费水平和生产效率，提振脱贫信心，增强幸福感；另一方面，家庭资产拥有量的增加有助于激活贫困家庭的自我发展潜力，满足住有所居需求，稳定经济收入来源，并有助于他们改善当前的生活境遇，为贫困家庭朝向美好生活迈进提供坚实的物质保障，助力稳定脱贫。

在资产能力变化维度上，资产能力的增强带动贫困家庭脱贫的可能性平均增加了 0.128[①] 个单位。在核匹配法、半径匹配法和近邻匹配法的测算下，资产能力的增强促进贫困家庭脱贫的概率分别提高了 13.1%、12.8%和 12.6%，且均在 10%的显著性水平上通过了检验。贫困家庭资产能力的增强有助于其实现创收和积累物质财富，提高生活满意度，增强抗风险能力，

① 为三种匹配方法测算下参与者平均处理效应（ATT）的均值，且保留小数点后三位，下同。

减缓家庭贫困程度，实现稳定脱贫。

从总体上看，资产能力的增强显著提高了贫困家庭脱贫的概率，主要表现在家庭生产生活设备拥有量和资产拥有量的增加显著提高了贫困家庭脱贫的概率。该结果从资产能力维度证实了假设 5 - 1。

2. 防护性保障变化对贫困家庭贫困状况的影响

在本研究中，我们分别将防护性保障指数、家庭及其成员参与各类社会保险的情况有改善的贫困家庭作为处理组，将防护性保障指数和家庭及其成员参与各类社会保险的情况未改善的贫困家庭作为控制组进行匹配。结果表明，在三种匹配方法的测算下，上述变量的参与者平均处理效应均为正数，且均未通过显著性检验。

从防护性保障变化的子指标上看，以核匹配法为例，家庭及其成员参与各类社会保险情况有改善的贫困家庭，其脱贫可能性增加了 0.054 个单位，但未通过显著性检验。同时，在半径匹配法和近邻匹配法的测算下，家庭及其成员参与各类社会保险情况的改善带动贫困家庭脱贫的可能性分别增加了 0.059 和 0.054 个单位，也未通过显著性检验。贫困家庭成员参与各类社会保险数量的增多，贫困家庭成员被纳入社会保障制度的人数越多，越能增强家庭的风险防御机制，缓解因灾、因病等风险遭遇而导致的支出过大困难，减轻家庭的压力和负担，并能够减少家庭开支，增加家庭收入的累积量，增强贫困家庭成员的安全感，助力其稳定脱贫。

从防护性保障变化维度来看，防护性保障的增强带动贫困家庭脱贫的可能性平均增加了 0.057 个单位。在核匹配法、半径匹配法和近邻匹配法的测算下，防护性保障有改善的贫困家庭，其脱贫的可能性比没有改善的贫困家庭分别高出了 0.054、0.059、0.058 个单位，但均未通过显著性检验。增强贫困家庭的防护性保障能力，能够为贫困家庭成员构建起生产生活安全网，为他们撑起风险防护伞和加固风险预防器，提高贫困家庭的抗压力和风险应对能力，调动家庭成员的生产积极性，并为他们有序地开展生产生活提供制度保障，增强贫困家庭在逆境中的韧性，避免贫困家庭成员因意外或疾病等事件而导致生活陷入困境或生存面临危机，助力其顺利脱贫。

从整体上看，防护性保障的增强能够增大贫困家庭脱贫的可能性，具体表现在，家庭及其成员参与各类社会保险情况的改善增大了贫困家庭脱贫的可能性，但是并未通过显著性检验。该结果不足以支持假设 5-2。

3. 透明性保证变化对贫困家庭贫困状况的影响

在本研究中，我们分别将透明性保证指数有提高与户主知晓扶贫政策、社会救助政策情况有变化的贫困家庭作为处理组，将未提高或未发生变化的贫困家庭作为控制组进行匹配。可以看到，在三种匹配方法中，透明性保证变化与户主知晓扶贫政策、社会救助政策情况变化对贫困家庭贫困状况影响的参与者平均处理效应均为正值，且均在 1%的水平上通过了显著性检验。

在透明性保证的子指标上，以核匹配法为例，户主知晓扶贫政策、社会救助政策情况变化中处理组的值(0.712)高于控制组(0.580)，高出了 0.132 个单位，说明户主知晓扶贫方面的政策带动贫困家庭脱贫的概率平均提高了 13.2%，并在 1%的水平上通过了显著性检验。在另外两组检验模型中，户主知晓扶贫政策、社会救助政策带动贫困家庭脱贫的概率增加值均在 12%以上，且都通过了显著性检验($p<0.01$)。在三种匹配方法中，户主知

晓扶贫政策、社会救助政策的情况变化带动贫困家庭脱贫的方向和作用是稳定的，且都在1%的显著性水平上通过了检验，表明户主知晓相关的扶贫政策有助于带动贫困家庭脱贫的分析结果具有一定的稳健性。

在透明性保证变化维度上，透明性保证指数的提高带动贫困家庭脱贫的可能性平均增加了0.130个单位。具体来看，在核匹配法、半径匹配法和近邻匹配法中，透明性保证指数的提高带动贫困家庭脱贫的可能性分别增加了0.132、0.127、0.130个单位，且均在1%的显著性水平上通过了检验。透明性保证的增强是促进贫困家庭实现脱贫的重要路径，通过提升政策知晓度，有助于贫困家庭成员发现新的发展路径。其中，户主由原来不了解相关的扶贫救助政策到了解相关政策，这一转变不但有助于他们更好地对接优惠性或发展性政策，并及时有效地抓住和利用相关政策提供的发展机会和社会资源，以实现家庭自身的发展，还能让他们在遭遇困难时及时有效地找准帮扶对象和渠道，高效地解决生活困难并改善生存条件，进而摆脱贫困。

总体而言，透明性保证的增强可显著提高贫困家庭脱贫的概率，具体表现在：户主知晓扶贫政策、社会救助政策的正向变化显著提高了贫困家庭的脱贫概率。该结论在透明性保证维度上支持了假设5-3。

4. 社会机会变化对贫困家庭贫困状况的影响

在本研究中，我们分别将社会机会有增加、网络宽带服务有改善、家庭成员接受的技能培训次数有增加、项目分红或就业扶贫贷款次数有增加的贫困家庭作为处理组，将未改善或未增加的贫困家庭作为控制组进行匹配。在控制协变量的情况下，3个子指标变量和社会机会维度变量在三种方法中均通过了显著性检验。

在社会机会变化的3个子指标中，第一，在核匹配法、半径匹配法、近邻匹配法的测算下，网络宽带服务的改善带动整个贫困家庭脱贫的概率分别提高了10.7%（$p<0.05$）、11.9%（$p<0.01$）、10.7%（$p<0.05$）。网络宽带服务的改善为贫困家庭成员搭建起了信息交流平台，有助于他们同外界进行沟通和对话，逐步摆脱信息不畅的弱势地位，并促使他们通过信息搜索、整合和利用的方式来寻找更多新的发展机遇，以实现家庭发展。且网络宽带服务的改善能够帮助他们接触到更多的新理念，跟上社会发展的步伐，为他们摆脱文化贫困提供了途径。

第二，相较于家庭成员接受技能培训次数未增加的贫困家庭，家庭成员接受技能培训次数有增加的贫困家庭摆脱贫困的可能性分别高出了0.135（核匹配法）、0.143（半径匹配法）、0.150（近邻匹配法）个单位，且均在1%的显著性水平上通过了检验。贫困家庭成员接受技能培训次数的增加，不仅有助于他们增长技能、提升整个家庭的人力资本质量和水平、提高自我发展能力与劳动生产率，更能为其开源创收和实现职业层级流动提供支持力量。

第三，在核匹配法、半径匹配法和近邻匹配法中，贫困家庭享有的项目分红或就业扶贫贷款次数的增加促使其脱贫的概率分别增加了20.0%、21.4%、20.7%，且均在1%的显著性水平上通过了检验。项目分红或就业扶贫贷款次数的增加，有助于激发贫困家庭生产的动力和活力，不仅能给贫困家庭成员发展生产带来资本，增大家庭资金流动性，激励他们通过个人就业或创业的形式参与到市场竞争中，以实现资本的再增长和获取新的资本收益，还能为一些无劳动能力的贫困家庭提供经济来源，增加家庭的财产性收入，缓解家庭困难程度，保障和改善他们的基本生活，实现稳定脱贫。

在社会机会变化维度中，社会机会的增加促进贫困家庭脱贫的概率平均增加了 18.6%。以核匹配法为例，社会机会变化中处理组的值（0.731）高于控制组（0.558），显著（$p<0.01$）高出 0.173 个单位，这表明社会机会增加的贫困家庭比未增加的贫困家庭更容易摆脱贫困。而在半径匹配法和近邻匹配法中，社会机会的增加带动贫困家庭脱贫的概率分别提高了 18.6%、20.0%，且均在 1%的水平上通过了显著性检验。社会机会的增加为贫困家庭成员共享和利用社会资源提供了可能，也为他们发展生产创造了机遇和条件，一定程度上满足了他们的发展需求，增强了贫困家庭成员的社会公平感，并能够帮助贫困家庭朝着幸福美好生活的方向前进。

整体而言，社会机会的增加显著提高了贫困家庭脱贫的可能性，主要表现在：网络宽带服务的改善、家庭成员接受技能培训次数的增加和项目分红或就业扶贫贷款次数的增加显著增大了贫困家庭脱贫的可能性。上述分析结果在社会机会维度上支持了假设 5－4。

5. 资本能力变化对贫困家庭贫困状况的影响

在资本能力变化的 4 个子指标中，一是分别将家中有收入的劳动力数量有增加、技能或资质的拥有量有增加的贫困家庭作为处理组，将上述变量未增加的贫困家庭作为控制组进行匹配。结果发现，在三种匹配方法中，这 2 个子指标变量的匹配结果均显著。以核匹配法为例，具体来看，在匹配后，家中有收入的劳动力数量变化的处理组数值（0.787）大于控制组（0.629），差值为 0.158，表明有收入的劳动力数量的增加带动贫困家庭脱贫的概率显著（$p<0.01$）提高了 15.8%。同时，在半径匹配法和近邻匹配法的测算下，

家中有收入的劳动力数量的增加促使贫困家庭脱贫的概率分别显著提高了16.6%（$p<0.01$）和14.3%（$p<0.01$）。贫困家庭有收入的劳动力数量的增加，有助于增大家庭收入量，强化家庭生活保障网，增强家庭风险防范力量，助力家庭脱贫。另外，在核匹配法、半径匹配法、近邻匹配法的测算下，贫困家庭成员技能或资质拥有量的增加带动贫困家庭脱贫的可能性分别显著增加了11.0%（$p<0.1$）、11.2%（$p<0.1$）、15.9%（$p<0.05$）。贫困家庭成员拥有技能或资质数量的增加，有助于增强贫困家庭自身的发展实力，提高市场竞争力，拓宽就业面，进而通过多样化的就业形式来增加家庭收入，促使其所在家庭脱贫致富。

二是分别将家庭医护负担人数有减少、家庭教育负担人数有减少的贫困家庭作为处理组，将上述变量没有减少的贫困家庭作为控制组进行匹配。结果表明，在三种匹配方法中，家庭医护负担人数变化、家庭教育负担人数变化对贫困家庭贫困状况影响的平均处理效应均为负值，且均未通过显著性检验。原因可能是，已脱贫家庭的医护负担人数在两期的均值差（0.02）大于未脱贫家庭（0）；同时，已脱贫家庭的教育负担人数在两期的均值差（0.04）大于未脱贫家庭（−0.04）；最终使得家庭医护负担人数变化和家庭教育负担人数变化负向影响贫困家庭脱贫。

在资本能力变化维度上，将资本能力指数有提高的贫困家庭作为处理组，未提高的贫困家庭作为控制组进行匹配。在控制协变量的情况下，可以发现，在三种匹配方法中，参与者平均处理效应均为正数，且均通过了显著性检验。资本能力的提高带动贫困家庭脱贫的可能性平均增加了0.129个单位。具体来看，在核匹配法中，资本能力的提高带动贫困家庭脱贫的概率显著(p＜0.01)提高了14.1%。在半径匹配法和近邻匹配法的测算下，资本能力的提高带动贫困家庭脱贫的概率分别显著提高了13.7%(p＜0.01)、10.9%(p＜0.1)。贫困家庭资本能力的提高有助于改善家庭人力资本质量、积累人力资本数量、减少家庭开支、弱化家庭负担、增加家庭成员的就业渠道和家庭收入、增强家庭自我发展动力，助力脱贫。

总体上看，资本能力的提高能够显著提升贫困家庭脱贫的概率，主要表现在：家中有收入的劳动力数量的增加、技能或资质拥有量的增加均能够显著提高贫困家庭脱贫的概率。上述结论在资本能力维度上支持了假设5-5。

6. 户主综合素质变化对贫困家庭贫困状况的影响

在本研究中，我们分别将户主综合素质有提高、户主创新能力有提高、户主社会交往能力有提高、户主自我管理能力有提高的贫困家庭作为处理组，将上述变量未提高的贫困家庭作为控制组进行匹配。可以发现，户主综合素质变化维度和户主创新能力变化、社会交往能力变化、自我管理能力变化这3个子指标对贫困家庭贫困状况影响的平均处理效应均为正数，但只有户主创新能力变化未通过显著性检验。

在户主综合素质变化的3个子指标方面，第一，在基准模型(核匹配法)中，户主创新能力的提高带动贫困家庭脱贫的可能性增加了0.085个单位，而在另外两个检验模型(半径匹配法和近邻匹配法)中，户主创新能力的提高带动贫困家庭脱贫的可能性分别增加了0.084、0.068个单位，但均不具有统计学上的意义。

第二，以核匹配法为例，匹配后，在户主社会交往能力变化中，处理组的值(0.760)高于控制组(0.631)，两者的差值为0.129，表明户主社会交往能力的提高促使贫困家庭脱贫的概率显著($p<0.05$)增加了12.9%。而在半径匹配法和近邻匹配法中,户主社会交往能力的提高带动贫困家庭脱贫的概率分别显著增加了12.2%($p<0.1$)、16.3%($p<0.05$)。户主社会交往能力的提升,有助于贫困家庭在遭遇外部风险和困难时,及时向外界寻求帮助,并通过多渠道和多维度地找寻外界资源来摆脱困境。同时,户主社会交往能力的提升还能帮助他们勇敢地向村集体组织表达利益诉求,与邻里之间形成良好的社会交往关系,并能够促使他们积极地参与到相关的脱贫活动中。

第三,在核匹配法、半径匹配法和近邻匹配法的测算中,户主自我管理能力的提高带动整个家庭脱贫的可能性分别增加了0.109、0.105、0.135个单位,且均在5%的显著性水平上通过了检验。户主通过加强自身的管理能力,有助于其明确自身发展定位、增强自我控制能力和提高目标执行能力,激活家庭的内生动力,带领家庭成员创造物质财富并最终顺利实现脱贫的目标。

在户主综合素质变化维度上,户主综合素质的提高带动贫困家庭脱贫的概率平均提高了8.5%。具体来看,在核匹配法、半径匹配法和近邻匹配法的测算中,户主综合素质的提高带动贫困家庭脱贫的概率分别显著提高了7.7%($p<0.1$)、7.5%($p<0.1$)、10.3%($p<0.05$)。户主作为整个家庭发展的关键性成员,其综合素质的提高对整个家庭的发展有着举足轻重的作用。户主综合素质的提高有助于其整合家庭发展资源、挖掘发展机会、强化家庭发展的信心和坚定发展的信念,进而带领家庭成员摆脱贫困。

整体而言,户主综合素质的提高显著增大了贫困家庭脱贫的可能性,主要表现在：户主社会交往能力和自我管理能力的提高显著增加了贫困家庭脱贫的可能性。该结果在户主综合素质维度上支持了假设5－6。

（二）家庭可行能力整体变化对贫困家庭贫困状况的影响

在本研究中，我们将家庭可行能力指数有提高的贫困家庭作为处理组，将未提高的贫困家庭作为控制组进行匹配。在控制协变量的情况下，可以发现，家庭可行能力指数的增长带动贫困家庭脱贫的概率平均增加了27.37%。

具体来看，在核匹配法中，处理组的值(0.667)大于控制组(0.395)，两者的差值为0.272，表明家庭可行能力的提高促使贫困家庭脱贫的可能性显著($p<0.01$)增加了0.272个单位。在半径匹配法和近邻匹配法两个检验模型中，家庭可行能力的提高带动贫困家庭脱贫的可能性分别显著增加了0.296($p<0.01$)、0.253($p<0.05$)个单位。家庭可行能力的提高有助于提升贫困家庭的发展潜力，调动内生动力的改善，增大贫困家庭脱贫的概率。家庭可行能力提高的影响在三种匹配方法中均通过了显著性检验，且方向一致，表明家庭可行能力的提高带动贫困家庭脱贫的分析结果具有一定的解释力。

以贫困家庭自身为基点，通过增强家庭的资产能力、增大防护性保障和透明性保证、增加社会机会的供给、提升贫困家庭的资本能力、提高户主综合素质，有助于贫困家庭找准突破口，充分利用外界资源和机遇来实现自我的发展，进而通过开源创收和物质财富积累的方式摆脱贫困。

整体上看，家庭可行能力的提升对贫困家庭脱贫有正向的影响，即可行能力的提升能够显著提高贫困家庭脱贫的概率。该结论在家庭可行能力总体测度上支持了假设5－7。

第六章　可行能力建设的反贫困社会工作原理与路径

第一节　可行能力建设的反贫困社会工作原理

一、多维贫困是可行能力建设视角下反贫困社会工作存在的逻辑前提

如前所述，早期的学者多将贫困视为单一的、绝对的物质贫困，尤其是收入贫困。20 世纪 70 年代以来，人们对贫困概念的认识开始从单维视角向多维视角转变。

多维贫困视角一方面让人们认识到贫困的多面向，另一方面也让人们对致贫原因有了更深刻的认识。对于贫困地区的贫困人口而言，致贫的原因是多方面的，但可行能力缺乏是导致其贫困尤其是持续贫困的深层次原因。可行能力的缺乏表现为两个方面，一方面是先赋的可行能力不足，即天赋不足，如疾病、残障等，另一方面是后天的可行能力不足，如身体素质、受教育程度、生产能力、学习能力、信息处理能力、社会资源动员能力等。国内

学者一般认为，个体发展能力主要包括内力（如体力、脑力、心智等）、外力（如所处的自然资源环境、社会经济条件等）和综合能力（如劳动技能、投资能力、沟通交际能力等）。

从社会分层的角度来看，可行能力主要包括一般能力和特殊能力两种形式。一般能力，也叫基本能力，此种能力与人的自然禀赋及人的身体素质、文化素质和思想素质等基本素质密切相关。一般能力是人们从事各项工作并争取各种资源的能力基础。特殊能力，也叫专门或专项能力，此种能力的形成和具备既以人的自然禀赋、基本素质或基本能力为前提，又以专业知识的系统学习、专业技能的系统训练为基础。特殊或专门能力是获取社会资源的关键。

从表 6－1 中可以看出：其一，能力的强弱与获取资源可能性的大小成正比。如一般能力和特殊能力都强，其获取资源的可能性就大。一般能力和特殊能力都弱，其获取资源的可能性就小。其二，在获取资源时，特殊能力比一般能力显得更为重要。如一般能力强、特殊能力弱，其获取资源的可能性较小，而一般能力弱、特殊能力强，其获取资源的可能性较大。产生这一现象的一个重要原因是社会资源的特殊性和具体性。要获取特定的资源，当然需要特定的知识和技能。换句话说，具有特定知识和技能的人，更容易获得特定资源。

表 6－1　一般能力、特殊能力与个人获取资源的可能性

一般能力	特殊能力	获取资源的可能性
强	强	大
强	弱	较小
弱	强	较大
弱	弱	小

对于贫困地区的贫困人口而言，其既可能面临先赋能力的不足，更可能面临后天能力的不足；既可能缺乏一般能力，更可能缺乏特殊能力。要建立起脱贫攻坚的长效机制，从根本上讲，就要找到制约贫困地区贫困人口发展的能力因素，加强其能力建设，通过可行能力建设提升其自我发展与可持续发展水平。

二、人文主义是可行能力建设视角下反贫困社会工作的基本理念

人文主义是社会工作兴起的重要哲学价值之一，社会工作的出现就是为了从制度上保证每个人的价值都能得到尊重。人文主义承认人的价值和尊严，将人视为万物的尺度，强调人的世界和人的主体性视角。在认识论上，人文主义强调人的主体作用。在方法论上，人文主义的社会工作强调从案主自我实现的角度来进行考察，关注个人的感情、知觉、信念与意图，尊重个体的差异性和多样性。在人文主义社会工作者看来，人的处境虽然带有悲剧的性质，但能通过勇气的培养、焦虑的克服和自我的选择走向光明的未来。①

人文主义确认了被社会工作视为核心的对人性自我提高能力的重要性，致力于从人的尊严和价值出发建构制度和政策，从而实现基本人文主义社会的以下特征：其一，每个人都被视为具有内在尊严和价值的个体；其二，人们之间的关系是非剥削的、合作性的和平等的；其三，人类经由劳动而创造的资源应该按照符合他们需要的原则予以分配；其四，每个人都有权去发

① Mangus R, *A New Dimension in Psychiatry and Psychology*. Existence, 1959, Vol. 21, No. 2, p. 197.

展自己的潜能。

人文主义社会工作理念与可行能力建设视角下的反贫困社会工作有天然的契合性。可行能力建设视角下的反贫困社会工作认为：

第一，贫困地区的贫困人口具有其内在尊严和自身价值。贫困固然与贫困人口能力不足有关，但发展能力的机会可能并非个体层面的，而是社会性的。为此，贫困不应该被歧视，社会工作者有义务帮助贫困人口克服因自身原因导致的能力不足，更有义务帮助贫困人口最大限度地减少因社会原因导致的贫困人口能力不足。

第二，贫困地区的贫困人口与非贫困人口、扶贫工作人员（包括社会工作者）的关系是非剥削性的、合作性的和平等性的。所谓非剥削性，意味着反贫困社会工作应该注意脱贫攻坚工作的益贫性，最大限度地防止扶贫过程中的“精英俘获”现象。所谓合作性，意味着反贫困社会工作应该充分发挥贫困人口的能动性。在反贫困社会工作实践中，贫困人口不是被动的施与对象，而应该是能动的反贫困主体，反贫困社会工作者应该尊重贫困人口的价值和需求，基于助人自助、案主自决的原则，与贫困对象合作开展反贫困实践。所谓平等性，意味着在反贫困社会工作实践中，应该尊重贫困地区贫困人口独立的人格和尊严。

第三，贫困人口经由劳动创造的资源应按照符合他们需要的原则予以分配。在反贫困社会工作实践中，发展社会经济是提升贫困人口可持续发展能力的重要路径。但社会经济的发展要尤其注意分配的公平性，最大限度地防止社会经济发展过程中的“搭便车”现象和集体行动的无效现象。

第四，每个贫困人口都有权去发展自己的潜能。每个人都以这样的方式发展，即在家庭、重要他人和环境之中建立个人资源，如健康、自信、认知，在此基础上形成人际交往能力和掌握一定的可以谋生的技巧和能力，从而扮演重要的社会角色。但对于受压制的人群而言，他们可能面临一系列的权力障碍。① 他们可能缺乏必要的个体性资源与经济资源，难以完成自己的角色，这就是所谓的个体或社会群体的无力感，他们一般缺乏技巧、知识、物质资源乃至情绪管理能力，以致无法满意或有效地扮演重要的社会角色。为此，社会工作者需要通过增权帮助案主认识到自己是解决问题过程中的因果行动者，帮助案主认识到社会工作者拥有案主可以利用的知识和技巧，认识到社会工作者是解决问题的合作者与伙伴，认识到权力结构的多面性，协助案主一起消除影响其发展的障碍并致力于促进社会体制的转变。增权理论对于可行能力建设视角的反贫困社会工作而言具有重要的启发意义。在反贫困社会工作中，社会工作者的重要职责之一就是帮助贫困地区的贫困人口发掘自己的潜能，寻找增权的有效路径。

三、增权和赋能是可行能力建设视角下反贫困社会工作的重要手段

优势视角理论认为，几乎所有的体验、个人品德、天赋、感情、故事、意义和社区资源在某种特定条件下都可以视为一种优势。优势呈现的核心动力在于能力、勇气、可能和美好未来与美好生活的愿景。② 在优势视角下，探求

---

① Solomon B B, *Empowerment: Social Work in Oppressed Communities*. Journal of Social Work Practice, 1987, Vol. 2, No. 4, pp. 79 - 91.

② Saleebey D, *The Strengths Perspective in Social Work Practice: Extensions and Cautions*. Social Work, 1996, Vol. 41, No. 3, pp. 296 - 305.

贫困地区贫困人口内部的力量就“必须推翻和抛弃歧视性标签”，为贫困家庭、机构和社区资源的链接提供机会，让贫困人口远离自己的思维定式；抛弃父爱主义或福利依赖；信任人们的直觉、陈述、观点和他们的资产；确信贫困人口的梦想。① 优势视角要求社会工作者与贫困案主建立合作伙伴关系，将案主视为积极的能动主体，从而聚焦于扩大案主的能力、权力和力量，并关注家庭与环境，为贫困人口提供机会和可能性。②

在帮助贫困地区贫困人口增权和赋能的过程中，反贫困社会工作应遵循如下十大原则③：第一，要创造一种正式的机制让贫困案主参与发展决策；第二，要与项目受益人即贫困对象形成一种伙伴关系，以设计和评估贫困地区贫困人口发展项目；第三，要清晰地提供跨越种族、性别、阶层、文化障碍的政策和程序，以实现有效的发展服务输送；第四，要形成一种社会工作者之间、贫困人口与社会工作者之间没有权力差异的决策实践模式；第五，要促进社会工作者自身之间形成团队与合作；第六，要采取策略以促进工作人员的心理增权；第七，社会工作负责人要认同社会工作者和贫困案主的增权意识；第八，要采取策略提升社会工作者的工作满意度和效能感；第九，要鼓励社会工作者积极倡导、促进贫困政策和服务的改善；第十，要致力于提升社会工作组织与项目受益人即贫困人口的社会影响。

---

① [美] Dennis Saleebey：《优势视角：社会工作实践的新模式》，李亚文、杜立婕译，华东理工大学出版社 2004 年版，第 14 页。

② 康永征、王泽莉：《乡村振兴战略背景下村镇化的发展探析》，载《前沿》2018 年第 1 期。

③ Hardina, D, *Ten Characteristics of Empowerment-Oriented Social Service Organizations*. Administration in Social Work, 2005, Vol. 29, No. 3, pp. 23 - 42.

四、科学方法是可行能力建设视角下反贫困社会工作的重要保障

可行能力视角的反贫困社会工作不同于一般的行政性扶贫工作，更不同于志愿公益服务类的社会性扶贫工作，而是以专业的理论和科学的方法为支撑的专业性社会工作。

在基于可行能力视角介入反贫困的过程中，社会工作者要遵循通用社会工作过程模式，在接案、评估、计划、介入、总结和结案的每一个阶段和每一个步骤，遵循规范的程序、伦理和方法，为贫困案主开展社会工作服务。

在接案阶段，社会工作者需要通过与贫困案主的初步接触，了解贫困案主的来源、求助与受助过程，认定贫困案主的类型（是自愿的服务对象、非自愿的服务对象还是不自愿且被强制接受服务的对象），运用专业的方法将潜在服务对象转化为现有服务对象。需要充分使用沟通技巧与服务对象会谈，对服务对象的需要、问题或困难进行初步评估；努力将自己与服务对象整合起来，敏锐地感知服务对象的各种情绪和反应，真诚地向服务对象表达包括同感、诚恳、温暖与尊重等在内的积极态度，适时进行角色引导，与案主签订初步服务协议，建立专业关系。

在资料收集与评估阶段，社会工作者要综合运用询问、咨询、观察等方法，探究贫困案主的问题和需要，描述贫困案主的处境与生活于其中的社会系统的情况，了解贫困案主的问题与需要，探究制约贫困案主脱贫的可行能力因素，描述贫困案主的发展阶段及其资源状况。在此基础上，对贫困案主的问题与增能需要进行评估，确定社会工作介入的目标和优先顺序，制订介

入的策略，并与服务对象签订服务协议。

在介入阶段，社会工作者应基于经济、共同参与、个别化和量力而行的原则，一方面，与服务对象一起系统地行动，帮助服务对象发掘自己的内在脱贫资源，运用现有的外部扶贫资源，审慎地处理危机，运用具体的工作方案和社会工作者的影响力（如诱导、劝导、关系、环境等）帮助服务对象完成增能任务和解决贫困问题；另一方面，在贫困案主缺乏系统行动能力，或是处于没有能力行动的情况下，社会工作者需要代表服务对象采取行动，帮助他们协调各种服务资源与系统，制定计划创新资源、改变环境或改变组织与机构，为贫困对象争取权益和增强可行能力的机会。

在总结和评估服务阶段，社会工作者要本着对贫困案主、工作机构、社会和专业自身负责的态度，对社会工作服务是否达到目标、服务方法是否运用得当、社会工作者所扮演的角色是否适当进行系统的评价。

在结案阶段，社会工作者要审慎地处理贫困案主的反应，采取适当的方法让服务对象接受服务即将结束的事实，提醒服务对象要学会自立，给服务对象以心理支持，在服务对象有需要的时候继续提供服务。

第二节　可行能力建设的反贫困社会工作与社会政策路径

一、以家庭资产为切入点，加强脱贫家庭资产能力建设

（一）保障土地权益

稳定脱贫家庭和贫困边缘户在内的贫困家庭的承包地经营权，在土地

流转过程中保障其土地权益，避免脱贫家庭和贫困边缘户在内的贫困家庭因“失地”而阻断收入来源。同时，对于搬离原居住地且仍靠土地增收的已脱贫家庭，村级组织应为他们在原居住地开展种植经营等活动提供便利，如交通、化肥搬运等。

（二）保障住有所居和居有所安

在保障贫困家庭人口能够住得上房的同时，社会工作者应链接住房和城乡建设部门的资源，周期性地开展住房安全鉴定工作，使得脱贫不稳定家庭和包括贫困边缘户在内的贫困家庭能够住上安全性住房，为他们追求美好的幸福生活提供安全保障。

（三）鼓励发展个体经营或企业经营

扶贫部门在综合考虑农户自身意愿和实力的基础上，通过技术帮扶或资金补助的方式鼓励包括贫困边缘户在内的贫困家庭和脱贫家庭成员开展包括初级农产品加工制作或经营农家乐、商店、超市等在内的个体或企业经营。

二、以家庭防线为着力点，加强脱贫家庭的防护性保障建设

（一）持续性推进以个体为单位的社会保障建设

从供给端的角度来看，其一，地方政府在财政实力允许的范围内，应为贫困家庭和脱贫家庭全面进入基本保险保障范围提供资金和政策便利，以降低此部分群体的贫困程度和返贫风险。其二，为已脱贫家庭建立可追踪的健康检测体系和不间断参保监测体系，及时了解已脱贫家庭成员的健康状况和基本参保情况，根据已脱贫家庭的基本经济状况，对新患大病和慢性

病者所在家庭给予及时的帮助,防止他们因重大支出而导致返贫。其三,对间断参保的已脱贫家庭和包括边缘性贫困户在内的贫困家庭进行追踪调查,对无力参保的家庭给予相应的保费减免,筑牢其风险防护网。

从需求端的角度看,其一,创新社会保险内容。人力资源和社会保障部门可联合大中型保险公司,考察已脱贫家庭和贫困家庭的风险因素,合作开发适合并能够满足已脱贫家庭和包括边缘性贫困户在内的贫困家庭成员需求的保险产品。其二,推进双保险模式发展。在落实基本保障的基础上,稳步推进“社会＋商业”双保险模式的发展,为已脱贫家庭和贫困家庭拉起双重防贫反贫线。

(二)创新性推进以家庭为单位的社会保障建设

通过设置以家庭为参保单位的农业保险和商业保险,来增强已脱贫家庭和贫困家庭的风险防护力。具体来看,可以借助集体经济收入的力量,由地方村(社区)与参保家庭共同出资,为已脱贫家庭和包括贫困边缘户在内的贫困家庭享受相应的家庭保险提供资金保障。也可以与地方企业开展合作,以租金或税收减免的条件来换取已脱贫家庭和包括贫困边缘户在内的贫困家庭参保。

三、以政策宣传为侧重点,加强脱贫家庭的透明性保证建设

(一)保障政策知情权

扶贫部门应及时公开关于包括贫困边缘户在内的贫困家庭和脱贫家庭有关的扶贫救助政策信息,及时告知贫困家庭与脱贫家庭关于贫困家庭的评选与脱贫退出的条件和流程。并借助互联网的力量,畅通信息沟通渠道,

及时解答贫困家庭和脱贫家庭成员对扶贫济贫政策信息的困惑。

(二) 提高政策知晓度

通过地方电视或广播频道、开会、入户、张贴宣传单、设计公告栏等媒介或方式向包括贫困边缘户在内的贫困家庭成员或脱贫家庭成员宣传有关的扶贫救助政策,增大他们对政策的知晓度和了解度,促使他们能够及时有效地利用外界信息和资源摆脱困境。

四、以社会资源为突破点,加强脱贫家庭的社会机会建设

(一) 加强网络宽带建设

鼓励网络宽带服务企业在农村搭建网络宽带平台,为包括贫困边缘户在内的贫困家庭享受宽带服务奠定基础。同时,宽带服务企业应积极履行社会责任,为贫困家庭宽带入户提供费用减免优惠。另外,相关企业也要关注脱贫家庭和包括贫困边缘户在内的贫困家庭是否能够可持续性地享受到宽带服务的问题,做好宽带入户的维修等后续服务工作。

(二) 提供税收和贷款便利

为从事个体经营或创办企业的脱贫家庭和包括贫困边缘户在内的贫困家庭的成员提供一定的税收减免和小额信贷支持,减轻其生产经营成本,增大产业运营资金流,提高其增收概率。

(三) 引导参与合作社等新型农业组织

优先为无劳动力的贫困家庭(包括贫困边缘户)提供参与新型农业组织的机会,使得他们能够通过入股分红的形式获得稳定的资金收入,以减缓家庭贫困程度,顺利实现脱贫。

五、以人力资源为关键点，加强脱贫家庭的资本能力建设

（一）稳步提升人力资源存量

一方面，增加脱贫家庭和包括贫困边缘户在内的贫困家庭成员的就业机会。各地方人力资源和社会保障部门根据自身的情况，深入挖掘就业信息，拓宽就业渠道，鼓励脱贫家庭和贫困家庭成员积极参与市场就业。通过整合和盘活村集体资源、周边资源，为脱贫家庭和包括贫困边缘户在内的贫困家庭成员设置专项就业岗位。积极引导他们挖掘居住地的特色资源，并鼓励他们通过发展产业的方式来实现就业。也可以通过扶持有潜力的旧产业和开发新产业的方式，为脱贫家庭和包括贫困边缘户在内的贫困家庭成员提供充足的就业机会。

另一方面，提高脱贫家庭和包括贫困边缘户在内的贫困家庭成员的人力资本质量。与劳动力市场需求相接轨，为有发展潜力的脱贫家庭和包括贫困边缘户在内的贫困家庭成员提供必要的、有效的技术培训服务，以增加有关人员的技能，提高他们的市场竞争力，拓宽就业面，增加收入来源，实现稳定脱贫。

（二）多维度减轻家庭负担

一是为有医护负担的脱贫家庭和包括贫困边缘户在内的贫困家庭提供人道主义关怀，增强他们的脱贫信心。通过社工介入、村干部走访、社会慈善组织帮助等多渠道方式为其送服务、送慰问、送资源，提振脱贫家庭可持续发展的信心。

二是为脱贫家庭和包括贫困边缘户在内的贫困家庭成员制定差额化的

看病优惠政策，对生产生活确实存在困难的家庭，给予相应的费用减免，防止因病返贫。

三是提高残疾人基本护理补贴金额，以减轻脱贫家庭和包括贫困边缘户在内的贫困家庭的医护负担，防止贫困程度加深。

四是稳步实施和落实教育帮扶政策，为来自脱贫家庭和包括贫困边缘户在内的贫困家庭的学生提供适当的生活补贴和免息助学贷款，助其顺利完成学业。也可以在一定的时间内通过免征家庭成员个税的方式来降低家庭教育支出，减缓家庭困难程度。

六、以内生动力为基点，加强脱贫家庭的户主综合素质建设

（一）开展户主自我能力建设活动

借助如志愿者组织、社会工作机构等社会组织的力量，为包括贫困边缘户在内的贫困家庭和脱贫家庭的户主组织相应的社会活动，并通过开展切合农户自身情况和种类繁多的活动来吸引相关人员参与到社会活动中。需要注意的是，社会活动的策划和开展要能够接地气，要综合考虑农户的劳作时间、受教育程度、年龄等，活动的内容要贴近农户的日常生活。

（二）鼓励户主参与自我能力建设活动

通过设置实物奖项等形式鼓励、引导脱贫家庭和包括贫困边缘户在内的贫困家庭户主积极参与到社会活动中，提高其自我管理能力、社会交往能力和创新能力，增强其发展的内生动力，助力其在稳定脱贫的基础上实现向更高水平发展。

实践编

第七章　可行能力建设与易地扶贫搬迁人口就业帮扶

第一节　问题的提出与研究综述

一、问题的提出

易地扶贫搬迁是精准扶贫“五个一批”脱贫措施中的重要组成部分。易地扶贫搬迁不仅要让贫困人口“挪穷窝”“搬得出”，还要帮助他们“能就业”，最终真正实现“稳得住”的脱贫效果。因此，帮助易地扶贫搬迁人口提升就业能力，促进其实现稳定和持续性就业，是易地扶贫搬迁政策取得实效的关键举措。运用社会工作方法介入易地扶贫搬迁人口就业能力的提升，是反贫困社会工作的题中应有之义。

本研究中的易地扶贫搬迁人口是指已享受扶贫搬迁政策，就近、就地分散安置或统一集中安置的贫困群体。易地扶贫搬迁人口在搬迁前长期处于以农业生产经营为主的生产生活方式中，当搬迁至新的安置地后，他们远离了最初的农业生产环境，生活方式发生改变，急需寻求新的谋生手段维持生计。而且,搬迁也引发了一些问题,表现在大量易地扶贫搬迁人口现有的就业能力较低,搬迁后面临着就业资源匮乏、就业技能不足、社会关系网络规模狭窄等困境,无法实现稳定就业。

学术界对易地扶贫搬迁人口在就业过程中遇到的问题与对策进行了广泛探讨,然而大多停留在民众动员、政策制定以及就业权益保障等方面,就针对易地扶贫搬迁人口的就业能力提升方面而言,社会工作实务的介入研究尚有不足。个案工作作为社会工作三大基本方法之一,能够运用科学理论和专业技巧,帮助有困难的易地搬迁群体和个人挖掘自身潜能、链接周围的社会资源,解决其在就业过程中实际存在的问题,因此社会工作介入易地扶贫搬迁人口的就业能力提升,可发挥出巨大优势。

基于上述研究背景,本章尝试回答以下几个问题:一是易地扶贫搬迁人口的就业现状及存在的问题有哪些?二是影响易地扶贫搬迁人口就业的主要因素是什么?三是针对易地扶贫搬迁人口就业能力不足的现状,社会工作如何提供介入服务?

二、研究综述

(一)国内移民就业的相关研究

1. 国内移民就业的现状与问题

扶贫移民是指政府和其他机构组织为使贫困人口摆脱恶劣的生存状态并获得更好的发展条件而开展的移民活动,包括生态移民、环境移民等。①

① 张毅、文传浩、孙兴华:《移民分类研究》,载《延安大学学报(社会科学版)》2013 年第 5 期。

开发性移民是指为了给予失去家园的移民一个新的安置地，将移民同安置地的自然资源、人力资源有机结合，创造新的生产生活方式的移民活动，如水库移民等。面对外在生产生活环境的变化，不同类型的移民群体在就业过程中会产生巨大的心理和生理压力，他们的就业问题值得广泛关注。①

在移民群体的就业方向上，王恩涌以三峡库区移民为例，认为移民在迁入地应以从事新兴行业为主，找寻新的就业方向和经济开发区域；只有从农业生产转向非农就业，才符合移民经济建设的发展需要。② 另有学者依据人力资本理论，指出就业的本质是劳动力与生产要素的结合，通过劳动力的流动，以开发式移民促进经济发展的方式，是解决移民就业问题、提升就业能力的有效方法。③

针对移民群体的就业现状，周鹏认为生态移民工程是一项将移民与禁伐、禁采、禁牧相结合，把生态脆弱地区的人口通过分期分批或整体搬迁的形式迁移至环境较好地区的扶贫工程。④ 生态移民不仅有利于迁出地脆弱生态环境的恢复，更有利于改善移民的生产生活环境，实现稳定脱贫。郎永建基于对三峡库区城镇移民的就业数据统计，认为城镇移民的就业安置方式主要包括企业安置、自谋职业、投亲靠友三种类型。⑤ 王春超等学者对流

① 段跃芳：《开发性移民政策：概念框架、应用及发展》，载《江汉论坛》2007年第7期。
② 王恩涌：《关于三峡库区移民就业问题的几点看法》，载《地理学报》1996年第2期。
③ 宋养琰、宛世忠：《以开发式移民促就业——关于当前就业问题的对话》，载《红旗文稿》2009年第7期。
④ 周鹏：《中国西部地区生态移民可持续发展研究》，中央民族大学2013年博士研究生学位论文。
⑤ 郎永建：《三峡库区城镇移民的就业与生活现状》，载《统计与决策》2005年第7期。

动移民的就业基本特征和影响因素进行了分析，指出流动移民在农村就业空间分布中存在两种情况：一是以家庭居住地为中心，向四周发散的固定型；二是以家庭居住地为核心，在各就业地点交替变换的循环变动型。前者以偏远地区、山区的流动移民为主，后者以平原、丘陵地区的流动移民为主。① 汪磊等学者指出，易地扶贫搬迁在改变移民群体生产生活方式的同时，使得移民跳出传统农业生产，有了更多的就业选择，生计资本量得到了显著增加。② 部分学者基于对通渭县的实证调查研究，认为易地扶贫搬迁人口在搬迁后的就业过程中可能会面临着就业率低、就业结构不合理、就业渠道单一等困境。③ 一些学者则强调了保障迁入地的后续产业发展是稳定移民生活的关键，提高就业收入是移民配合政府实施搬迁的直接动力来源。④ 因此，移民工程要坚持先生产、后生活的原则，用充足的资金确保移民的后续产业发展，促使移民实现稳定增收。

在移民的就业问题研究方面，巴娜指出移民的就业问题受内部、外部两方面因素的影响：内部因素是指移民心理、适应能力；外部因素是指政府、政策指导、社会保障制度等。巴娜指出，移民就业问题主要表现为返流现象凸显、保障体系滞后、隐性失业严重、融入迁入地就业模式困难四个方面，且移

① 王春超、李兆能、周家庆：《躁动中的农民流动就业——基于湖北农民工回流调查的实证研究》，载《华中师范大学学报(人文社会科学版)》2009 年第 3 期。

② 汪磊、汪霞：《易地扶贫搬迁前后农户生计资本演化及其对增收的贡献度分析——基于贵州省的调查研究》，载《探索》2016 年第 6 期。

③ 成随强、刘养卉：《易地扶贫搬迁中的就业问题研究——以通渭县为例》，载《社科纵横》2013 年第 3 期。

④ 张丽君、王菲：《中国西部牧区生态移民后续发展对策探析》，载《中央民族大学学报(哲学社会科学版)》2011 年第 4 期。

民的就业问题将直接影响下一代的教育、观念和社会适应能力。[①] 刘晓辉等学者站在自我角色转变的角度，对贵州安顺蔡官镇生态移民进行调查研究后提出，移民群体被外界冠以“扶贫移民”的身份，无法迅速认知自身社会角色的转变，表现出对生活和就业信心不足、自我角色认知偏差等问题。[②] 因此，需要通过建立社区组织、社会工作服务中心、培养就业技能等措施，帮助移民群体适应新的社会角色。一些学者基于对甘肃河西生态移民的实地调查指出，移民群体在就业过程中缺乏相应的专业技能，思想观念保守，且对自身的就业期望不高，对就业前景感到十分迷茫。[③] 另外有学者则强调了社会文化转型对于易地扶贫搬迁人口就业的重要性。他认为，社会文化转型改变了组织和个体的观念与行为模式，若过度关注搬迁安置过程，而忽略社会文化转型的内在逻辑，则存在影响易地扶贫搬迁效果的可能。[④] 部分学者依据社会排斥理论，从政策排斥、资本排斥、信息排斥三个方面分析如何规避移民政策带来的消极作用，并指出移民在搬迁过程中面临着养老、医疗、就业等相关政策不健全的困境。[⑤] 因此，要充分保障个体的安全和生存能力，重点关注迁移过程中相对弱势群体的生计问题，合理促进区域经济社会发展。

---

① 巴娜：《三峡库区移民就业问题研究》，中央民族大学 2010 年硕士研究生学位论文。

② 刘晓辉、蒋天天：《生态移民社会角色转变研究——以贵州安顺蔡官镇北斗生态移民社区为例》，载《贵州师范学院学报》2015 年第 5 期。

③ 管雪梅、王立明：《甘肃河西生态移民就业问题初探——以酒泉市“两西”移民区为例》，载《甘肃高师学报》2014 年第 3 期。

④ 周恩宇、卯丹：《易地扶贫搬迁的实践及其后果——一项社会文化转型视角的分析》，载《中国农业大学学报(社会科学版)》2017 年第 2 期。

⑤ 何得桂、党国英：《陕南避灾移民搬迁中的社会排斥机制研究》，载《国家行政学院学报》2012 年第 6 期。

2. 国内移民就业的影响因素分析

1）宏观层面的影响因素分析

政策的顺畅实施对易地扶贫搬迁工程起着正向作用。要实现搬迁人口“搬得出、稳得住、能致富”的政策目标，政策制定和执行尤为关键。① 从宏观层面来看，社会保障体系、后续产业扶持、就业培训制度都会对易地扶贫搬迁人口的就业产生影响。

社会保障体系的建立对于解决因病致贫、因病返贫移民群体的基本医疗、大病保险等救助问题有着重要影响。② 在转移就业的过程中，农村居民的社会保障水平在资金投入、保障内容、覆盖范围上与城市居民仍存在明显差距③，针对农村居民的失业保险、养老保险等制度尚未达到应保尽保要求④，公共服务体系仍有待完善⑤，且易地扶贫搬迁人口因病致贫类型所占比重大，在现有的社会保障帮扶制度下，无法帮助他们彻底摆脱贫困，导致其在就业市场的竞争中容易处于不利地位⑥。

后续产业扶持是易地扶贫搬迁工作成功的关键，也是实现易地扶贫搬迁人口脱贫和防止返贫的关键步骤。⑦ 然而，部分地方政府在搬迁思路中存

---

① 贺东航、孔繁斌：《公共政策执行的中国经验》，载《中国社会科学》2011 年第 5 期。

②⑥ 汪三贵、殷浩栋、王瑜：《中国扶贫开发的实践、挑战与政策展望》，载《华南师范大学学报(社会科学版)》2017 年第 4 期。

③ 吴业苗：《农业人口转移的新常态与市民化进路》，载《农业经济问题》2016 年第 3 期。

④ 周燕玲、王玉玲：《黔西南州易地扶贫搬迁后续发展研究》，载《理论与当代》2019 年第 1 期。

⑤ 李泉然：《精准扶贫视阈下社会救助政策的发展》，载《中州学刊》2017 年第 1 期。

⑦ 何得桂、党国英：《陕南避灾移民搬迁中的社会排斥机制研究》，载《国家行政学院学报》2012 年第 6 期。

在着“重搬迁、轻发展”的现象[①]，侧重于前期的土地调整、房屋置换以及生活补贴的发放，而忽视了安置后的产业扶持发展[②]。特别是对于无土安置的移民群体而言，他们发展家庭副业、手工业所必需的材料、资金[③]和社会网络资源大为减少[④]，家庭副业近乎空白，很难找到就业机会，而政府短期内对于搬迁群体的持续增收机制[⑤⑥]尚未提出明确的措施和目标[⑦]，导致其生计维持面临着巨大困难[⑧]。此外，后续产业发展问题不解决，致使移民安置区的后期社会治理难，形成了集体脏、乱、差和“抱团穷”等新的不稳定因素，进而产生阶层分化，威胁社会稳定。[⑨⑩]

对易地扶贫搬迁人口进行有针对性的就业培训是降低搬迁成本，使其适应新的安置环境、获得就业机会的重要手段。[⑪] 有学者从就业资源入手，指出政府对就业培训资源分配不均，导致就业培训专业化[⑫]、职业化[⑬]发展的进程缓

①④　马德峰：《三峡外迁农村移民社区适应现状研究——来自江苏省大丰市移民安置点的调查》，载《市场与人口分析》2005 年第 2 期。

②⑩　贺东航、孔繁斌：《公共政策执行的中国经验》，载《中国社会科学》2011 年第 5 期。

③　王得福、王岩、李爱宗：《实施易地扶贫搬迁工程 破解贫困地区发展难题》，载《发展》2013 年第 11 期。

⑤　雷洪、孙龙：《三峡农村移民生产劳动的适应性》，载《人口研究》2000 年第 6 期。

⑥　赵秋颖：《A 县扶贫搬迁项目管理中的问题与对策研究》，西南交通大学 2017 年硕士研究生学位论文。

⑦⑬　成随强、刘养卉：《易地扶贫搬迁中的就业问题研究——以通渭县为例》，载《社科纵横》2013 年第 3 期。

⑧　金梅、祁丽：《精准扶贫与易地扶贫搬迁实践的思考与讨论——以湖北省公祖村为例》，载《郧阳师范高等专科学校学报》2016 年第 5 期。

⑨　汪力斌、周源熙：《参与式扶贫干预下的瞄准与偏离》，载《农村经济》2010 年第 7 期。

⑪　王曙光：《乡村振兴战略与中国扶贫开发的战略转型》，载《农村金融研究》2018 年第 2 期。

⑫　曹洁、张学英、杨文达：《劳动力移民转移培训问题研究——基于政府视角》，载《劳动保障世界(理论版)》2011 年第 5 期。

慢，且就业培训资源向城市倾斜严重，导致城乡就业培训机会不均衡①。有学者基于社会排斥视角指出，易地扶贫搬迁人口被排除在城市就业培训范围以外②，大量劳动力滞留在安置点，无法充分实现就业③；同时，由于移民的天然流动性，大部分企业也没有为其进行就业培训投资的意愿④。

2）中观层面的影响因素分析

一是金融扶持政策的影响。以金融机构为主导的金融资本扶贫作为一项兼具政策性和商业功能的贷款业务，将金融市场与扶贫工作有效结合⑤，通过向农村地区贫困人口和扶贫项目提供大量的金融支持⑥，促进贫困人口积极就业创业⑦。当前，我国针对易地扶贫搬迁人口安置的农村地区金融扶贫的政策文件尚不完善⑧，相应的工作机制尚未完全成型⑨，农村合作金融扶贫的责、权、利边界不清晰⑩，缺乏科学有效的激励约束机制⑪。此外，金融扶贫信贷产品过于单一，产品创新性严重滞后，信贷手续复杂、审批效率低下⑫，

① 王曙光：《易地扶贫搬迁与反贫困：广西模式研究》，载《西部论坛》2019 年第 4 期。
② 冯继红：《农民工返乡潮对农村劳动力转移培训的启示——基于河南省的调查数据》，载《西北农林科技大学学报(社会科学版)》2011 年第 4 期。
③ 程丹、王兆清、李富忠：《易地扶贫搬迁研究——以山西省五台县为例》，载《天津农业科学》2015 年第 1 期。
④ 周萍：《城市移民就业歧视的个人成本分析》，载《技术与市场》2011 年第 1 期。
⑤ 侯世英、宋良荣：《金融扶贫绩效评价探讨》，载《生产力研究》2017 年第 4 期。
⑥ 孙涌：《开展金融精准扶贫》，载《中国金融》2015 年第 20 期。
⑦ 苏畅、苏细福：《金融精准扶贫难点及对策研究》，载《西南金融》2016 年第 4 期。
⑧ 李榛：《金融扶贫的实践与有效路径——以贵州为例》，载《征信》2019 年第 1 期。
⑨ 唐阳孝、罗新星、唐启亮，等：《金融扶贫机制创新的实践与探索——以四川省达州市金融扶贫为例》，载《农村金融研究》2017 年第 7 期。
⑩ 丁志国、谭伶俐、赵晶：《农村金融对减少贫困的作用研究》，载《农业经济问题》2011 年第 11 期。
⑪ 杨钊：《金融精准扶贫的路径选择与实践演进》，载《武汉金融》2016 年第 11 期。
⑫ 韩洁：《商业银行参与金融扶贫的作用与影响》，载《经济研究导刊》2017 年第 5 期。

严重影响了搬迁人口贷款与就业创业的积极性。

二是社会隔离或社会排斥的影响。城市居民与移民群体打破社会交往隔阂是实现就业的基础。社会交往越深入,移民群体越容易适应安置地的生产生活。然而,许多移民群体仍认为自己是“乡下人”而非“城里人”,存在自我角色认知偏差①;移民与周边城市居民的社会交往存在隔阂,其在安置地的社会交往中更倾向于同质性强的群体②。

3）微观层面的影响因素分析

从微观层面上看,移民的社会适应能力、劳动力素质、内生动力都会对其就业产生影响,这些影响会长期存在且作用明显。

郝玉章和风笑天从社会化角度指出,社会适应性是行动者依据新环境,不断调整自身的心理状态和行为模式,持续社会化的过程。③ 易地扶贫搬迁人口在新的安置点,面对新的社会环境,适应新的生产生活方式,实质上就是社会化的过程④,而政府在移民社会化过程中扮演着重要角色⑤。易地扶贫搬迁工程作为政府基于可持续发展理念主动发起的社会动员活动⑥,搬迁

① 徐志旻:《进城农民工家庭的城市适应性——对福州市五区 132 户进城农民工家庭的调查分析与思考》,载《福州大学学报(哲学社会科学版)》2004 年第 1 期。

② 张铁军:《生态移民社会适应问题研究》,载《中国井冈山干部学院学报》2012 年第 4 期。

③ 郝玉章、风笑天:《三峡外迁移民的社会适应性及其影响因素研究——对江苏 227 户移民的调查》,载《市场与人口分析》2005 年第 6 期。

④ 孙永珍、高春雨:《新时期我国易地扶贫搬迁安置的理论研究》,载《安徽农业科学》2013 年第 36 期。

⑤ 刘震、雷洪:《三峡移民在社会适应性中的社会心态》,载《人口研究》1999 年第 2 期。

⑥ 廖琪林:《广西新型城镇化建设中易地扶贫搬迁问题及对策研究》,广西师范学院 2017 年硕士研究生学位论文。

群体“被动”卷入其中[①][②]，面对新的社会环境与原有的农业生产资源的缺失[③]，搬迁群体被迫进行自我角色调适[④]。在这种环境和社会角色快速转变的过程中，易地扶贫搬迁人口在转换就业方式、维持生计等方面与新环境存在冲突，社会化过程出现障碍[⑤][⑥]，许多人在搬迁之后仍转移到原居住地生活，继续从事传统耕种农业[⑦][⑧]。尽管政府正在谋划可长期发展的产业，加快其社会化的过程，实现易地搬迁群体的就业稳定和收入持续增长，但这需要一定的时间才能见效。[⑨]

劳动力素质是移民群体的内在能力。劳动力素质可概括为身体状况、心理素质、受教育程度、科技能力等多个方面[⑩]，移民群体劳动力素质的高低对自身就业以及当地的社会经济发展都有着深刻影响，劳动力素质越低，则

① 吴新叶：《基层治理需要跨越科层制范式的藩篱——与王龙飞博士商榷》，载《探索与争鸣》2016年第1期。

② 吴新叶、牛晨光：《易地扶贫搬迁安置社区的紧张与化解》，载《华南农业大学学报（社会科学版）》2018年第2期。

③ 杨爽：《易地扶贫搬迁农民市民化问题探析——以贞丰县为例》，载《理论与当代》2019年第2期。

④ 李娜：《滇中彝区易地扶贫搬迁移民的社会适应——以永仁县彝族移民为例》，载《毕节学院学报（综合版）》2010年第7期。

⑤ 周恩宇、卯丹：《易地扶贫搬迁的实践及其后果——一项社会文化转型视角的分析》，载《中国农业大学学报（社会科学版）》2017年第2期。

⑥ 廖琪林：《广西新型城镇化建设中易地扶贫搬迁问题及对策研究》，广西师范学院2017年硕士研究生学位论文。

⑦ 成随强、刘养卉：《易地扶贫搬迁中的就业问题研究——以通渭县为例》，载《社科纵横》2013年第3期。

⑧ 杨宝国：《精准扶贫视域下陕南避灾扶贫移民的困境与路径》，载《安康学院学报》2018年第2期。

⑨ 王小云：《易地搬迁后农村居民生活质量评价与对策研究——以阜平县楼房村为例》，河北农业大学2018年硕士研究生学位论文。

⑩ 任艳云、谭向勇、薛建良：《农村劳动力素质对就业行业选择影响的实证分析——基于山东省梁山县的研究》，载《生产力研究》2010年第5期。

就业矛盾越突出[①②]。在身体状况方面，易地扶贫搬迁人口因病致贫现象普遍，身体状况较差，无法适应较重的体力劳动。[③] 在心理素质方面，易地扶贫搬迁人口以农为本的思想观念根深蒂固[④]，对农业土地依赖严重，较难接受向非农领域的就业转型[⑤]；且家庭成员越多的移民家庭，其经济负担越重，心理压力越大，就业能力越低[⑥]。在受教育程度方面，多数移民只有初中及以下文化程度[⑦]，这使得他们在对就业人员有文化要求的就业机会上受到限制[⑧]；此外，职业教育价值观的缺失，导致他们的择业观念存在偏差[⑨]。在科技能力方面，移民难以接受现代企业的非农技术知识[⑩]，技术知识缺乏导致他们无法从事与高技能相关的工作[⑪]，限制了移民的就业领域和就业范围[⑫⑬]；

① 张建武：《农村劳动力就业的制约因素和对策》，载《华南师范大学学报(社会科学版)》2000 年第 5 期。

② 成随强、刘养卉：《易地扶贫搬迁中的就业问题研究——以通渭县为例》，载《社科纵横》2013 年第 3 期。

③ 汪三贵、殷浩栋、王瑜：《中国扶贫开发的实践、挑战与政策展望》，载《华南师范大学学报(社会科学版)》2017 年第 4 期。

④ 郑瑞强、王英：《精准扶贫政策初探》，载《财政研究》2016 年第 2 期。

⑤ 杨婉君：《强化产业发展 拓宽移民致富路——关于推动生态移民就业创业的建议》，载《中国就业》2014 年第 6 期。

⑥ 唐宏、张新焕、杨德刚：《农户生态移民意愿及影响因素研究——基于新疆三工河流域的农户调查》，载《自然资源学报》2011 年第 10 期。

⑦ 杨爽：《易地扶贫搬迁农民市民化问题探析——以贞丰县为例》，载《理论与当代》2019 年第 2 期。

⑧ 王淑新、何红：《生态移民就业能力提升路径研究》，载《安徽农业科学》2016 年第 19 期。

⑨ 董亮：《民族地区生态移民的文化教育与职业培训模式研究——以格尔木曲麻莱昆仑民族文化村为例》，载《贵州民族研究》2014 年第 4 期。

⑩ 程丹、王兆清、李富忠：《易地扶贫搬迁研究——以山西省五台县为例》，载《天津农业科学》2015 年第 1 期。

⑪ 马弛、张荣、彭霞：《城市化与失地农民就业》，载《华东经济管理》2005 年第 1 期。

⑫ 任善英、朱广印：《三江源生态移民后续产业发展机制研究》，载《生态经济》2012 年第 10 期。

⑬ 严琼：《三江源地区生态移民就业问题研究》，载《青海民族大学学报(社会科学版)》2013 年第 1 期。

即便实现就业，后期也容易出现职业角色单一、收入结构简单的现象[①②③]。

内生动力是指系统内部产生的驱动力，根据系统主体单位差异，可划分为个体、组织、区域的内生动力[④]，易地扶贫搬迁人口的内生动力，对于其实现稳定脱贫具有十分重要的作用[⑤]。然而，随着精准扶贫工程的推进，易地扶贫搬迁人口内生动力不足逐渐成为阻碍其就业的重要因素[⑥]，部分搬迁群体主动摆脱贫困的愿望和信心不足[⑦]，“等、靠、要”思想严重[⑧]，某些地区甚至在“等、靠、要”思想上发展出了“求、粘、赖”的新趋势[⑨]，不利于个人及社会发展。

（二）国外移民就业的相关研究

国外没有易地扶贫搬迁概念，与“易地扶贫搬迁”相似的是“生态难民”（ecological refugees）、“环境难民”（environmental refugees）等概念。其中，生态难民是指“由于环境破坏、生存受到威胁或生活质量受到严重影响，不

① 雷洪、孙龙：《三峡农村移民生产劳动的适应性》，载《人口研究》2000年第6期。
② 赵秋颖：《A县扶贫搬迁项目管理中的问题与对策研究》，西南交通大学2017年硕士研究生学位论文。
③ 董苾茜：《扶贫移民的社会适应困境及其化解——基于社会记忆理论视角》，载《湖南农业大学学报(社会科学版)》2018年第2期。
④ 马弛、张荣、彭霞：《城市化与失地农民就业》，载《华东经济管理》2005年第1期。
⑤ 薛刚：《精准扶贫中贫困群众内生动力的作用及其激发对策》，载《行政管理改革》2018年第7期。
⑥ 曲海燕：《激发贫困人口内生动力的现实困境与实现路径》，载《农林经济管理学报》2019年第2期。
⑦ 刘七军、李昭楠：《精准扶贫视角下连片特困区贫困农户自我发展能力提升研究》，载《北方民族大学学报(哲学社会科学版)》2016年第4期。
⑧ 马德峰：《三峡外迁农村移民社区适应现状研究——来自江苏省大丰市移民安置点的调查》，载《市场与人口分析》2005年第2期。
⑨ 高莉娟、傅李琦、吴振华：《“把脉”脱贫内生动力难题及反思》，载《老区建设》2017年第21期。

得不临时或永久离开其家园的人们”[①]。有学者将环境难民界定为“由于环境恶劣导致人们生活甚至生存受到威胁，而迫不得已选择离开的人”。也有学者将环境难民定义为“由于土地荒漠化、森林资源过度开采等生态原因，导致人们无法在原居住地获得安全的生活环境，除了寻求其他安置地，没有其他选择的行为”[②]。根据迁移的原因，有学者将环境难民分为三类：基于某种自然灾害（如龙卷风、沙尘暴等）造成的迁移、基于生态环境持续缓慢退化（如土地干旱、沙漠化等）造成的迁移以及基于环境崩溃造成的迁移。也有学者将生态难民划分为由灾害产生造成的移民、由当地环境条件被蓄意改变产生的移民、生态环境退化产生的移民三种类型。[③] 此外，还有学者依据移民的迁移意愿，将环境难民划分为非自愿移民和自愿移民两类。非自愿移民是指由于迁出地的环境恶劣，已经严重威胁到人们的日常生活，从而被迫离开的人，环境因素在其中起到推力作用；自愿移民则是指为了追求较高质量的生活，而迁移至经济水平更高地区的人，环境因素在其中起到拉力作用。[④][⑤]

---

① Brown L R, McGrath P L, Stokes B, *Twenty-two Dimensions of the Population Problem*. Population Reports, 1969, Vol. 5, No. 11, pp. 177 - 202.

② Myers N, *Environmental Refugees in a Globally Warmed World: Estimating the Scope of What Could Well Become a Prominent International Phenomenon*. BioScience, 1993, Vol. 43, No. 11, pp. 752 - 761.

③ Bates D C, *Environmental Refugees? Classifying Human Migrations Caused by Environmental Change*. Population and Environment, 2002, Vol. 23, No. 5, pp. 465 - 477.

④ Massey D S, Arango J, Hugo G, et al., *Theories of International Migration: A Review and Appraisal*. Population and Development Review, 1993, Vol. 19, No. 3, pp. 431 - 466.

⑤ Geest K, *North-South Migration in Ghana: What Role for the Environment?* International Migration, 2011, Vol. 49, No. S1, pp. e69 - e94.

后来，由于“难民”这种说法在国际社会上引发了一场关于国际政府是否有权接受和为其提供援助的争论①，学者们遂将“环境难民”改称为环境移民（environmentally displaced persons or environmental migrant）或气候变化移民（climate change-induced migration）②③。例如，国际移民组织将环境移民定义为“由于环境、生态、气候变化，对居住地人们的生命或个人财产造成消极影响，使其被迫或主动、暂时或永久离开的人”。这一定义强调了移民因环境问题而导致的非自愿性迁移。④

学者们认为，在宏观层面上，不同地区之间的环境差异是引起环境移民的重要原因⑤；在个体层面上，生态移民是在生态环境恶化的背景下，人们为了追求美好生活产生的合理举动⑥。

（三）社会工作介入易地扶贫搬迁问题的相关研究

国内关于社会工作直接参与易地扶贫搬迁的研究并不多见，已有研究成果大多集中在理论层面。邓华丽认为，易地扶贫搬迁人口在迁移至新安置地后，存在着文化习俗、生产生活、心理状态、身份转化等问题，社会工作者应从开展精神文化活动着手，整合社会资源，落实相关社会保障措施，加

---

① Kelmelis J A, *Arctic Warming Ripples through Eurasia*. Eurasian Geography and Economics, 2011, Vol. 52, No. 1, pp. 56 - 78.

② Dun O, Gemenne F, *Defining "Environmental Migration"*. Forced Migration Review, 2008, No. 31, pp. 10 - 11.

③ Reuveny R, *Climate Change-Induced Migration and Violent Conflict*. Political Geography, 2007, Vol. 26, No. 6, pp. 656 - 673.

④ International Organization for Migration (IOM), *Discussion Note: Imgration and the Environment*, 2007.

⑤ Richard L, *International Studies in Demography*. Clarendon Press, 1999.

⑥ Adger W N, Kelly P M, Winkels A, et al, *Migration, Remittances, Livelihood Trajectories, and Social Resilience*. AMBIO: A J. of the Human Environment, 2002, Vol. 31, No. 4, pp. 358 - 366.

强易地扶贫搬迁人口的社会互动及社会参与，促进搬迁群体的社会融入。① 向德平围绕心理疏导、生计帮扶、能力建设、社会融入等方面指出，社会工作者要激发易地扶贫搬迁人口的内生动力，协调就业资源，引导建立自主互助组织，摆脱贫困人口对外界的依赖，并综合运用文化扶贫、产业扶贫等方式，提升易地扶贫搬迁人口的人力资本和社会资本，构建新的社区共同体。② 谢治菊则强调构建行之有效的心理服务体系是实现易地扶贫搬迁人口“稳得住”的关键，社会工作者在心理疏导、资源链接、服务提供及效果评估方面均发挥着重要作用。③

鉴于易地扶贫搬迁工作本身的复杂性和我国国情的实际情况，郑夏认为当前社会工作介入的问题主要表现在链接政府资金、平衡政府和搬迁人口的关系、调节搬迁人口的心理困境、促进搬迁人口与当地居民的融入、重构搬迁人口社会关系网络等方面。④ 王亚奇等学者设置“经济融入”“人际融入”“环境融入”“文化融入”四个维度对×县迁移人口进行实地调研，并结合“社会工作＋”的视角，将社会工作与各学科相结合，链接相关资源，解决部分搬迁群体存在的经济、社会、文化融入难题，促进易地扶贫搬迁人口更好发展。⑤

① 邓华丽：《基于社会工作视角的易地扶贫搬迁对象社会融入问题探讨》，载《山西青年职业学院学报》2017 年第 3 期。
② 向德平：《社会工作助力开启易地扶贫搬迁群众的新生活》，载《中国社会工作》2019 年第 22 期。
③ 谢治菊：《构建心理服务体系让易地扶贫搬迁户稳得住》，载《学习时报》2020 年 4 月 6 日。
④ 郑夏：《精准扶贫背景下社会工作介入易地搬迁的必要性探究》，载《长春师范大学学报》2017 年第 7 期。
⑤ 王亚奇、徐梦凡、王莎莎，等：《易地搬迁贫困群体城镇融入问题的“社会工作＋”介入研究——以贵州省×县为例》，载《劳动保障世界》2019 年第 20 期。

（四）对现有研究的评价

对以上文献进行梳理后我们发现，国内学者已经对易地扶贫搬迁人口在就业方面遇到的困难、就业问题产生的原因和对策建议进行了广泛深入的探讨，为我们了解当前易地扶贫搬迁人口的经济适应状况提供了丰富的现实资料和理论依据。但现有研究仍存在两点不足：一是在对易地扶贫搬迁人口的就业研究中，国内学者大多将目光集中在民众动员、政策制定以及权益保障等宏观方面，在社会工作实务方面的研究相对较少；二是在研究方法层面，尽管有针对易地扶贫搬迁人口的社会工作介入途径开展对策分析研究，但对该群体的实务介入，尤其是对就业能力提升方面的实务介入研究不足。

基于此，本书在已有研究的基础上，基于对湖北省内 6 个县(市)易地扶贫搬迁人口的实地调查，分析易地扶贫搬迁人口的就业现状及其就业需求，并为典型个案开展就业能力提升的社会工作服务。在对服务实践效果进行评估的基础上，反思社会工作介入易地扶贫搬迁人口就业能力提升方面的意义和尚存的不足之处，从而为进一步在易地扶贫搬迁人口就业领域改善反贫困社会工作提供经验借鉴和实践参考。

第二节　易地扶贫搬迁人口就业现状

一、易地扶贫搬迁人口就业存在的问题

（一）就业率低

在本次调查的 285 份易地扶贫搬迁人口的样本中，实现就业且有经济收

入来源的占总样本数的17.5%。其中,在20—59岁的易地扶贫搬迁人口样本中,实现就业且有经济收入来源的占比为33.3%。

调查结果显示,11.6%的调查对象表示自己可以适应各种类型的体力生产活动,23.5%的调查对象表示能接受大部分生产劳动,包括少量重体力劳动,39.6%的调查对象表示自己身体能力有限,仅能承担轻型劳动,24.9%的调查对象表示自己日常饮食起居需要他人照顾,0.4%的调查对象表示自己目前无法从事任何生产活动。由此可见,多数易地扶贫搬迁人口由于身体状况不佳等原因,无法从事劳动强度大的工作,这可能是易地扶贫搬迁人口整体就业率较低的原因之一。

(二)就业不稳定

在就业类型方面,易地扶贫搬迁人口中从事建筑业者占比最高,为26%;其次为服务业从事者,占比23%。上述两类群体合计占比近五成,这反映了易地扶贫搬迁人口从事的工作以低技能劳动密集型行业为主,普遍存在劳动强度大、稳定性差、可替代性强等特点。

在就业方式方面,调查对象中以打零工为主要就业方式的占比最大,占总样本数的66.7%。由此可见,易地扶贫搬迁人口由于受自身文化水平的限制,知识储备少、就业技能不足,难以满足劳动力市场对技术要求高、综合实力强的人才需要。因此,在激烈的劳动力市场竞争中,他们往往处于不利地位,通常只能从事技术含量低、工资低的临时工作。

二、易地扶贫搬迁人口的就业意愿

易地扶贫搬迁仅是脱贫的开始。为实现搬迁贫困群体的致富目标,不仅要解决"搬迁"问题，还应该不断调动贫困人口脱贫致富的主动性和积极性。①②

调查发现，在符合就业年龄且身体状况良好的易地扶贫搬迁人口中，有高达82.6%的搬迁群体表示自身有迫切寻求工作、实现就业的意愿。

王先生(34岁，易地扶贫搬迁后以打零工为生)："怎么会没有就业的意愿呢？我经常和我同事、朋友探讨工作情况，我们都希望有个稳定的工作。我家庭条件不好，家里有老人、小孩，每个月还要花钱买药，每次买药都要花费好几千。我现在主要在周边打零工，平常家里的收入就靠我了，我很想找份好点的工作，收入多点，日子也能过得舒服点。"

可见，大部分易地扶贫搬迁人口具有强烈的就业意愿，长期的经济压力使得他们的就业需求十分迫切，希望能通过实现稳定就业来缓解家庭经济压力，改善基本生活条件。

值得注意的是，在搬迁以前，易地扶贫搬迁人口以从事农业种植、圈养牲畜等靠体力和经验的生产性活动为主；在迁移后，由于缺乏现代企业所需要的非农知识技能，且长期处于闲散生活状态，使得少量搬迁人口对就业缺乏信心，依赖政府救助的"等、靠、要"思想较严重，就业意愿不足，主动寻求就业机会的积极性不高。

徐先生(60岁，易地扶贫搬迁后无业在家)："我这辈子就这样过来了，孩子大了自己在外面闯，现在我就在家和老伴两个人过，在家门口种了点菜，

① 叶青、苏海：《政策实践与资本重置：贵州易地扶贫搬迁的经验表达》，载《中国农业大学学报(社会科学版)》2016年第5期。

② 陈坚：《易地扶贫搬迁政策执行困境及对策——基于政策执行过程视角》，载《探索》2017年第4期。

每个月政府会发给我们一些钱，反正也够我们用，就不找工作了，找工作也没用。”

三、易地扶贫搬迁人口高质量就业的制约因素

（一）就业信息来源单一

就业信息获取能力是易地扶贫搬迁人口就业能力的重要组成部分。调查结果显示，47％的易地扶贫搬迁人口获取就业信息的主要渠道是通过亲戚朋友介绍，32％的易地扶贫搬迁人口获取就业信息的主要渠道是政府及有关部门宣传，通过社区宣讲和电视、广播、网络等渠道获取就业信息的分别仅占12％和9％。可见，对于易地扶贫搬迁人口而言，他们大多在互联网信息获取方面处于劣势地位，导致他们的就业信息来源略显单一。

（二）家务羁绊影响就业

家庭环境与易地扶贫搬迁人口的就业能力关系密切。家庭环境（包括赡养父母、养育子女、家庭生计压力）状态较好有助于迁移人口参与就业培训、学习技能知识，在新的就业领域获得就业机会。而家庭环境恶劣的迁移人口，承担着照顾家庭的主要责任和压力，即使他们有劳动能力和就业意愿，基于对人力成本、物力成本和不能按时工作等因素所带来的风险考虑，无法外出参与就业，从而直接造成了家庭劳动力的流失。① 在此次走访调研的过程中我们发现，易地扶贫搬迁人口的致贫原因较为集中，因病致贫的调查对象占48.4％，因残致贫和家庭中缺少劳动力致贫的调查对象分别占

① 王淑新、何红：《生态移民就业能力提升路径研究》，载《安徽农业科学》2016年第19期。

19.3%和10.2%。

徐女士(54岁,无业):"我老伴外出打工了,一年回来一次。平常就我和儿子在家,他(儿子)生活不能自理,三餐都需要人喂,离不开人,我要每天照顾他,根本没有时间去想工作的事情。"

由此可见,在易地扶贫搬迁人口中,家庭环境状态不良现象较为常见。家庭成员的伤病需要劳动者抽出更多时间和精力甚至放弃工作来施以照顾。受繁重家务的羁绊,他们往往无法抽身,难以在就业市场中从事相对稳定的工作。

(三)学习能力不足影响高质量就业

调查结果显示,易地扶贫搬迁人口中受教育程度在中小学及以下的占样本数的72.3%,初中文化程度的占样本数的21.4%,文化程度为高中、中专、技校的仅占样本数的6.3%,本次调研过程中未出现高职高专和本科及以上学历的调查对象。由此可见,易地扶贫搬迁人口的文化程度普遍较低。受学历和时间的限制,他们的学习能力和接受新鲜事物的能力不足,无法满足社会中多门类的职业要求,导致该群体在劳动力市场竞争中处于不利位置,能胜任的工作岗位十分有限。

第三节 易地扶贫搬迁人口就业帮扶需求

一、获取就业信息

维持就业信息获取渠道畅通、获取足够的就业信息是保证就业的重要因素之一。易地扶贫搬迁人口作为特殊的移民群体,受自身发展条件及生活习惯等因素影响，在心理和社会中处于弱势地位，社会参与程度较低，获取就业信息的渠道仍停留在依靠亲朋好友介绍的层面。他们大多对互联网感到陌生，缺乏更多获取就业信息的渠道，导致获取就业信息困难，不能及时解决就业需求。

李先生(47 岁，易地扶贫搬迁后以打零工为生)："我是前两年搬迁到这边来的，原来在家里靠种地养活自己，但是在搬迁后将原来的土地流转了出去，现在就是靠打零工赚点钱。你也知道，打零工收入特别不稳定，都是前后邻居家知道哪里缺人帮忙了叫我过去，我也想有一份稳定的工作啊，但是圈子就这么大，认识的人也少，晓得的消息就这么多，找不到合适的活做，一个月歇在家里闲着也蛮经常的。"

周女士(36 岁，易地扶贫搬迁后待业在家)："我家上有老、下有小，我主要是在家照顾他们的日常生活，精力都放在家人身上，平常也没有时间交些朋友，感觉与外面的社会也没什么接触了。我知道可以通过手机搜索网上新闻和一些招人消息，但是我不会弄这些，而且大家都说网上的消息蛮多假的，我就不敢瞎试。现在想找份工作，圈子太小，亲戚朋友知道的也不多，我也不晓得应该向谁去打听，怎么获得就业信息。"

可见，尽管如今互联网信息通畅发达，但限于易地扶贫搬迁人口自身的知识水平和经济水平，他们缺少运用互联网搜寻就业信息的能力，导致其就业渠道单一、就业率低。针对此类情况，社会工作者需要注重帮助易地扶贫搬迁人口挖掘更多的就业信息获取渠道，同时提升他们运用互联网搜寻就业信息的能力，从而使他们更好地筛选出适合自己的岗位，满足自己的工作需要，实现稳定就业。

二、社会网络支持

易地扶贫搬迁人口在原有的村落社会中，受传统乡土文化和农业生产生活的影响，其社会关系网络的构成形式主要表现在血缘和地缘关系上，当迁入新安置地后，搬迁群体原有的交际圈被割裂，分散安置又加剧了交际圈被割裂的程度以及重构关系网络的难度，他们对新社会关系网络的建立有着迫切需求。同时，以个体为轴心的社会关系网络也是易地扶贫搬迁人口实现就业的关键因素，若易地扶贫搬迁人口具备的社会关系网络规模越大、异质性越强，则获取的社会资本就越丰富，实现就业的概率也就越大。此外，政府等有关部门作为扶贫移民工程的主导力量，在易地扶贫搬迁人口的社会关系网络中扮演着正式组织机构的角色，其有责任和义务帮助易地扶贫搬迁人口实现生计发展，为移民的生计恢复提供所需资源。①

因此，社会工作者在为易地扶贫搬迁人口开展就业能力提升方面的服务活动时，一方面要从其自身的人际关系网络出发，扩展其就业关系圈；另一方面需从社会客观环境方面给予充分支持，整合可利用的资源，为易地扶贫搬迁人口就业能力的提升营造积极的社会环境。

李先生(52 岁，腿脚不便，易地扶贫搬迁后以打零工为生)："由于身体原因，我出不了远门，工作也不太顺利，只能帮周围的邻居干点杂活，家里主要靠妻子替人缝补赚点钱，或者孩子给点。我听说有的社区会记录一些没有工作或者老弱病残的人员信息，在村里有打扫卫生、巡逻这种临时性工作的

① 覃志敏：《社会网络与移民生计的分化发展——以桂西北集中安置扶贫移民为例》，华中师范大学 2014 年博士研究生学位论文。

时候，会优先考虑这些人，还会发工资。我希望我们社区也能这样，让我帮社区一些忙，体现一下自己的能力，也可以减轻点家里的负担。”

实现稳定就业与易地扶贫搬迁人口社会关系网络构建有着较大的关系。因此，社会工作者要引导与提高易地扶贫搬迁人口的社会交往能力，促使他们不断建立和扩大自己的社会关系网络，获取更多的就业支持，保证其在劳动力市场竞争中处于优势地位。同时，社会工作者应充分发挥资源链接者的作用，协调社区现有资源，充分链接外部资源，为易地扶贫搬迁人口的就业提供有利的外部环境。在解决易地扶贫搬迁人口就业问题的同时，发挥其自主意识，通过多方位的互动完善社会支持网络，提升就业能力，充分实现就业。

三、职业规划辅导

把握自身的职业规划，明确职业方向，有利于易地扶贫搬迁人口找准目标，提高对所从事工作的认可度与就业积极性。然而，在易地扶贫搬迁人口的传统思想中，他们对职业的概念模糊，长期从事农业生产对他们来说是一件理所当然的事情，他们没有把农民视作一种职业身份，且政府或其他机构对于职业规划培训较少，使得他们对职业规划的需求更加强烈。

王先生(57岁，易地扶贫搬迁后待业在家)：“村里对贫困户有点帮扶政策，所以偶尔会让我去光伏发电厂帮忙，或者在村里帮忙打扫卫生，结束了就给我发点工资。但是这种情况很少，这些(收入)加起来总共也只有一两千块。别的收入就是土地流转的租金，外加点粮食补贴，其他的收入来源就基本没有了。我也不知道自己擅长什么，从没想过未来规划。”

通过与易地扶贫搬迁人口的访谈发现，部分搬迁群体在就业市场中缺乏方向，存在诸如工作只是谋生手段、得过且过等意识偏差，他们在搬迁后的生活、就业中均处于被动状态，对职业投入度较低，对未来产生消极心态，不利于自身发展。因此，社会工作者要引导易地扶贫搬迁人口转变传统就业观念，提高自身素质，拓宽职业视野，合理把握市场需要和就业环境，找寻适合自己发展的职业道路，使其获得自主选择职业的技能及有效应对工作压力的能力。

四、就业技能培训

随着市场经济的快速发展和科学技术的日益推进，现代化产业发展越来越快，企业的用工需求也从过去的专才向“一专多能”转变。然而，易地扶贫搬迁人口自身就业能力不足的现状已远不能适应就业市场竞争的需求，就业形势严峻。尽管还有部分易地扶贫搬迁人口有早期在外务工的经历，也掌握了一些就业技能，但是与搬迁后的职业匹配度相对较低。在此次调查研究中，有72.3%的易地扶贫搬迁人口认为自己缺乏一定的就业技能，希望能得到就业技能培训。此外，有46.8%的易地扶贫搬迁人口认为自己掌握的就业技能与当前工作非常匹配，有15.6%的易地扶贫搬迁人口认为自己掌握的就业技能与当前工作比较匹配，认为自己掌握的就业技能与当前工作较不匹配和非常不匹配的占37.6%。

韩先生(56岁，搬迁后在镇里打工谋生)：“我年轻的时候在外地工作过很长时间，一般都是在厂里做些流水线上的工作，没有啥技术含量。后来家里老人年龄大了，我就回来照顾他们，现在在镇里打点短工赚钱，工资蛮低。说实话，我也想从事工资高又轻松的工作，可是我什么都不会啊，想学点技术找个稳定的(工作)，但是现在年纪大了，学起来蛮慢，也找不到人教。”

吴女士(39岁，搬迁后在镇里打工谋生)：“我没有参加过就业技能培训，也不知道哪里有这种培训。我一直想学门技术，像理发、美容之类的都可以，我看到镇上有几家理发店生意蛮好的，现在后悔年轻的时候没有舍得花钱在外面学一点技术，这样回家之后在附近开个小店，过过生活也挺好。像我这种情况的还挺多，如果政府能组织我们一起学点技术，一定有很多人参加的，我们都很支持。”

易地扶贫搬迁人口由于自身就业技能不足、劳动力素质较低等原因，在就业市场竞争中处于弱势地位，往往从事技术含量低、可替代性强、工作强度大的工作。因此，为增强易地扶贫搬迁人口劳务输出的竞争力，要大力加强职业教育，重视非农产业的技能培训，将搬迁群体沉重的人口压力转化为丰富的人力资源优势，鼓励其学习新知识、掌握新技能，提高搬迁群体的综合素质，为实现搬迁群体所从事的工作向非农产业转型奠定基础。

第四节　易地扶贫搬迁人口就业帮扶的个案工作实践

一、案主基本信息

(一) 个人基本信息

易地扶贫搬迁户李某，祖籍青海省××市××县，今年39岁。在北京打工期间，与丈夫相识并结婚，婚后诞下一子。随着孩子的长大，李某和丈夫对于儿子入学读书的事情感到困扰，由于在外地有诸多不便，夫妻双方思索再三，于2014年决定从北京回到丈夫老家湖北省孝感市孝昌县C村居住，在此期间，李某将其在青海老家独居的父亲接过来一同生活。2017年，李某家因资金不足、儿子上学困难等原因被评为建档立卡贫困户，同年9月随C村搬迁至现安置区。在搬迁后的几年时间里，李某为补贴家用，时常在附近打点零工，每月能有1 800元左右的基本收入，但对家庭经济帮助有限。其间，李某曾考虑外出学门手艺，但由于去年6月突然旧病复发，无法长时间劳动，此事便搁置了。李某在家休养半年，身体状况基本好转后，便将就业提上日程，但至今未找到合适的工作。

（二）家庭环境

李某的父母早年离异，其母亲随李某的姐姐居住于青海老家，此后双方很少来往，李某现承担照顾父亲的主要责任。父亲身体较差，患有高血压、风湿性关节炎等基础性疾病，发病疼痛的时候不能劳动，每月需要靠吃药缓解。由于李某的父亲患有耳疾，要大声说话才能听到，李某很少与其交流。李某的儿子今年10岁，目前在乡镇上读小学三年级，成绩优异，但是性格内向，放学回家后常常自己一个人待在屋里，与李某交流较少。其丈夫身体状况一般，长年在外务工，定期会往家中汇点钱，一年归家两到三次，对家庭照顾有限。家里老人、小孩的日常生活起居等，均靠李某一人操持，其家庭负担比较重。李某家属于典型的上有老、下有小，劳动力不充足的家庭结构。

（三）经济状况

李某家庭负担较重，其儿子每学期学费及生活费开销近3 000元，父亲每月吃控制高血压的药需花费 600 元。李某的丈夫在武汉某空调厂打工，每月工资 4 000 元左右，家庭经济收入主要依靠丈夫，勉强维持生活。李某在搬迁前靠种植业维持收入，搬迁后由于距离较远，遂无法兼顾原有的农业生产。她对目前的失业状态感到不满，希望自己有一份收入，来改善拮据的家庭生活。

(四) 心理和性格状况

李某做事勤快、麻利，家里大小事情操持得井井有条，但性格内向，很少主动与他人接触。在谈及目前的生活状况时，李某情绪较为低落，言语中也常出现埋怨、焦虑等消极词语，存在一定的心理压力，消极情绪严重。

(五) 社会交往状况

在与丈夫的关系上，李某与丈夫由最初的融洽逐渐变得紧张。早年夫妻一同在外务工时，双方接触频繁，共同话题较多。然而，在易地扶贫搬迁后，李某以照顾家里老人、小孩为主，丈夫出远门务工，常年不在家，李某与其沟通减少，平常交流也主要围绕孩子和家庭经济两方面。由于家庭开销较大，丈夫工资有限，且去年李某因身体原因卧床休息了半年，丈夫也无法抽身照顾她，李某认为其忽略自己的感受，对此事时有怨言。

在与家庭其他成员的关系上，李某将对生活的不满无形中宣泄在了他人的身上，表现在对儿子的要求过于严格，导致儿子在学习的过程中稍显叛逆。李某的父亲年纪较大，且身体状况较差，与人交流较为困难，李某也很少向其倾诉。

在与邻居、朋友的关系上，李某的社交范围狭窄，主要局限于同为易地扶贫搬迁人口的本村人，同质性较强，对外界信息接收较为滞后。日常时间大部分用于家庭生活，无暇接触和联系新朋友，即使有新朋友，大多也只停留在认识层面，缺乏固定的社交网络。

二、案主就业适应问题分析

（一）个体适应能力不强

在与案主交谈的过程中，社会工作者发现，伴随着长期照顾老人、儿子的生活压力及与丈夫沟通不畅导致不良情绪宣泄有限的情况下，案主不自觉地产生了一定的疲惫心理和焦虑情绪，随着后期自身健康状况变差及在新安置地中家庭经济负担增大，加重了案主的心理压力和不适应。案主内心渴望身体康复后，能谋求一份稳定的工作以缓解家庭压力，然而未能完全融入新环境，日渐陷入越焦虑、身体负担越重、康复过程日渐缓慢的恶性循环中，这也在无形中进一步影响了案主与家人的沟通交流。

（二）社会资本薄弱

社会工作者在与案主访谈的过程中发现，案主主要的交往对象仅限于自己的家庭成员。尽管与周边部分邻居建有微信群，但案主主要扮演观察者的角色，较少发表自己的观点。在与案主的接触中，社会工作者感觉到案主并没有一味地将自己禁锢在狭小的空间里，她会主动询问社会工作者一些情况，尽管案主表现得较为内向，但是并不是没有交友欲望，只是因受限于交往时间和方式，导致社交网络狭窄单一。

此外，社交形式的单一化也导致案主陷入缺少就业信息渠道的困境。在北京务工时，案主接触的人较多，获得就业信息的来源也相对较多。从北京回到孝昌县之后，由于长期在家务农维持经济收入，对就业信息的需求不高。但在搬迁以后，生产生活方式发生改变，缺少稳定的收入来源，案主却无法搜寻到有用的就业信息。

（三）人力资本缺失

拥有越多的就业技能，越能在就业市场中占据一席之地。案主早期做过家政保洁等服务工作，对服务业中所需要的技能较为熟悉，然而在搬迁后求职的过程中，均未找到与之匹配度较高的岗位。由此可见，社会工作者应当协助案主找到其他合适的就业方向，并引导案主做出职业规划，发挥案主的主观能动性，帮助其了解和掌握新的就业技能，提高自身综合实力，在未来的就业岗位上更好地发挥价值。

（四）职业规划意识缺乏

尽管案主自身有着较为强烈的就业意愿，但缺乏职业规划意识，对自身定位不清，往往以撒网式的方法搜寻就业信息，效率较低。且案主的社会交往范围局限于安置区周围，获取就业信息能力不足的同时，所得到的就业信息也具有滞后性。当案主听说有合适的工作岗位想去应聘时，往往被其他人捷足先登，这也逐渐打击了案主的积极性。因此，社会工作者需要加强案主的职业规划意识，协助案主找寻自身的技能方向，有针对性地择业，避免在就业过程中产生不必要的资源浪费。

三、易地扶贫搬迁个案就业能力提升的个案工作介入

（一）介入目标

结合案主的具体情况，确定此个案服务的主要目标是缓解案主心理压力，挖掘案主自身的优势，协助其寻找适合自己的就业方向，链接就业资源，提升案主的就业能力。

（二）介入计划

社会工作者遵循相互尊重、助人自助的原则，与案主进行深入探讨和沟通，并结合案主的实际情况以及当前问题的紧迫程度，为案主确定了此次服务的总目标和分目标，并制定了具体的服务开展计划。整个计划的介入过程分初期、中期和后期共九个阶段为案主提供服务（见表7-1）：

表7-1　易地扶贫搬迁个案就业能力提升的个案工作介入方案

总目标：缓解案主心理压力，挖掘案主自身的优势，协助其寻找适合自己的就业方向，链接就业资源，提升案主的就业能力。		
分目标	初期	第一阶段会谈：向案主介绍自己的身份，获取案主的信任。 第二阶段会谈：与案主建立专业的社会工作关系，澄清案主的问题和需求。
	中期	第三阶段会谈：挖掘案主自身优势，舒缓案主的就业心理压力，帮助案主改变错误的就业认知。 第四阶段会谈：增进家庭成员之间的关系，引导案主建立家庭支持系统。 第五阶段会谈：建立朋辈之间的良好关系，扩大社会关系网络。
	后期	第六阶段会谈：链接社区资源，发挥资源优势。 第七阶段会谈：明确案主的职业方向，缓解其就业压力。 第八阶段会谈：巩固案主的改变，协助案主就业。 第九阶段会谈：回顾整个个案服务的过程和成果，准备结案。

初期的介入阶段主要是与案主建立专业的社会工作关系，收集案主的相关背景资料，澄清案主的需求和问题，为进一步的实务开展奠定基础。

中期介入阶段的主要内容是依据案主面临的问题及需求，有针对性地开展介入服务：① 帮助案主纠正认知偏差，缓解心理压力，重构正确的就业观念，社会工作者在其中充当治疗者的角色；② 引导案主学习和掌握人际沟通技巧，增强人际交往的信心，扩大社会交际圈，社会工作者在其中充当支持者的角色；③ 协助案主明确自身的职业定位，制定合理的就业规划，社会工作者在其中充当指导者的角色；④ 为案主链接相关资源，寻找学习的机会，稳步实现就业，社会工作者在其中充当服务提供者和中介者的角色。

后期的介入阶段着重于协助案主明确就业方向，制定职业规划，巩固案主现有的改变，强化案主正确的就业认知，引导案主回顾整个个案服务过程和成果，进行工作总结并完成结案工作。

（三）介入实务过程

1. 初期介入

1）获取案主信任，收集相关资料

会谈时间：2019 年 12 月 8 日

会谈地点：服务对象家里

在前期走访调研中，社会工作者留心在此过程中存在就业问题的易地扶贫搬迁人口，并结识了案主，在社会工作者的邀请下，与案主互留了联系方式。此为社会工作者与案主的第一次正式会谈，由于案主之前对社会工作不了解，本次会谈的内容主要是向案主介绍社会工作的专业职责与技能，让案主对社会工作专业有初步了解。

尽管曾与社会工作者进行过问卷调查和访谈，但在此次会谈初期，案主仍然心存疑虑和警戒。社会工作者主动向案主介绍自己的来意，消除案主对社会工作者的防备。了解到当前是案主与其父亲在家，社会工作者运用自我披露的技巧，通过讲述自己小时候和父亲的趣事，进一步拉近与案主的距离，并借此询问案主父亲的情况。案主感受到社会工作者的诚意，渐渐向社会工作者打开心扉。她告诉社会工作者，自己幼年时期父女关系融洽，之后经历了长时间的打工生涯，工作的不顺使得长期以来积攒的生活压力滋生了负面情绪，导致自己性格急躁，与父亲的交谈出现障碍。加之父亲年事已高且患有耳疾，渐渐便和父亲疏远。

由此发现，案主当前存在家庭关系紧张的心理压力，社会工作者运用情绪同理技巧，使案主感受到社会工作者的同理心。同时，社会工作者运用提问的技巧，收集案主的背景资料和就业状况，了解其当前的就业压力。尽管在交谈初期，案主对社会工作者存在戒备，但经过聊天后，双方的聊天氛围渐渐融洽起来，为下一次的会谈打下了坚实基础。

第一阶段的会谈安排见表 7－2。

表 7－2　第一阶段会谈安排

环节	主要介入目标	主要介入技巧	应 急 预 案
1	主动向案主介绍自己，让案主对社会工作专业有初步了解。	自我披露技巧	如果案主出现疑惑或排斥的行为，社会工作者要及时进行解释说明，充分运用沟通、倾听的技巧，拉近双方的距离。
2	从共同话题切入，拉近社会工作者与案主之间的距离，获得案主的信任。	自我披露技巧、提问技巧	

2）建立专业关系，澄清问题和需求

会谈时间：2019 年 12 月 13 日

会谈地点：服务对象家里

社会工作者秉持着积极主动、热情真诚的态度与案主进行沟通，并从案主当前的就业情况入手，了解案主的生活现状。案主说道：“我以前和丈夫在北京工作过好多年，后来孩子长大了，要考虑的问题多了，小孩在外地上学读书蛮不方便,也不能把他一个人丢在老家,所以我们就回来了。回来后,一开始,丈夫在附近打零工,我在家种地补贴家用,勉强够用。后来我们作为易地扶贫搬迁户搬到这儿,居住环境比过去好了不少,但是离原来种的地远了,我就偶尔在附近打点零工,但是零工也不好找、工资低。去年我由于身体不好还在家休息了半年,全家人靠丈夫一个人的收入生活,钱蛮少,经常不够用,每次想到这些都会觉得蛮着急。”

可以看出,当前案主面临的就业环境比其在北京务工时更为恶劣,搬迁后不能继续从事耕种维持生活,也未找到合适的工作。社会工作者能体会到案主强烈的就业意愿,并运用同理心、接纳的技巧对案主表示了尊重和理解,使案主能更好地宣泄负面情绪。社会工作者对案主存在的问题进行合理分析,避免将问题简单归因。在与案主共同探讨之后,案主认为自己当前存在经济收入较低、心理压力大、社会交往能力不足、就业信息渠道较窄等困境。而这些问题能否得到解决,也正是关系到易地扶贫搬迁人口能否维持生计、寻求到就业岗位的关键。经过两次会谈,案主表示愿意与社会工作者建立专业关系,双方协商制定了基本服务计划与方案。

第二阶段的会谈安排见表 7-3。

表 7-3 第二阶段会谈安排

环节	主要介入目标	主要介入技巧	应急预案
1	建立并维护与案主的专业社会工作关系。	沟通、倾听的技巧	鼓励案主表达自己的观点和想法,保证双方有一个和谐的交流环境,共同探讨并制定服务计划。
2	协助案主梳理存在的问题,澄清当前的需求。	建设性宣泄、同理心、接纳的技巧	

2. 中期介入

1）纠正错误认知，舒缓心理压力

会谈时间：2019 年 12 月 18 日—20 日

会谈地点：服务对象家里

因心理压力过大、适应能力不足而导致的错误认知是案主产生就业心理障碍的重要原因。案主存在的问题复杂，社会工作者在介入初期，带动案主积极参与，协助案主在个人需求中找寻最紧迫、最易于解决的问题。当案主在接触的过程中表现出抵触情绪，无法顺利地接受社会工作者提供的服务时，社会工作者要对案主表现出接纳的态度，引导案主纾解不良情绪；当双方建构起信任关系之后，鼓励案主表达内心感受，观察案主的情绪状态并记录，把握介入方向，结合案主的实际情况对介入计划进行调整与修改。此次会谈的具体安排如表 7 - 4 所示：

表 7 - 4　第三阶段会谈安排

环节	主要介入目标	主要介入技巧	应 急 预 案
1	为案主进行情绪疏导，鼓励案主增强自我肯定、建立自我认同感。	同理心、支持性技巧	如果案主在此阶段出现排斥、逃避等行为，社会工作者要及时进行澄清，并运用接纳、支持等技巧，纾解案主情绪，消除案主的疑虑，坚定案主谋求改变的想法。
2	帮助案主直面并正视存在的问题，改变不合理的信念认知，纠正非理性信念的偏差。	任务中心模式、人格发展反映技巧	
3	引导案主回顾生活中的美好经历，让其展示自己成功的幸福时刻，发掘自身优势。	反映性直接治疗、优势视角	

本次介入，社会工作者主要围绕以下三个方面展开服务：

一是对案主进行情绪疏导，鼓励案主自我肯定、自我认同。社会工作者在与案主聊天的过程中，发现案主时常叹气，认为自己“就是这个命”“再急躁也没有办法，我就不指望什么了”，当询问案主为什么会产生这种想法时，案主表示：“我的文化程度太低了，而且不擅长什么手艺。在外务工的时候做服务行业比较多，这种工作普遍不需要什么技术含量，我后来也学了一点剪发，但是附近找不到这类工作，其他的工作要么是离家远，不方便照顾家人，要么是工作时间太长，我身体受不了。”

社会工作者运用同理心、支持性技巧，传递对案主想法的理解和认同，并运用建议的技巧促使案主了解到每个人都是有价值的，发挥自身的价值并将其最大化可提高情绪阈值。此外，社会工作者运用自我披露的技巧，向案主描述自己早期的生活经历，强调乐观的心态对处理事务的重要性，纾解案主的消极情绪，激励案主树立面对未来生活的信心。

二是运用任务中心模式，帮助案主直面自己存在的问题，改变不合理的就业信念认知，纠正案主的非理性信念系统的偏差。案主曾提到自己在理发店工作过一段时间，当社会工作者提议是否考虑自己开个店时，案主表示曾经有过这个念头，但遭到丈夫坚决反对：“他觉得我性子太急躁了，没什么文化也没有开店的本事。平时要是顾客多的话，认为我一个人根本忙不过来，而且还有老人和小孩要照顾，做饭洗衣服都需要时间。说到底，还是因为家里没有多少积蓄，我自己的能力也不行，有些东西也不敢去试。”

在此过程中，社会工作者运用关注的眼神、不批判的态度、仔细倾听等技巧来缓解案主的心理压力。在案主情绪低落时，适时安慰案主，给予其心理支持，为案主的情绪宣泄提供条件。案主接着表示：“看着家里收入不多、不够用，我心里着急啊，我还不是想减轻点丈夫的负担。我现在还有劳动能力，也想做点什么分担一下，等老了就真的做不了了。但是他（丈夫）就是和我对着干，两个人想不到一块去。我也觉得自己性格不好、能力不行，想在附近找个工作也找不到，很是着急。”

经过长时间的接触，社会工作者感受到案主内心强烈的不自信和潜意识渴望改变生活现状的矛盾。此时，社会工作者将焦点转移到了案主丈夫身上，询问其是否有和丈夫沟通过想就业的想法，案主摇了摇头：“和他说再多也没用，平时打电话回家的次数也不多。”社会工作者在了解到这一情况后，决定要尽快和案主的丈夫进行沟通，使其了解案主当前面临的生活压力和心理压力，以便其尽可能地给予案主更多的关心和支持。

对于易地扶贫搬迁人口来说，一份好的工作是维持家庭收入的重要保障。然而，心理压力没有得到一定程度的缓解，对其就业或多或少会产生负面影响。社会工作者引导案主换位思考，其丈夫之所以不赞同案主开店的想法，出发点也是担心她的身体状况，两个人共同商讨细致的行动方法，可能有助于在生活中达成一致。同时，社会工作者运用自我披露的技巧，以自身为例向案主分享了自己在家中因和父母缺乏沟通而被父母误会的经历。

通过和社会工作者的沟通，案主意识到自己应当振作起来，不能被负面情绪左右。社会工作者运用任务中心模式寻找案主问题产生的原因，引导案主发现了自身认知存在偏差的问题，帮助其澄清不合理的观念和看法，并协助其增强改变错误认知的意识，舒缓了一定的心理压力。

三是运用反映性治疗中的现实情况反映技巧和优势视角引导案主回顾生活中的美好经历，将重点聚焦于取得成功的喜悦情绪，鼓励其表达内心的真实感受。

在此次交流中，案主详细地与社会工作者分享了就业过程中的成就感："我记得当初第一天应聘酒店做迎宾的时候，我蛮紧张的。因为做酒店迎宾要站在门口对经过的顾客打招呼，大声地喊类似'欢迎光临'的口号，还要招呼客人，但是我的性格蛮内向的，最开始我站在酒店门口感到特别紧张，觉得自己是乡下人，（站在那里）很丢人，老板告诉我，给我两天时间去适应，不然就走人。我那时候特别需要那份工作，就不停地给自己打气，告诉自己别人能做到的事，我凭什么不行。后来我做到了，而且因为我工作做得好，被老板调到酒店内部做了个小管理人员。虽然这是件小事，但回想起来我还是为当时的勇气感到开心。"

"我还做过家政行业的服务员，每次有顾客要挑选家政工去家里帮忙的时候，大部分顾客都会选我，因为我在家政公司里面口碑挺好的，顾客给我的评价都很高，表扬我踏实、勤快、做事情细致又认真，我每次听到这些也很有成就感。"

在回顾过去生活中的美好经历时，案主的话匣子再一次被打开，与社会工作者分享了许多开心的经历。通过与社会工作者的交流，案主意识到自己有很多优势，这些优势在日常生活中也受到了肯定，在言谈中案主的气色明显改变、心态变好。此时，社会工作者运用对焦技巧，收窄话题，将目光对准案主的自身优势和就业问题，对案主的优点给予肯定，并鼓励她在以后的就业中克服消极思想，排解负面情绪，合理运用自身优势，获得他人认可。

2）增进家庭关系，建立家庭支持系统

会谈时间：2019 年 12 月 26 日—29 日

会谈地点：服务对象家里

家庭是个体社会化最初和最重要的场所，家庭成员的肯定是案主积极参与社会生活的保障，也是社会支持系统的重要组成部分。以整个家庭为社会工作者的介入系统，可以有效促进家庭成员之间的相互支持，提升家庭凝聚力。在前期会谈中我们发现，案主与其家庭成员之间缺乏有效的沟通。因此，社会工作者在这一阶段以整个家庭为治疗单位，通过与家庭成员的交流来改善家庭环境，间接促进家庭结构与沟通方式的转变，从而帮助家庭恢复正常功能，进而使案主感受到家庭的重要性，帮助案主解决家庭方面的问题。此次会谈的具体安排如表 7－5 所示：

表 7－5　第四阶段会谈安排

环节	主要介入目标	主要介入技巧	应急预案
1	以家庭情境为基础，建立家庭支持系统，巩固前期案主心理调适成果。	间接治疗技巧中的支持技巧、任务中心治疗模式	如果案主在此过程中感到有压力，想要放弃，社会工作者则要运用鼓励、支持的技巧，增强案主改变的信心。
2	强调案主身为家庭成员的重要作用。	直接影响、强调的技巧	
3	小任务：每天与家庭成员聊天半小时以上；每周至少与丈夫通话三次。	尊重案主自决	

本次介入服务具体围绕三个方面展开：

一是社会工作者以家庭的情境作为基础，运用萨提亚家庭治疗模式建立家庭支持系统，借助家庭成员之间的相互作用，协助案主解决问题，巩固案主前期心理调适成果。在与案主开展本次会谈之前，社会工作者先与其在外地工作的丈夫进行了电话联系，通过与案主的丈夫进行交流来间接促进其家庭和谐。

案主的丈夫对案主的评价较为积极："她很贤惠，我长时间不在家，家里的大小事情都是她在管，我在外工作也没什么好担心的，亲戚朋友们都很喜欢她。要说有什么问题啊，就是她有时候脾气特别倔，我也是个急脾气，两个人都年轻气盛，她有她的理，我有我的看法，每次没说到一块儿去，就蛮容易闹矛盾的。"

社会工作者在案主丈夫诉说的过程中，始终保持耐心倾听、不批判的态度，并告诉其关于案主想努力帮助家庭增加经济收入、减轻经济压力的想法，案主的丈夫也表达了支持："我们老家很多女性都觉得赚钱养家是男人的事，妻子愿意帮我分担点生活压力，我是真的蛮开心，但是她有时候考虑问题就很简单。这不，她去年身体不好，还在家休养过很长一段时间，我怕她身体扛不住，再说现在找工作哪有那么简单。"

社会工作者意识到，案主的丈夫是很支持妻子的决定的，并不存在案主所说的"喜欢和我对着干"的态度，只是其认为妻子不善于表达，遇事也不和他沟通。他有心关心妻子，也找不到切入口，这才是家庭矛盾的导火索。基于此，社会工作者为案主的丈夫描述了案主当前的心理和认知状况，并表示家庭成员的支持尤其是丈夫的认同对于案主的重要性。此时，社会工作者强调心理社会治疗模式中沟通在人际交往中的作用，并对其未来与案主的相处方式提出了建议。案主的丈夫听后表示同意，并答应社会工作者以后会加强和案主的联系，向其表达自己的想法与关心。

此外，社会工作者趁案主的孩子在家之际，与其进行了交谈。由于在前期的介入过程中，社会工作者已与其保持了良好的关系，此次的沟通也较为顺利。社会工作者首先运用耐心倾听的技巧鼓励案主的孩子澄清自己的想法。案主的孩子告诉社会工作者，案主时常教育他要好好学习，他也明白母亲的用意，但是由于先前存在犯错被案主训斥的经历，使得他时常压抑自身的表达需求。

社会工作者在此过程中了解了案主与孩子的交往状况，并通过提问、补充、点评的方式，协调其与案主之间的关系，消除孩子的自卑感。并通过角色互换的形式，鼓励其对同一件事分别站在自己和母亲不同的角度看待问题。在此阶段，孩子认识到，案主在家庭中扮演着重要的角色，承担着照顾家人和找寻工作的双重压力，而自己不应只局限在自己的小小世界里，要更多地理解母亲，尽己所能缓解母亲的压力。社会工作者鼓励他把想对案主说的话写下来，和案主说说心里话。

良好的家庭氛围是解决问题的重要法宝。在前期的工作完成以后，社会工作者扮演中介者和协调者的角色，并与案主进行了会谈，强调了家庭成员沟通的重要性，并向案主转达了丈夫对她的肯定和支持。案主表示："我之前一直觉得他不理解我，现在冷静下来想想确实也不全是这样。我也有做得不好的地方，他（丈夫）虽然脾气也有点急，但是我知道他的心是为我好，平常我有个头疼脑热的，他都会很紧张，以后遇事一定要心平气和地沟通。"

在缓解案主与孩子之间的紧张关系方面，社会工作者通过直接沟通表示，子女在童年早期受父母不良沟通的影响，会使其强化从父母那里获得的经验与感受，逐渐形成错误的沟通方式和应对机制，这对子女性格塑造和未来发展十分不利。为此，案主应注意言谈举止，引导子女形成正确的世界观、价值观。同时，社会工作者将那张写满心里话的小纸条交给案主，案主打开纸条，随即红了眼眶，沉默了许久："我这个做妈妈的，平常只顾着让他好好学习。说起来我是在照顾孩子的衣食起居，但是很少和他有深层次的交流。现在孩子（性格）怕生胆小，不爱和人说话，肯定也有我的原因。”案主明白家庭成员对自己的重要性，而她却时常忽略。社会工作者运用建设性宣泄技巧，缓解案主的心理压力，帮助案主重新认识自己过去与家庭成员的经历，重塑对家庭成员的看法。同时，社会工作者鼓励案主纠正非理性偏差，接纳其他家庭成员，增进成员之间的感情，从而在家庭中获得更多归属感和认同感。

二是社会工作者运用直接影响的技巧强调案主在家庭中的重要作用。案主表示：“我没什么文化，有时候教育孩子或者和丈夫商量一些事情的时候，讲不出太多大道理，他们不听我的，也导致我心情急躁，不自觉地爱发脾气，越发脾气孩子越不爱和我说话。”社会工作者促使案主认识到，如果不改变当前的家庭关系，只会把家庭成员推得越来越远，造成恶性循环。案主作为孩子的母亲、丈夫的妻子、父亲的女儿，与各个家庭成员的关系都需要其主动经营。正所谓“为母则刚”，对于孩子而言，需要一个内心强大、心态积极、有责任感的母亲。此外，作为丈夫的“贤内助”，遇事与丈夫相互沟通，营造和谐友爱的家庭氛围，也有利于家庭的团结。对于家庭中的老人而言，案主曾在父亲的悉心呵护下成长，而现在则是父亲的精神慰藉。在充满爱意的家庭氛围中，无论是对孩子性格的养成还是案主父亲的晚年生活都是有百利而无一害。

社会工作者观察到案主在倾听的过程中会时不时地点头表示同意，当察觉到自身行为无意间伤害了大家以后，会表现出自责、愧疚的情绪。社会工作者及时向案主表示支持与理解，缓解案主不安的情绪，让案主认识和接纳自己，并建议案主加强家庭成员关系网络建设，促进家庭成员关系的改善，实现相互支持、共同进步。在此过程中，案主的家庭支持网络初步形成。

三是布置小任务。社会工作者建议案主每天与孩子、父亲聊天半小时以上，可以采取一对一的方式，也可以采取家庭会议的形式，主题不限，可以围绕日常生活中的困难和趣事，也可以围绕孩子的学习情况，还可以围绕邻里间发生的事情等展开对话；与丈夫每周至少通三次电话，表达自己的关心，报告家庭成员的近况。同时，社会工作者建议，案主可以先和家人们从共同话题进行切入，运用同理心，学会和家庭成员换位思考，理解对方这么做的原因，对于自己认为不正确的地方，表达自己的看法，并相互协调解决。这样长期坚持下去，不仅可以提升家庭成员之间的亲密度，在碰到难题的时候进行探讨也能帮助大家做出更有利的决定。

3）增强人际交往，完善社会支持网络

会谈时间：2020 年 1 月 3 日—1 月 5 日

会谈地点：服务对象家里

社会支持网络是否完善是检验易地扶贫搬迁人口就业能力的一个重要维度。易地扶贫搬迁人口在迁移后居住空间发生转变，其具有浓厚乡土根基的社会关系网络也发生改变，他们对于在新安置地重建社会关系具有迫切需求。受时间和空间的限制，案主当前拥有的社会关系网络规模较小、同质性强、异质性群体助力不足。因此，社会工作者引导案主增强人际交往能力，协助案主在扩展同质性社会关系网络的同时，逐渐建构以业缘为纽带的异质性社会关系网络，实现社会关系网络由内聚封闭式向外延开放式的转变。此次会谈的具体安排如表 7－6 所示：

表 7-6　第五阶段会谈安排

环节	主要介入目标	主要介入技巧	应急预案
1	引导案主表达对前期会谈的心得体会。	鼓励、倾听的技巧	如果案主在此阶段表现出退缩的心理，社会工作者要引导案主预设坚持后会带来的生活变化，激发案主坚持的动力。
2	协助案主分析自身在就业过程中的人际沟通能力，唤醒社会交往意识。	倾听、直接影响技巧	
3	帮助案主学习并掌握人际沟通的技巧，构筑自己的就业关系网络。	社会支持网络理论、提议的技巧、尊重案主自决	
4	小任务：组建朋辈微信群；与老工友通电话。		

这次介入服务主要包括以下四个方面的内容：

一是引导案主表达对前期会谈的心得体会，反思存在的问题。通过上一阶段对家庭支持系统的完善，案主意识到沟通在人际交往中的重要性，在此次会谈过程中明显表现得更加主动和积极，“我现在和家人的交流渐渐多了起来，不像原来那样有什么话都憋在心里，以前怕说得太多其他人会觉得烦，现在发现并不是这样。这些天我丈夫也会主动打电话回来，问问我工作找得怎么样、孩子有没有让我烦心、老人身体好些没有。虽然都是聊些日常话题，但是让我觉得很温馨”。通过简短的交流可以看出，随着家庭关系的改善，案主的心理压力得到释放，情绪变得饱满，这给社会工作者继续开展工作提供了很大的动力。

二是协助案主分析自身在就业过程中的人际沟通能力，唤醒其社会交往意识，激发人际交往主动性。社会关系包括家人、朋友以及能产生联系的机构或其他的人，这些不同的社会角色以案主为中心构成了一个复杂的社会网络结构。社会工作者运用提问技巧重点让案主反映其自身社会关系网络类型、交际行为模式与对就业的帮助，引导案主把握就业与社会关系网络的内在联系。

“我没有主动和别人打交道的习惯，别人不来找我，我就自己一个人做事。搬迁来这边之后，家里没有地种，空闲时间也渐渐多了起来，想要出去交些朋友，但是不知道该怎么迈出那一步，总想等着别人主动来找我。如今想找份工作，更是感觉圈子太小，认识的人有限，得到的信息也不够多。我曾经在外务工的时候也交过一些朋友，但是每次换工作之后，我就很少主动联系他们了，联系少自然感情就变淡了，另外有些朋友换了联系方式我也联系不上，现在想通过他们介绍外面的工作也难了。”

从表述中可以看出，案主目前对维系社会关系处于“迷茫”的状态。其内心深处有着交友的欲望，只是受限于被动式的交往人格，其在人际关系的把握中缺乏主动性，不擅于处理和维系社会交往关系。在此期间，社会工作者引导案主明确自身的社会交往能力，鼓励案主积极参与各类社会活动，在维持原有社会关系网络的基础上，最大限度地利用其他社会网络资源。案主对社会工作者的看法表示了肯定：“我原来一直觉得顺其自然就好，做事情没有长远的考虑。但是实际上，有些事还是要靠自己去争取的，自己主动去做的感觉确实不一样，我以后一定会多多注意这方面。”

三是社会工作者协助案主学习并掌握人际沟通小技巧，建构自己的就业关系网络。有效地帮助弱势群体从有关渠道获取所需资源，是社会支持的基本出发点与工作目标。社会工作者依托社会支持网络理论，鼓励案主从整合社会资源开始，把握相互尊重、理解、坦诚的原则，与他人形成相互联系的支持网络;通过传递社会支持,加强与各成员之间的联系;通过支持网络获取到所需的就业资源后,与各成员开展互助与自助帮扶,解决就业困难。

结合案主实际情况,社会工作者鼓励其先从朋辈关系入手,与儿子同学的家长取得联系,积累育儿经验,建立分享机制,加强彼此之间的联系,解决儿童教育问题。案主听后点了点头表示赞同:“孩子在学校有些不想让我知道的事情,我和其他孩子的家长交往紧密了,说不定还可以通过他们知道。而且我和他们年龄差不多大,以后就业消息什么的也可以问他们。”

社会工作者运用直接影响中的建议技巧,促进案主社会交往方式得到改善,增强案主的社会交往能力,使案主在社会交往中感受到一定的认同感和归属感,间接性地缓解就业压力,构筑就业关系网络。

四是布置小任务。为达到拓展人际交往圈、巩固前期成果并采取更多“建设性”行动的目的,社会工作者建议案主和关系不错的朋辈群体组建微信群,可以先在群里和大家交流育儿经验和工作状况,拉近彼此距离;建议案主每星期坚持在群里发言三到四次,在群里与大家分享和讨论平常关注的新闻或者就业信息;建议案主主动和邻居、朋友建立起社会关系网络,多了解周边动态和大家的就业情况;鼓励案主与曾经保留过联系方式的工友们通电话或微信聊天,了解其当前是否换了工作,目前的就业内容、工资待遇、是否还缺劳动力等情况,寻求自己感兴趣的就业方向和就业方式。

3. 后期介入

1)链接社区资源,发挥资源优势

会谈时间:2020 年 1 月 9 日

会谈地点：服务对象家里

充分整合社区资源，发挥资源优势，是实现就业的有效保障。在前一阶段中，案主分别从家人、朋友那里获得了不同程度的社会支持，缓解了案主的心理和社交压力，坚定了案主的就业信心。接下来，社会工作者决定从案主周边可利用的分散资源入手，针对案主存在的其他问题，为案主链接合适的就业资源，维持其就业积极性，发挥其自身主观能动性，解决就业问题。

此次会谈的具体安排如表 7－7 所示：

表 7－7　第六阶段会谈安排

环节	主要介入目标	主要介入技巧	应 急 预 案
1	协调并整合案主身边处于分散状态的社区资源，引导案主积极主动寻求合适的就业机会。	建议、支持的技巧，心理动力反映技巧	社会工作者要运用专业技巧，鼓励案主积极表达看法，发挥自身的主观能动性。
2	小任务：每天抽 30 分钟浏览就业网站，了解动态。	尊重案主自决	

本次介入服务主要围绕以下两个方面展开：

一是社会工作者协调并整合案主身边处于分散状态的社区资源，引导案主积极主动寻求合适的就业机会。社会工作者通过梳理社区内显现和潜在的资源发现，C 村长期以来鼓励村民积极参与社区公共事务。案主认为自身难以在其中发挥作用，长期以家务较多为由拒绝参与，导致其对公共决策和相关政策不了解。基于此，社会工作者帮助案主协调社区资源，动员案主积极参与社区组织的活动，拓宽了解社区政策的途径，最大化地获取社区资源。同时，社会工作者为案主准备了政府对易地扶贫搬迁人口帮扶政策的相关资料，并从就业保障、产业帮扶等方面对其进行了详细解释说明。

“我原来和村里来往得不多，所以社区组织的活动我总是没有参与，也担心自己什么都不懂闹出笑话。现在听你和我说了这么多以后，内心踏实多了，会积极参与社区活动的。而且国家的扶贫政策这么好，不仅为我们解决了住房问题，连后续的就业帮扶也帮我们想好了。村里虽然向我们普及过，但是我一直没有深入了解过，现在我知道了这些，趁着还能做事，我一定能靠自己的劳动养活自己。”

在案主的陈述过程中，社会工作者保持专注的目光，并给予她积极的反馈。看到案主自信的神态，社会工作者也感到欣慰。此外，社会工作者为案主提供了社区电话号码，以方便案主对其他易地扶贫搬迁相关问题进行咨询，并鼓励其到社区等相关部门进行失业登记，尽可能地将自身的就业技能、就业需求等信息填写完整，以方便工作人员结合企业招工和产业帮扶等信息，为案主介绍合适的岗位。

二是安排小任务。为巩固当前成果，并持续激发案主的就业积极性，社会工作者在案主的手机上保存了两个就业网站，建议案主在社区为其介绍合适的就业岗位前，每天抽半小时刷刷网页上的信息，参考各地招聘的就业岗位和薪资待遇。同时，社会工作者提醒案主，无论是否能在网站上找到合适的工作，它都可以作为一个了解外界信息的窗口，对于就业有备无患。

2）明确就业方向，确立职业规划

会谈时间：2020 年 1 月 14 日—15 日

会谈地点：服务对象家里

职业规划是个体依据对主观因素和客观环境的分析，确定自身职业发展方向，并制定相应的工作、培训计划，在向目标迈进的过程中采取必要行动并不断调整工作方法的过程。对于易地扶贫搬迁人口来说，他们正处于职业转型的关键时期，进行合理的职业规划对于他们有着重要意义，不仅可以帮助其重新认识自我价值，同时还可以帮助易地扶贫搬迁人口调整个人需求和工作需求，从而调节家庭关系。在此次会谈中，社会工作者决定结合实际情况，利用增权赋能理论，唤醒案主的潜在能力，协助案主明确就业方向，从而更好地实现就业。此次会谈的具体安排如表7-8所示：

表7-8 第七阶段会谈安排

环节	主要介入目标	主要介入技巧	应急预案
1	协助案主对收集的就业信息进行总结。	接纳、理解、支持	社会工作者要给予案主对未来生活的信心，坚定案主的就业信念。
2	引导案主对未来就业进行合理定位，制定职业规划。	心理动力反映技巧、提议技巧、任务中心模式	

本次介入服务具体围绕两个方面展开：

一是社会工作者协助案主对前期收集的就业信息进行分析和总结，从中搜寻整理出有利于案主的信息。社会工作者询问了案主上一阶段任务的完成情况，案主表示自己在就业心态、人际交往等方面均得到一定的改善，性格也变得开朗、自信。在出门买菜的时候也能运用人际交往小技巧主动和他人寒暄，并结识了几家店主，更坚定了自己对未来的信心。

当询问到案主有没有前往社区、社保部门等地进行失业登记时，案主告诉社会工作者："登记了。登记以后自己心里踏实多了，以后想要寻找岗位信息，也方便了许多。并且社区工作人员当时也说了，为了响应国家政策要求，解决贫困户的工作问题，在隔壁县建了一家服装加工厂，如果我觉得合适的话可以去试试。”听到这里，社会工作者告诉案主只要努力便会有收获。案主沉默了一会儿，继续说道：“我后来也去那家服装加工厂打听了情况。像你之前说的那样，我回家之后第一件事就是和丈夫商量。唉，考虑到服装加工厂的上班时间和上班路程，我们有点犹豫了。本来如果我有这份工作就可以减轻些经济压力，但是这几天家里的老人犯病了，需要人照顾，如果工作的地方太远，我会顾不过来。我和丈夫考虑了一下，还是打算先等老人病情好些了再做选择。”

社会工作者听出案主情绪的失落，基于同理心原则对案主在工作和亲情之间的抉择表示支持，鼓励案主振作起来，告诫她找工作是长远的事情，并不急于一时，要结合实际情况来看。当前老人的身体状态不佳，正是需要家人支持的时候，不能让老人产生内疚心理，觉得自己是家里的负担。为转移案主的消极情绪，缓解案主的矛盾心理，社会工作者运用心理社会治疗模式鼓励案主认清自己的价值，积极面对未来的生活，并与案主谈了些其他话题。

二是社会工作者协助案主对未来的就业方向进行合理定位，明确自身职业规划。随着经济的发展，企业的用工标准日益提高。然而，社会工作者在与案主交流的过程中察觉到，案主对自身能力和劳动力市场环境缺乏深入了解、职业规划意识淡薄，具体表现在：就业方向盲目，跳槽频繁，在就业过程中缺乏计划性、目的性、前瞻性等。案主虽然对前期收集的就业信息进行过归纳总结，但对于自己的就业依旧感到十分迷茫。为帮助案主更好地适应就业市场对于人才需求结构的变化，合理定位就业方向，社会工作者引导案主根据个人兴趣和实际需求，明确就业意愿和就业目标，制定职业生涯规划。

在与案主进行就业方向探讨的过程中，社会工作者得知案主生活在青海老家的姐姐，家里种植了大量的枸杞等保健作物，但销量有限。社会工作者尝试性地询问案主是否考虑过开淘宝店，将老家的保健产品借助互联网平台推广出去。案主连忙表示："是的是的，这确实可以考虑，而且方便在家照顾老人。我这几天尝试和原来的朋友通电话之余，也和老家的姐姐聊了几次，她提到过家里的枸杞没卖完。但是网上开店我完全不了解，而且听说开淘宝店要很多资金，是不是这样啊？"可以看出，案主内心渴望往这方面尝试。社会工作者鼓励案主：现在销售的渠道广泛，不只限于淘宝，在网上开微店或者其他方式，同样可以借助互联网宣传平台，不需要资金投入，也能进行销售，资金有限不会成为产品推广的阻碍。

由于案主早前未接触过网络销售等平台，社会工作者提议案主先打听清楚青海老家的姐姐具体种植的保健作物的类型、产量、销售地域和物价行情等情况，综合了解之后再做考虑。就业目标定得过高或过低，都不利于长远的就业发展。社会工作者引导案主评估个人目标与实际情况的差距，运用科学的方法，采取切实可行的措施提升案主的就业能力，实现职业目标和理想。

尽管案主家中其他家庭成员暂时出现生理性病痛，但是依旧没有打消案主就业的念头和热情。在照顾家中病人的同时，案主也时常在招聘网站中搜寻合适的就业信息，积极扩大自己的社会关系网络，提升应对竞争的能力，增加就业机会，向更好的生活迈进。

3）巩固前期成果，协助案主就业

会谈时间：2020 年 1 月 18 日

会谈地点：服务对象家里

适时引导案主进行工作回顾，巩固前期的服务成果，检查目标完成情况，有利于促使案主感受到实务开展的成效，加深案主的改变。通过前期服务的开展，案主已基本理解和掌握了增强就业能力的几个核心要素以及方法与技能。这些方法与技能可以帮助案主解决未来就业中遇到的困难，从而扩大其发展空间，顺利实现就业。此次会谈的具体安排如表 7－9 所示：

表 7－9　第八阶段会谈安排

环节	主要介入目标	主要介入技巧	应 急 预 案
1	了解案主的就业进展，对其存在的疑惑进行及时分析和反馈。	接纳、支持、尊重	如果案主表现出退缩的心理，社会工作者要运用心理动力反映和支持等技巧，给予案主充分的信心。
2	与案主一起检查目标完成的程度，鼓励案主继续坚持。	理解、支持	
3	为结案做准备	强调的技巧	

本次介入服务具体围绕三个方面展开：

一是了解案主的就业进展，对案主存在的疑惑给予及时的分析和反馈。在结束上阶段会谈后的几天，案主告诉社会工作者，考虑到开微店不用资金投入还可以兼顾家人，同时多少也能为家里带来些经济收入，在与丈夫商量后，她决定尝试一下。基于此，社会工作者在本阶段会谈之前便为案主搜寻到开微店的步骤与注意事项，并编制成文档的形式，在此次会谈开展前打印出来带给案主，方便案主在空闲时间了解和学习。社会工作者鼓励案主在家里忙完日常事务之后，可以多抽空查阅手机，熟悉销售、配送等流程和软件操作。此外，社会工作者把自己认识的一位开过微店的朋友介绍给案主，鼓励案主与其交流，勇于表达自身疑惑。案主对社会工作者的支持表示了感谢,并表示:“虽然我也是第一次尝试,但是我并不怕失败,任何事情只要自己想去做,一定会有好结果的。”

二是社会工作者与案主一起检查目标的完成程度,鼓励案主继续坚持。案主表示虽然目前还没有正式实现就业,但是她对当前的就业进展感到满意,并认为长此以往一定能行。

“我想到在网上开店既能在家照顾家人,又能有渠道赚点钱,还能帮忙把老家的农产品销售出去,别提多高兴了。这两天我也一直和姐姐保持联系,两边都商量好了,到时候有订单了,我就通知她,她在那边发货。本来自从爸妈离婚后,我和姐姐就很少接触了,这次因为这个契机能联系上,我很开心,以后我也会常带我儿子回老家看看。而且,等这件事做成了,我还要和街坊邻居们多宣传宣传,看看他们谁家也有产品想要销售,我也放在店里一起上架,没准还能做大。”

社会工作者明显感受到案主就业认知的转变。案主从最初性格内向、对就业充满焦虑如今转变为积极探索、勇于尝试新的就业方式,社会工作者适时对此提出表扬,并鼓励案主坚定自己的想法,继续保持积极心态面对改变,如果有疑惑可以随时向社会工作者咨询。

三是为结案做准备。社会工作者提醒案主在下一阶段的会谈工作结束后,此次个案服务将告一段落,请案主做好结案的心理准备,并建议她对以往的工作和收获进行总结。

4)跟进个案服务,处理结案情绪

会谈时间:2020 年 1 月 22 日

会谈地点:服务对象家里

此次会谈的主要内容为总结个案介入成果，增强案主的改变，邀请案主对社会工作者的服务进行评估，结案及处理分离情绪等，具体安排如表7-10所示：

表7-10　第九阶段会谈安排

环节	主要介入目标	主要介入技巧	应急预案
1	引导案主对服务过程进行回顾和总结。	现实情况反映技巧	如果案主表现出负面情绪，社会工作者要鼓励案主坚持，积极巩固案主成果。
2	巩固案主已有的改变，增强案主自身解决问题的能力。	人格发展反映、强调的技巧	
3	结案、处理分离情绪。	有节制的情绪反应	

本次介入服务具体围绕三个方面展开：

一是社会工作者引导案主对整个服务过程进行回顾和总结，鼓励案主分享自己的感受，总结成果、分享经验，使其充分认识到自己的进步与提升。案主表示："我之前心里有话不知道向谁说，觉得生活压力很大。现在不一样了，我心态端正了，和丈夫的交流也多了起来。平常和孩子除了学习，也会聊聊其他的事情，他现在有什么事都和我讲，他爸爸上次还说吃醋了呢。对于家里的老人，我也是尽力地照顾好，也总让孩子和他外公说说话，老人家现在精神状态也很不错。"

社会工作者观察到，案主整个人的精神面貌相较于初期有了很大改变，如今语气更轻松、神态更自信。在问起还有哪些让案主感到有成就感的地方，案主说道："我原本以为日子会一直平淡下去，唯一的念想就是把娃带大，让他赶紧读完书找份好工作。现在不会了，现在我遇到问题就会想着怎么去解决，而不是像原来那样顺其自然，得给自己的孩子树立个榜样不是。

而且我运用人际交往方面的技能，和周边的朋友都相处得很好，也在扩大自己的交友圈，我觉得很开心。”

社会工作者对案主当前的就业状态进行评估，并给予其高度评价，肯定了案主已有的改变，认为她改变了自身消极情绪，完善了家庭支持系统，合理地运用个人优势，强化了自己的交际网络。综上，社会工作介入对案主是有成效的。

二是巩固案主已有的改变，提高案主自身解决问题的能力。为了让案主明确社会工作者在结束这次会谈后此次个案服务就要结束了，社会工作者让案主进一步思考当前就业的困惑和接下来的打算，并引导案主分析自身的优势，促使其相信自己有独自面对问题的能力。

案主表示对接下来的就业充满信心：“我已经在县里进行失业登记了，而且我原来在外打工那么久，还是有些基础技能的。更何况现在有了家乡的资源，找到了新的就业方向，我会坚持下去的。”

通过对整个实务介入过程进行回顾和总结，案主对自身的进步与收获有了切实体会，在谈到未来的就业计划时，案主思路清晰、方向明确，已基本实现由低沉消极状态到积极饱满情绪状态的改变，时刻感受到周围人的体贴并给予同等程度的关心，对未来的生活充满了期待，也有勇气面对将来可能会出现的困难。

三是结案及处理分离情绪。社会工作者遵循有节制的情绪反应原则，告知案主将要结束这段合作关系，鼓励案主表达对于结案的心理情绪。案主拉着社会工作者的手说道：“这段时间我一直把你当家人看待，我想要好好谢谢你，给我提供了许多帮助，让我对很多事情都有了新的看法，我觉得这种改变很好，我也想用你教我的这种积极的思想去感染身边的人。”

社会工作者对案主要去感染身边更多人的想法给予了充分肯定，鼓励她遇事与家人沟通，巩固自身改变，并告诉案主，以后社会工作者不能常以面谈的形式开展服务了，让她做好心理准备。案主对此表示理解，在与其达成共识后，社会工作者确定了跟踪服务计划，之后会定期面谈或电话访谈一次，案主欣然同意，个案工作到此正式结案。

四、易地扶贫搬迁个案就业能力提升的个案工作介入实务评估

(一) 结果评估

通过个案服务介入，可以明显看出案主的改变：

首先，在心理调适方面，案主从最初的情绪烦闷急躁、心理压力较大，到通过社会工作者的引导能合理有效地宣泄负面情绪，纾解内在压力，积极调整心态，正确看待就业问题，自我肯定、自我认同感不断提升。

其次，在家庭支持和人际交往方面，案主纠正原先对家庭的非理性信念，强化了家庭成员关系网络，促进家庭成员联系日益紧密，家庭关系更加和谐；同时，社会工作者观察到案主开始积极学习与运用社会交往技巧，主动同他人构筑社交关系网络，建立信息分享机制，在积累人脉关系的过程中搜寻有用的就业信息。

再次，在职业规划方面，案主不再像过去那样感到迷茫，通过搜寻各行业的工作种类和基本信息，能较为客观理性地分析当前的就业形势。在确定职业发展目标后，能结合自身能力和优势资源，制定相应的工作计划，体现出前瞻性思维和长远的发展眼光。

最后，在技能学习方面，案主已能自主运用互联网搜寻个人所需信息，发挥主观能动性，积极主动地学习与就业相关的技能，且在社会工作者的协助下，案主实现了从原来的“手机盲”到如今可以指导他人运用手机和互联网的转变。

（二）案主自我评估

自我评估是案主回顾自我成长过程的一个重要途径，案主表示通过此次的个案服务，自己的身心都得到了一定程度的舒展，对未来的就业方向也更明确了。

“这段时间我觉得自己各方面能力都得到了很大的提升。以前，我总是认为自己能力太差，觉得这辈子只能这样了，但是我又希望能做点什么改变现状，所以内心总是憋着一口气，心理压力特别大，经常会表现得很急躁。通过这段时间的服务，我发现原来是我想错了。日子是每个人自己过的，一定要保持良好的心态，这样做任何事情都会顺顺利利的。现在我和家人的关系更加亲密了，我也乐于交朋友了，以前我还有些内向、自卑，但现在都不会了，平常和朋友们通过微信聊聊天、解解闷，有不懂的就相互请教，得到了不少乐趣。通过扩大交际圈，确实还能打听到不少就业信息，虽然我现在的就业目标是把家乡的农产品推广向社会，但是多了解一些其他信息对今后发展肯定有好处。”

案主十分认可自己就业能力的提升，言语中充满自信，对社会工作者的服务给予了肯定，表示有信心面对接下来工作方面的挑战。

（三）重要他人评估

为进一步评估案主就业能力的改善状况，社会工作者对案主家庭成员、街坊邻居进行了访谈，适时了解案主当前的改变。

案主的丈夫认为案主的心态有了很大改变：“我们两个平常见面少，交流更少，原来我只求她安安稳稳地在家照顾老人、带娃。她知道我打工赚钱不容易，想帮我分担，但是她总把话憋在心里，她不说我也不知道，我也没有想要去问。这段时间我们的关系好多了，平常发生了什么事她都会和我说，我也时常和她打电话聊聊我身边的情况。现在，我明显感觉到她对儿子更上心了，儿子性格也开朗了些。最近在闲暇之余她也经常聊起怎么开店，我很感激她，我相信日子一定会越过越好的。”

邻居也认同了案主的改变：“我以前在路上碰到她，她总是不好意思跟我打招呼，一般就是低下头，或者双方点个头就算是打招呼了。现在她精神状态好了很多，有时间的时候我们还经常会相互串门、聊聊孩子的学习情况。而且现在我们街坊邻居还建有一个微信群，听说她还要在网上开个店，以后还能教我在网上卖东西，我们都很支持哟。”

社会工作者从重要他人的评价中，能够看出案主无论是在精神上还是在生理上都在积极地寻求改变，并且取得了一定的成效，受到了大家的支持和鼓励。

（四）后续跟进服务

为保证个案服务开展的有效性，评估案主的改变程度以及持久度，社会工作者对案主进行了后续跟进服务。由于受疫情的影响，部分地区采取了交通管制等措施，故对此次跟进服务，社会工作者采用了电话回访的形式。

案主对接到社会工作者的电话表示欣喜。社会工作者询问其目前的生活状况，案主表示：“这不是要过年了吗，儿子放假，丈夫也回来了，现在一家人都在家里好着哩。我在家忙活年货的时候，丈夫都会主动来帮忙，两个人边聊天边干活，时间都变快了，儿子就在旁边陪着他外公看电视，大家都很开心。”

社会工作者感到案主的家庭关系和心理压力都得到了很大程度的缓解。在问及其网络微店的进展情况时，案主表示已经和姐姐沟通好了，收发快递的流程都清楚，就等后期上货了，案主和社会工作者开玩笑道："感觉都要成个小老板了。"

从此次的回访中不难看出，案主心态积极，在沟通中很能感染他人："我也不是指望开店对生活有特别大的改变，这份工作赚多赚少，我都不会计较。重要的是现在就业和生活都能兼顾，赚点外快的同时也能照顾家人，我很满意了。"案主的生活和工作都慢慢步入正轨，此次个案服务开展较为圆满。

第五节　结论、讨论与建议

一、结论与反思

（一）研究结论

目前，部分易地扶贫搬迁人口在就业中表现出就业能力不足的问题。在此次针对湖北省内 6 个县（市）易地扶贫搬迁人口的就业需求调查中，社会工作者发现，制约该群体就业的原因主要表现在缺乏工作技能、获取就业信息渠道较少、照顾家庭成员无法抽身等方面。因此，为提升易地扶贫搬迁人口的就业能力、促进搬迁群体实现合理就业、推动社会发展进步，社会工作的介入便显得尤为重要。一方面，社会工作能够链接各方面的优势资源，通过资源整合形成凝聚力，助推当地的经济和社会发展；另一方面，通过采用专业的社会工作方法，能够激发易地扶贫搬迁人口的就业潜能，提升他们的就业能力，通过实现稳定、持续性就业，促进区域经济发展，实现自我价值的突破。

社会工作的专业性与职业性恰好能有效地帮助易地扶贫搬迁人口实现就业能力的提升。以社会工作者个案工作的介入过程为例，首先，社会工作前期的实地调研可以分析出当前这一群体普遍存在的问题，选取其中具有代表性的案主，通过探访与案主建立专业关系，利用建设性宣泄、同理心等技巧，明确案主的需求和面临的困境。其次，社会工作者运用专业方法引导案主缓解心理压力，引导其正视自己在就业中存在的问题，纠正非理性信念偏差，利用优势视角理论协助案主树立就业信心，认识到自身资源优势和相应责任，鼓励案主在就业中发挥自身价值，改善生活状况。在此基础上，了解案主的社交网络，运用任务中心模式改善其与社会成员之间的关系，结合社交技巧扩大自己的社会支持网络，为获取更多就业信息提供可能。最后，协助案主对就业资源进行整合，遵循案主自觉的原则，帮助案主明确自身的就业方向，把握未来就业方向，发挥自我价值。

（二）讨论与反思

研究发现，社会工作者在提升易地扶贫搬迁人口就业能力的服务过程中仍然存在一定的困难，具体表现在以下几个方面：

第一，易地扶贫搬迁以农村地区为主。然而，我国社会工作专业在农村地区发展较晚，影响力较小，在搬迁安置区中发展成熟的社会工作机构更是少之又少。在搬迁人口对社会工作的认可度普遍较低及社会工作机构和社会工作人员较为匮乏的双重压力下，在易地扶贫搬迁安置区推动社会工作专业服务的开展较为困难。

第二，易地扶贫搬迁人口的就业问题需要整合社会各界力量来共同解决。当前，搬迁群体缺乏充足的就业培训和就业技能，且与外界的信息交流渠道较为闭塞，使其在劳动力市场中缺乏竞争力。社会工作者在为其进行技能培训、链接就业信息等资源时，可获得的外界支持有限。加之社会工作者数量不足和精力有限，无法顾及所有易地扶贫搬迁人口。

第三，提升易地扶贫搬迁人口就业能力是一个长期的过程，需要社会工作机构和相关工作人员的长时间介入。本研究针对易地扶贫搬迁人口开展个案工作，虽然短期的介入服务有一定效果，但是要帮助更多的易地扶贫搬迁人口提升就业能力、发挥自身的价值、顺利实现就业，还需要社会工作机构和相关工作人员的长期跟进，通过专业的社会工作方法，不断促进易地扶贫搬迁人口综合能力的提升，形成长期、动态的管理机制。

二、易地扶贫搬迁人口就业帮扶的社会工作优化路径

（一）缓解易地扶贫搬迁人口的社会心理压力

易地扶贫搬迁人口从世代生存的土地上迁移至新安置地，面对新的社会环境及原有农业生产生活的消失，部分搬迁群体的心理状态无法适时做出调整。目前，我国的社会救助系统对易地扶贫搬迁人口的帮扶仅仅停留在物质层面，尽管其基本生活已经得到保障，但是他们的非工具性需求尚未得到满足，心理支持较为缺乏。这使得他们在社会文化认知转型过程中，容易产生社会角色认知偏差，出现心理失调、缺乏就业自信等现象。因此，社

会工作者对易地扶贫搬迁人口进行心理压力疏导显得尤为重要。一是要更加注重易地扶贫搬迁人口的精神需求，帮助其舒缓心理压力，增强就业信心。精神贫困使搬迁群体缺乏摆脱困境的勇气，社会工作者要开展心理辅导、宣传讲座等活动，对搬迁群体进行思想观念疏导，向他们传授心理减压方法，开展心理适应性培训，帮助他们转换自我角色认知，摒弃落后的思想观念，走出心理困境。二是要广泛开展社区活动，整合妇联组织、社区文化站等资源，采用典型案例宣传、文化倡导等方式，调动搬迁群体自力更生、自主脱贫的积极性，鼓励搬迁群体参与社会公共服务，缓解心理压力，增强脱贫能动性。

（二）增进易地扶贫搬迁人口的职业认同感

受教育水平、就业技能的限制，易地扶贫搬迁人口在就业市场中常处于劣势地位。长此以往，导致搬迁群体在对待工作时缺乏认同感和参与感，失去面对未来生活的激情与创造力。因此，社会工作者可以从以下三个方面开展实务服务：一是引导易地扶贫搬迁人口挖掘潜在优势，更新就业观念，明晰自身优势与劣势，拓展新的就业方向，对从事的职业合理定位，将盲目就业转变为具有长远规划的理性择业；二是积极开展职业规划培训，向易地扶贫搬迁人口普及相关知识，激发自主学习动力，使他们能更全面地了解就业市场动态，并发挥主观能动性进行职业生涯的探索；三是鼓励易地扶贫搬迁人口依据个人需求和工作需求，做出切实可行的职业规划，维持就业稳定性、延续性，增强职业认知能力，对工作产生更强的认同感和归属感。

（三）完善易地扶贫搬迁人口的社会支持体系

在拓宽就业信息渠道方面，社会工作者要秉持助人自助的原则，积极扮演服务提供者、引导者等角色，为易地扶贫搬迁人口链接相关就业资源，建立信息传递机制，保证就业信息的持续更新，协助搬迁群体熟练掌握和运用互联网、招聘会、双选会等多种形式的招聘渠道进行信息的检索，拓宽就业渠道。为此，在构建社会支持网络方面，应鼓励和支持易地扶贫搬迁人口组建劳动协会、老乡同盟等群众性自发组织，调动周边可利用的资源，建立搬迁群体自助、互助的支持网络，搭建信息传递桥梁，让更多有就业需求的人参与进来，不断扩大社会支持网络与就业信息面，提高搬迁人口的就业率。

（四）倡导出台易地扶贫搬迁人口就业能力提升政策

社会工作在实务介入过程中，不仅要帮助服务对象解决他们的问题，也应结合实际情况，倡导政府和相关部门出台政策为弱势群体提供充分的就业支持，致力于社会环境的不断改善。因此，社会工作者应积极扮演政策倡导者的角色：一是倡导政府尽快将易地扶贫搬迁人口纳入公共就业服务体系，建立健全就业信息渠道，发布相关政策消息，开展政策知识问答讲座，为易地扶贫搬迁人口提供政策咨询服务；二是倡导规范易地扶贫搬迁人口迁入地劳动力市场的就业培训管理机构，平衡城市居民和搬迁群体的就业资源，开发针对易地扶贫搬迁人口的服务项目和措施；三是倡导政府通过就业补助、税收减免等相关措施鼓励中小企业吸纳更多易地扶贫搬迁人口；四是倡导社会金融机构为搬迁群体就业创业提供资金支持，通过资金流通实现贫困群体的脱贫致富和可持续发展。

第八章　可行能力建设与易地扶贫搬迁人口社区适应

第一节　问题的提出与研究综述

一、问题的提出

在中国新型城镇化背景下，为了进一步推进精准扶贫战略，打赢脱贫攻坚战，易地扶贫搬迁已经成为解决集中连片贫困地区的重要扶贫手段。《全国“十三五”易地扶贫搬迁规划》中指出，面对“一方水土养不活一方人”的自然困境，计划在五年间逐步实现一千万建档立卡贫困人口易地搬迁的扶贫工程。约有占比七成以上的搬迁人口，将以集中安置的方式落户原住地中心村、县城、小城镇等区域。①

随着易地扶贫搬迁工作的陆续展开，大量贫困户搬迁至集中安置地，使得原本分散式的居住模式、小农经济模式的生产方式、熟人圈的社会交往模

① 国家发展改革委员会：《国家发展改革委关于印发全国“十三五”易地扶贫搬迁规划的通知》，(2016－09－20)[2021－08－20]，https://www.ndrc.gov.cn/xxgk/zcfb/ghwb/201610/t20161031_962201.html?code=&state=123。

式和传统村落宗族的文化传承方式不再适应迁入地社区，出现诸多适应问题。易地扶贫搬迁贫困人口所接受的不仅是地域之间空间的转移，更是将以传统农耕生产为根本的生活逻辑转变为现代市镇的生活逻辑；不仅是居住空间由散居向聚居的迁移过程，更是生产生活方式、心理文化模式、社会交际网络和基层治理逻辑的解构与重塑过程。①

学术界围绕易地扶贫搬迁过程中出现的民众动员、心理开导、政策落实以及相应配套设施建设等问题进行了多学科、多角度的研究，但对贫困户落户新社区之后能否“稳得住”即适应问题的关注不够。此外，以往学者多从经济角度、心理适应角度、文化适应角度进行贫困户社会适应能力的研究，但以集中安置地为整体、以社区为主体的相关研究较少。为此，运用社区工作方法介入并改善易地扶贫搬迁贫困人口的社区适应状况，不仅有利于易地扶贫搬迁贫困人口在城镇新社区“稳下来”，更有利于他们增权赋能、巩固扶贫攻坚成效，有助于促进社区工作方法在反贫困社会工作领域的应用，丰富反贫困社会工作的跨学科研究。

二、研究综述

（一）国外移民社区适应的相关研究

跨国移民社会适应问题是移民研究的重点领域，涉及经济适应、文化适应、社会适应与政治适应等方面。② 美国芝加哥学派学者帕克（Park）最早对

---

① 郑娜娜、许佳君：《易地搬迁移民社区的空间再造与社会融入——基于陕西省西乡县的田野考察》，载《南京农业大学学报（社会科学版）》2019 年第 1 期。

② Heisler B S, *The Future of Immigrant Incorporation: Which Models? Which Concepts?* International Migration Review, 1992, Vol. 26, No. 2, pp. 623 - 645.

移民的社会适应进行了研究，并提出了移民适应同化理论（Assimilation Theory）。① 在帕克的基础上，有学者提出了更加细致的“七维度模型”。② 为了更好地解释欧美国家亚非拉移民群体的社会适应过程，一些学者提出了新同化论（Neo-Classical Assimilation Theory）。③ 新旧同化论都强调移民群体在新社会环境中的强适应性与文化趋同性，但忽视了移民社会适应的主体性和多元性。为此，有关学者指出，移民并非一定能够顺利融入新社会环境中，移民群体有能力在迁入地重新建立与自身传统文化、旧社会关系相适应的新社群关系网络，帮助他们更好地适应环境。④ 与强调社群关系不同，部分学者关注语言差异性对移民群体的社会适应影响程度。⑤ 无论是新旧同化论，还是基于此衍生出的相关理论分支，都对移民文化层面的适应有较多关注，而较少涉及经济、社会与政治层面的内容。

除了文化层面的因素外，移民的社会关系网络也影响着其社会适应水平。在移民适应问题的研究中，有学者提出了“社会资本”的运作逻辑与重要意义，认为社会资本嵌入在社会网络中，并且对移民的迁入过程起到关键

① Park R E, *Human Migration and the Marginal Man*. Chicago: University of Chicago Press, 1928.

② Gordon M M, *Assimilation in American Life: The Role of Race, Religion and National Origins*. Journal for the Scientific Study of Religion, 1964, Vol. 4, No. 1, pp. 134.

③ Alba R, Nee V, *Remaking the American Mainstream: Assimilation and Contemporary Immigration*. Cambridge: Harvard University Press, 2005.

④ Kallen D, Xiang W, Ehret D, et al., *Landslides at Qingjiang River in the Downstream Area of Shuibuya Dam Site, China*. Journal of China University of Geosciences, 2006, Vol. 17, No. 2, pp. 158 - 162.

⑤ Amit K, Litwin H, *The Subjective Well-Being of Immigrants Aged 50 and Older in Israel*. Social Indicators Research, 2010, Vol. 98, No. 1, pp. 89 - 104.

性作用，从而帮助移民更好地适应新迁入地生活，提高了他们的适应水平。①

在心理因素层面，受迁入地社会认同、身份认同等因素的影响，许多移民老人并不愿意长时间在新居地居住，而选择在新旧居地之间周期性往返迁徙。② 移民在进入新的社区之后，需要将新旧的文化、身份和角色等进行关联与融合，才能达成对新社区的顺利融入与角色的转型，因此强调了移民心理适应对其社会融入水平的重要影响。③ 移民的社会适应还被看作移民与社会相互作用的积极过程，可以用主观与社会两个层面来划分这种交互过程的结果，主观层面指移民对迁入地社会的认同，而社会层面是指移民与迁入地社会的交互行为，通常指获取资源、地位等。④ 可以进一步用个体与社会两种层面的划分来解释移民的"社会认同"。认同不仅是移民"认知意识"的体现，更表现出一种"认知范围"。⑤ 个体层面的认同体现移民在迁入地环境中拥有的资本与资源，以及个体在遇到困难时能够采取有效回应的手段；社会层面的认同则是群体共享的宗教与社会文化、价值与思想理念等意识体系的综合表现。心理与文化调整的双适应模式是将社会适应作为文

① Portes A, *Social Capital: Its Origins and Applications in Modern Sociology*. Annual Review of Sociology, 1998, No. 24, pp. 1 - 24.

② Hunter A, *Theory and Practice of Return Migration at Retirement: The Case of Migrant Worker Hostel Residents in France*. Population, Space and Place, 2011, Vol. 17, No. 2, pp. 179 - 192.

③ Gordon M, Greeley A M, *Assimilation in American Life: The Role of Race, Religion and National Origins*. Journal for the Scientific Study of Religion, 1964, Vol. 4, No. 1, pp. 134 - 135.

④ Scott W R, *Institutions and organizations: Ideas, Interests, and Identities*. Thousand Oaks, CA: Sage, 1995.

⑤ Mol H, *Identity and the Sacred: A Sketch for a New Social-Scientific Theory of Religion*. Oxford: Blackwell Publishers, 1976.

化融合的结果，强调个体对所处环境的内在心理感受，以及外部环境对个体的反馈方式。[①] 由于内外部时常存在矛盾与冲突，因此需要对个体心理适应做出适当调整。在社会心理研究中，西方学者通过关注个体与社会层面的心理适应方式，区分了不同层次下的心理适应基本模式和运行逻辑，从而突出了心理适应对移民社会适应的影响。

作为移民适应问题的一个分支，从 20 世纪 90 年代开始，逐渐有学者开始关注生态、环境移民问题中的社会结构层面的影响。例如，西方著名移民问题专家指出，移民搬迁实际上是对原有社会秩序的解构与重建，造成生产模式、社会关系网络、社会组织的彻底改变，因此不能把移民外迁视作一种简单的迁徙现象，而应该关注迁徙带来的结构性影响。[②]

综上所述，国外学者对移民的社会适应研究从新旧环境、生计资源问题逐步扩展到关注其群体文化、角色转型、社会关系网络与社会秩序的重构等层面上。

（二）国内移民社区适应的相关研究

1. 国内移民社区适应的现状与问题

扶贫迁徙是一种以扶贫、减贫为目标，将大量贫困人口从生态环境较恶劣的地区转移向生态环境相对较好地区的扶贫工程。[③] 除了对扶贫人口的迁徙之外，还包括对迁入地的经济与社会条件、基础设施等进行全方位建

---

① Ward C, Kennedy A, *Acculturation Strategies*, *Psychological Adjustment*, *and Sociocultural Competence during Cross-Cultural Transitions*. International Journal of Intercultural Relations, 1994, Vol. 18, No. 3, pp. 329 - 343.

② Cernea M M, McDowell C, *Risks and Reconstruction: Experiences of Resettlers and Refugees*. Washington D C: The World Bank, 2000, pp. 11 - 55.

③ 郑瑞强、王英：《精准扶贫政策初探》，载《财政研究》2016 年第 2 期。

设。而根据贫困风险理论的 IRR 模型，易地扶贫搬迁贫困人口在搬迁后的适应阶段可能会面临生产生活资源流失、关系网络重建、健康水平受损等困境，进而产生返贫的风险。①

不同类别的移民在具体的适应维度上存在共性与差异。迁村并居移民群体的社区适应性水平不高，其中主要受经济适应与生活适应两个方面影响，而社会交往与心理适应水平则相对较好。② 而拆迁群体的社区适应分为四个层面：规范性适应、社会关系适应、文化适应和心理适应。拆迁群体产生的适应性问题主要有：居住不适应、日常生活不适应、经济活动成本大大提高、心理不适应与社会关系不适应。③ 通过分析从农民到市民身份转换的困境，表现为失地农民与市民存在隔阂、被边缘化、对城市生活信心不足和对自我认识存在偏差等问题。叶继红认为，除了经济因素之外，心理因素对移民的适应障碍起到了重要的中介性作用。④

2. 国内移民社区适应的影响因素

(1) 生计层面的影响因素

从生计层面上看，易地扶贫搬迁贫困人口的家庭生计特征、生计资源、就业能力与素质、受教育程度、消费与支出水平都对其社区适应产生了不同影响。易地扶贫搬迁贫困人口在搬迁后虽然改善了空间地理条件，但并未

① Cernea M M, McDowell C, *Risks and Reconstruction: Experiences of Resettlers and Refugees*. Washington D C: The World Bank, 2000, pp. 11 - 55.

② 陈森蔚、张春兰：《从村落到社区：迁村并居居民的文化重建研究》，载《南方论刊》2014 年第 7 期。

③ 黄帝荣：《城市化过程中被拆迁群体的社区适应与融入研究》，载《成都理工大学学报（社会科学版）》2012 年第 5 期。

④ 叶继红：《试论影响失地农民城市适应能力的因素》，载《农村经济》2007 年第 3 期。

彻底改变其所处的经济空间与社会空间状况①，只有增强生计适应能力才能真正实现对移民的安置目标②。因受教育程度不高、自身素质较低、缺乏相应的职业技能，在发展方向、发展目标上犹豫不决等因素的影响，易地扶贫搬迁贫困人口较难获得稳定的生计来源，进而产生生计问题。③ 尽管地方政府与社区提供了职业技术培训，但相关培训存在培训时间较短、培训费用负担重、提升能力效果差等问题，并未能从实际上解决易地扶贫搬迁贫困人口的再就业问题。④

易地扶贫搬迁贫困人口不仅缺乏迁入后生计模式再塑造能力，同时面临因易地扶贫搬迁而丧失原有生产生活资源的风险⑤，如赖以生存的土地、林地等。虽然易地扶贫搬迁多采取有土安置模式，但易地扶贫搬迁贫困人口多面临原有土地距离远、新分土地数量少或质量差等问题，导致依赖农业耕种的易地扶贫搬迁贫困人口生计保障缺失，进而出现返回原居地生活，甚至是返贫现象。⑥

此外，易地扶贫搬迁贫困人口的再就业能力也受到一定程度的限制。以往依赖农业耕种的移民群体在土地空间上无法满足生计需求时，需要逐步转向其他方式的生计路径，如外出务工、承包养殖，甚至是政府公益救济，

① 邢成举：《搬迁扶贫与移民生计重塑：陕省证据》，载《改革》2016 年第 11 期。
② 罗凌云、风笑天：《三峡农村移民经济生产的适应性》，载《调研世界》2001 年第 4 期。
③ 郑瑞强、王英：《精准扶贫政策初探》，载《财政研究》2016 年第 2 期。
④ 黄小强：《城郊失地农民社会适应的社会工作介入研究——以洛阳市伊滨区为例》，新疆大学 2017 年博士研究生学位论文。
⑤ Cernea M M, McDowell C, *Risks and Reconstruction: Experiences of Resettlers and Refugees*. Washington D C: The World Bank, 2000, pp. 11－55.
⑥ 杨宝国：《精准扶贫视域下陕南避灾扶贫移民的困境与路径》，载《安康学院学报》2018 年第 2 期。

但这些路径都对移民自身能力有较高的要求。[①] 即使解决了再就业的问题，多数易地扶贫搬迁移民的生计工种也往往存在劳动强度大、风险高且薪酬待遇较低等问题。[②] 已有研究显示，在与易地扶贫搬迁贫困人口有相似境遇的失地农民群体中，那些受教育程度不高、非农就业面窄、抗风险能力差的移民群体，其搬迁后的适应水平显著低于其他群体。[③] 除了有劳动能力的移民，那些劳动就业能力较弱的老人与妇女，因为缺乏生计转型途径，大部分安置后只能赋闲在家，仅有少部分人就近从事服务业、餐饮业和手工业工作，但同样存在岗位需求少、劳动待遇差、权益模糊等问题。[④] 此外，移民在迁入地的水电煤气费用、教育支出等消费负担大幅增加，也会影响其社区适应。[⑤]

（2）社会关系层面的影响因素

社会关系或社会支持网络指移民群体如何从家庭、社区、同辈群体等其他网络成员中获取资源与支持，如经济支持、情感支持、社会支持等。[⑥]这对于易地扶贫搬迁贫困人口的社区适应也有着极为重要的影响。

尽管许多移民群体进入迁入地之后，逐渐改变了原有的生活方式与价值观念，开始向迁入地新文明体系靠拢[⑦]，但从总体上来看，血缘、地缘关系在移民的社会关系网络中仍占据主导地位[⑧]，并且由于职业、经济收入等方

① 邢成举：《搬迁扶贫与移民生计重塑：陕省证据》，载《改革》2016 年第 11 期。
② 董苾茜：《扶贫移民的社会适应困境及其化解——基于社会记忆理论视角》，载《湖南农业大学学报（社会科学版）》2018 年第 2 期。
③ 叶继红：《试论影响失地农民城市适应能力的因素》，载《农村经济》2007 年第 3 期。
④⑥ 黄小强：《城郊失地农民社会适应的社会工作介入研究——以洛阳市伊滨区为例》，新疆大学 2017 年博士研究生学位论文。
⑤ 朱晓静：《甘肃扶贫移民生活方式适应性研究——以 H 村为例》，载《南华大学学报（社会科学版）》2012 年第 2 期。
⑦ 郑瑞强、王英：《精准扶贫政策初探》，载《财政研究》2016 年第 2 期。
⑧ 田奇恒、孟传慧：《对武汉市进城农民个体劳动者人际互动的调查》，载《统计与决策》2005 年第 3 期。

面的群体同质性较强，又直接妨碍了他们在社会层面与其他城市群体的交往与接触，形成了一种相互影响、依次递进的过程①。李晋芳等学者在对晋陕六县的实证调查过程中发现，较多易地扶贫搬迁贫困人口在搬迁后周围亲戚朋友数量明显减少，说明扶贫搬迁对移民的社会网络有很大影响。② 此外，有研究表明，在因灾迁移移民群体中，经济收入较低的移民在灾后恢复过程中更加依赖自己的强关系网络，但恰恰是强关系网络在迁移后的缺失，让那些处于生存困境中的移民无法获得依赖与所需资源。③ 还有研究发现，务工移民虽然在新迁入地结交了较多的“城里人朋友”，但他们与城市市民间的交往只停留在浅层的联系上，极少能通过他们来获得新的工作机会。④

从社会交往空间角度来看，由于移民的生活空间从传统的村落转移到了现代的城镇社区，这使得易地扶贫搬迁贫困人口的熟人社会记忆发生解构，强情感纽带与联系状态转变成陌生人社会的弱情感联系方式，也在一定程度上影响了移民的社会交往状况。⑤

（3）心理层面的影响因素

心理适应指的是易地扶贫搬迁贫困人口对搬迁后生活的满意程度，是否认可新迁入地、具有归属感与融入感。心理适应能力越强，整体适应性水

---

①④　徐志旻：《进城农民工家庭的城市适应性——对福州市五区132户进城农民工家庭的调查分析与思考》，载《福州大学学报(哲学社会科学版)》2004年第1期。

②　李晋芳：《扶贫移民城镇化的问题研究——以晋陕六县为例》，山西师范大学2015年博士研究生学位论文。

③　付少平、赵晓峰：《精准扶贫视角下的移民生计空间再塑造研究》，载《南京农业大学学报(社会科学版)》2015年第6期。

⑤　董苾茜：《扶贫移民的社会适应困境及其化解——基于社会记忆理论视角》，载《湖南农业大学学报(社会科学版)》2018年第2期。

平就越高。[①] 积极的心理适应状况能够促进生计与社会交往的有序发展，消极的心理适应则会在一定程度上阻碍社区适应。[②]

自身以及迁入地环境是易地扶贫搬迁贫困人口心理适应的重要指标，而主观能动性的发挥则在移民心理适应性中起着重要作用，其中政府扮演的角色对于移民心态及社会适应性也有重要影响。[③] 移民搬迁之后对于新迁入地缺乏主动性与积极性，没有做好角色与身份转变的思想准备，因而缺乏对迁入社区和城镇的认同与归属感。[④] 在原居住地，由于地域的稳定，移民身份是稳定不变的。搬迁至新社区之后，易地扶贫搬迁贫困人口带着“扶贫搬迁户”的身份标签进入社区，与“当地人”的身份形成对比，由此产生心理隔阂与社会交往的障碍。[⑤] 而安置区集中居住模式又使得扶贫搬迁群体产生了“边缘群体认同”效应，对其融入新社区与城市社会产生了负面影响。[⑥] 尽管通过扶贫搬迁改变了地理空间位置，但对于许多移民群体而言，职业、经济地位的差异使得许多移民不认可自身身份的转变，仍认为自己是“乡下人”而非“城里人”。[⑦]

---

① 史雅洁、张仲伍、高涛涛，等：《扶贫移民市民化适应性研究——以山西平陆县傅圣社区为例》，载《忻州师范学院学报》2017 年第 2 期。

② 李晋芳：《扶贫移民城镇化的问题研究——以晋陕六县为例》，山西师范大学 2015 年博士研究生学位论文。

③ 刘震、雷洪：《三峡移民在社会适应性中的社会心态》，载《人口研究》1999 年第 2 期。

④ 叶继红：《试论影响失地农民城市适应能力的因素》，载《农村经济》2007 年第 3 期。

⑤ 陈云：《城市化进程中的生态空间共享正义——基于开放住宅小区的思考》，载《生态经济》2017 年第 1 期。

⑥ 李晓斌、王燕、周世新：《异地搬迁与文化调适——以德昂族三台山乡初冬瓜和邦外为例》，载《西南民族大学学报(人文社科版)》2009 年第 1 期。(原标题中即“异地搬迁”，非“易地搬迁”，故此处不作改动。——编者注)

⑦ 徐志旻：《进城农民工家庭的城市适应性——对福州市五区 132 户进城农民工家庭的调查分析与思考》，载《福州大学学报(哲学社会科学版)》2004 年第 1 期。

在新迁入社区中，移民的居住形式由传统集私密与公开于一体的村落住宅转变为强调隐私与封闭的社区居所，增加了移民个体心理层面的隐私意识，公共空间和居住空间隔离伴随着的是私人事务与公共事务的界限分明[①]，这使得移民群体参与社区公共事务的动力不足，而参与不足又不利于其形成社区归属感与身份认同。此外，移民在村落共同体中曾经拥有的公共生活话语权和参与感随着搬迁而消失，部分移民感觉日益被新社区边缘化，由此产生了强烈的抵触情绪。[②]

3. 社会工作介入易地扶贫搬迁贫困人口社区适应相关研究

从社会工作发展初期为贫困户提供慈善性质的社会服务到如今的专业社会工作，贫困群体一直是备受关注的主要对象。社会工作者基于专业价值观，充分运用社会工作理论与技巧帮助易地扶贫搬迁贫困人口解决问题、链接新资源以及合理调控现有资源，并通过社区营造与建设、举办各类社区活动、引导社区骨干、培育社区组织等途径使移民更好地融入社区。例如，运用互助式小组工作方法帮助搬迁老年人群体建立与当地社区间的良性互动，逐步提高了该群体的社区适应水平。[③] 但总体而言，学界关于社会工作介入易地扶贫搬迁贫困人口社区适应方面的研究较少。

（三）对已有研究的评价

通过文献梳理发现，国内外学者对易地扶贫搬迁贫困人口的社区适应问

---

① 董苾茜：《扶贫移民的社会适应困境及其化解——基于社会记忆理论视角》，载《湖南农业大学学报(社会科学版)》2018 年第 2 期。

② 付少平、赵晓峰：《精准扶贫视角下的移民生计空间再塑造研究》，载《南京农业大学学报(社会科学版)》2015 年第 6 期。

③ 赵兰：《扶贫搬迁老人社区生活适应的社会工作介入研究——以 L 村为例》，长春工业大学 2017 年博士研究生学位论文。

题、成因以及社会工作干预进行了广泛探讨，但在以下方面有待进一步拓展：

在研究内容方面，现有研究主要从社区适应的某一个或某几个维度展开，对移民社区适应的不同方面开展系统研究的成果并不多见，更鲜见将移民社区适应与社区营造关联起来的研究成果。

在研究视角与研究方法方面，现有研究多关注易地扶贫搬迁贫困人口个体与社会关系特征对移民适应的影响，较少关注社区因素对易地扶贫搬迁贫困人口社区适应的影响，与易地扶贫搬迁贫困人口相关的社会工作多以个案工作或小组工作的方式进行，较少开展社区层面的社会工作。

针对已有研究的不足，本章选取易地扶贫搬迁贫困人口作为调查和服务对象，以黄冈市C村作为案例村，开展易地扶贫搬迁贫困人口社区适应现状调查，设计社区适应社会工作介入方案，并开展社会工作服务实践。

第二节　社会工作介入易地扶贫搬迁人口社区适应的背景

一、C村概况与易地扶贫搬迁贫困人口基本情况

（一）C村概况

黄冈市蕲春县C村位于湖北省东南部，地形以丘陵、山地为主，现有贫困户110户、373名贫困群众，贫困发生率接近40%，是2019年全县55个脱贫攻坚重点村之一。近年来C村在县运管局等驻点单位的扶持下，集中发展当地特色的蕲艾产业，成立蕲春种植专业合作社，先后建立起蕲艾、油茶、雪桃等种植基地，其中发展集体种植蕲艾700亩、群众自发种植400余亩。

C村设立有村社区党组织、社区综治与人民调解委员会、社区残疾人服务办事机构等基层组织，并于2018年成立了武汉市阳光社会工作服务中心驻村社工站点。目前，C村有社区工作人员8名，社工站点常驻社工3人。村社区配有党员群众服务大厅、党员活动室、儿童之家，并于2019年年底开始修建文化广场和村小学等公共设施。

(二) C村易地扶贫搬迁贫困人口基本情况

C村易地扶贫搬迁集中安置点(以下简称易迁点)于2017年年初动工兴建，2017年年底建成入住，总投入金额195万元，全村易地搬迁户19户(共57人)于2017年年底至2018年年底陆续搬迁完毕。C村易迁点位于村口交通干道附近，地理位置优越，户户配有菜地、5～10平方米的储藏间、晾衣平台、公共垃圾分类处理站。易迁点设施齐全，环境美化程度较好，在物资配备条件中达到了理想水平。

C村易地扶贫搬迁贫困人口的基本情况如下：

1. “三留守”群体多，高龄化严重

C村易迁点中共有19户，共57人，其中15岁及以下儿童9名、成年女性27名(其中60岁及以上老年妇女20名，60岁以下中青年妇女7名)、成年男性21名(其中60岁及以上老年男性16名，60岁以下中青年男性5名)。60岁以上老年人口高达36名，占比达到63%。

2. 扶贫难度大，贫困程度较深

C村易迁点中贫困户达到19户，占比100%；低保户达8户，占比42%；五保户达4户，占比21%。大部分贫困户在搬迁之后经济来源单一，贫困问题较为突出。

3. 老人行动不便,身体素质较差

在C村易迁点中,老年人口占比较高,其中多数患有高血压、糖尿病、冠心病等慢性疾病,身体素质较差。虽然每户均有新农合城乡医疗保险兜底,但报销比例和支持药物的范围均与现实所需存在较大差异。此外,大多数老年人仍依赖传统偏方与宗教信仰,对现代健康养生知识涉猎不多。

4. 儿童教育松散,学习与社会教育缺失

C村易地扶贫搬迁贫困人口中共有9名儿童,最大的孩子在上初中,最小的读一年级,儿童群体的平均年龄跨度较大。由于C村易地扶贫搬迁贫困人口主要以老年人群体为主,青壮年较少且大多外出务工、不在家中,爷爷奶奶辈对儿童的监管较弱,这不仅体现在学习教育方面,还体现在儿童社会规范、社会交往、生活安全问题等方面。

二、C村易地扶贫搬迁贫困人口社区适应的主要问题

(一)生计适应问题

1. 家庭经济脆弱,经济来源单一

易地扶贫搬迁贫困人口原本散居于C村内或附近的山区中。许多移民还在原住地搭建有牛棚、鸡舍等养殖场地,酿酒、制茶等粗加工家庭作坊设施。易地扶贫搬迁后,其地理交通条件和居住环境虽然得到改善,但生活设施和生产资料的使用仍然面临诸多不便。

C1先生(66岁):"以前我们老家那块还有几亩地能种,虽然收入不多,但是至少还能挣个口粮。那时候山上还放养着好多鸡,也还养过几头猪。现在环境是好了,房子强了很多,国家政策好啊!但是没地方种东西了,老家离这

里十几里地，来回得个把小时，头几个月还回去整整地，现在都不去了，太不方便。村里给我们在门口划了菜地，现在就能种种菜，其他的都得去买。”

像C1先生这样的案例在整个集中安置区里并不鲜见，尤其是60岁以上的老年人，绝大多数面临着缺土地、缺生产资源的情况，这严重影响了易地扶贫搬迁贫困人口搬迁后的生计适应。

2. 产业扶贫效果有限，就业适应困难

在易地扶贫搬迁项目建设过程中，C村开展了扶贫产业配套建设，为易地扶贫搬迁贫困人口提供了诸如蕲艾生产合作社、光伏发电项目、金融扶贫项目等产业支持项目。然而，笔者实地调查后发现，相关项目的效果并不理想。

L1先生(45岁)：“产业扶贫政策是蛮好的，之前开会说我们可以去银行小额贷款，但是我们没有这方面的经验，让我们开店、搞养殖我们都不太懂，也不太敢尝试。那个蕲艾生产合作社，好像就是每年发点分红，前几年有，这两年我就不太清楚了。我也想找长期的工作，但是村里头那些合作社都包给老板了，雇人、用人村里说了不算，我们也没办法。隔壁有几户老头去做过一阵子，也没几天，后来就没再去了。”

C村虽然通过蕲艾生产合作社帮扶了11户易地扶贫搬迁贫困户，然而，囿于帮扶力度以及管理绩效等方面的问题，上述举措并未从根本上改善易地扶贫搬迁贫困人口的生计适应问题，相当一部分易迁户仍处于打零工的非稳定就业状态。

（二）社会交往适应问题

易地扶贫搬迁贫困人口大多常年居住在山区、深林，在封闭的地理环境中形成了稳定的社会支持网络。搬入集中安置区之后，原本稳定的社会支持网络不复存在,取而代之的是从各地区搬迁而来所形成的“陌生人网络”。虽然还是生活在农村,但陌生的社区环境与邻里关系,让易地扶贫搬迁贫困人口如同农民初次进城一般感到局促和不安。在这种窘境下,集中安置区变成了“村中村”。

C2 女士(59 岁):“周围住的人我也认识,肯定认识,都是一个村的,但是以前从来没讲过话,也不太熟。搬过来之后,偶尔见到了就打个招呼,我也不太串门,现在都是各过各的,没有以前的邻居关系好了。我们老家那边以前住的不是亲戚就是好朋友,个个熟得很,天天来往。刚搬过来的时候,他们都会来的,来看看房子怎么样、住得怎么样。现在很少了,老家在山腰上,来回很远的,人家来回也不方便。如今没有以前关系那么好了,可能过年还会回去一下,平时不太来往。”

(三) 心理适应问题

1. 身份认同模糊

地域位置的改变,不仅影响到移民群体的生活环境,也冲击着移民群体的自我身份认同。在易地扶贫搬迁前,他们以村落为聚居单位,以村组和村集体为管理服务组织,与土地紧密联系在一起,有着强烈的乡土地域认同。易地扶贫安置后,易地扶贫搬迁贫困人口的村组归属发生了改变,少数从邻村搬迁过来的易地扶贫搬迁贫困户,其所属和所在的村集体也发生了改变。

L2 先生(73 岁):“我不是这个村的人,我是 Y 村的。我们那边搬迁后人太少了,就并到这边来一起安置,但是我的亲戚朋友还在老家那边,这边的人我都不认识。上回村里开会大家都去了,就没叫我,说我户口还在 Y 村。我要办那个产业分红的事情,村里头说不归他们管,让我还得回去办,但老家那边说我搬走了就归 C 村管,来回跑麻烦得很。”

由于 Y 村符合条件的易地扶贫搬迁贫困户较少,L2 先生被整合纳入 C

村易地扶贫安置范围。从行政调配过程来看，这种整合型搬迁有助于提升易地扶贫搬迁效率，降低易地扶贫搬迁行政成本。然而，对于L2先生等易地扶贫搬迁户而言，尽管他们的生活地域发生了变化，但户口并未迁移，这不可避免地带来社区身份认同模糊的问题。从地域归属上来看，L2先生等人已经离开旧村；从户口归属上来看，L2先生等人并不属于新村；从心理归属上来看，L2先生等人亦难以融入Y村。可见，L2先生等人普遍面临居住社区、所属社区和参照社区三类社区归属的冲突。

2. 心理适应水平低

笔者通过问卷调查，运用心理适应状况量表对12名易地扶贫搬迁贫困人口进行了心理适应程度测评。测评结果显示，许多易地扶贫搬迁贫困人口面临信心不足、寂寞空虚、缺乏兴趣爱好、社区参与度低等问题。其中，25%的调查对象甚至有“生活没有盼头”“自己不属于这里”等较为负面的想法。上述结果表明，部分易地扶贫搬迁贫困人口面临较严重的心理适应问题，需要接受社会工作的介入与帮助。

（四）文化适应问题

1. 文化娱乐活动匮乏

实地观察发现，虽然安置社区配备有健身器材和文化娱乐广场，但村民实际所能参与的文娱活动十分有限。社区组织的活动多以“政治学习”“精准扶贫”为主题，涉及大众参与的文化娱乐内容较少。

C3女士(53岁)：“村里没什么其他活动，小卖部那里有个棋牌室，平时有空的时候老头儿、老太太都往那里钻。我不爱打牌、打麻将，就在家里看看电视，偶尔串个门唠嗑。隔壁L村搭了戏台子，我有时候会陪我妈去看看，但就是太远了，来去很不方便……其实我挺想去跳舞的，别的村里有组织跳广场舞的，我们这边好多人也想学，但是没那个条件，什么喇叭啊音响啊，我们都没有的，也没人弄。”

2. 儿童缺乏监管，教育资源匮乏

由于没有自己的村小学，C村常年依赖邻村的教育设施和资源，村中所有儿童都在邻村或镇、县里上学。与此同时，C村的公共教育资源也较为匮乏，图书室馆藏量少，没有专门的儿童文化娱乐活动场所。此外，面对新的生活环境，许多易地扶贫搬迁儿童产生了陌生感，很难融入当地的“小伙伴圈”，甚至产生了社会交往障碍。

小丽(9岁)：“我在这边就认识几个人，其他的都不太认识，他们都是玩他们的，也不带我玩。我的朋友们都在老家那边，太远了，只有周末我才会回去找他们玩。”

像小丽这样的儿童在安置区里共有9名，普遍存在社交与教育适应困难的问题。此外，与村中儿童一样，易地扶贫搬迁贫困户中的儿童既缺乏家长监管，也没有足够的教育资源可供学习娱乐。教育和监管的缺失，导致许多儿童安全意识、防范意识薄弱，容易造成危险和意外的发生。例如，在刚进入C村调查时，该村就发生了儿童落水溺亡的事故。

三、易地扶贫搬迁贫困人口社区适应问题的影响因素

（一）个体与家庭因素

1. 家庭结构失衡

C村的易迁移民群体中有大量独居老人户和隔代留守家庭户。家中青

壮年劳动力缺乏是造成家庭经济脆弱、老年人养老服务支持不足的主要原因,也是儿童教育与监管缺失的重要原因。

C4女士(65岁):“我有三个小孩,两个儿子都去世了,女儿出嫁了。大儿媳在大儿子去世之后离家出走了,留下两个孙女。现在家里就我和俩孙娃子过生活,全靠我的一点低保、养老金,还有一些田地,勉强生活……”

2. 社会支持网络脆弱

易地扶贫搬迁贫困人口迁入新社区后,其原有邻里以及原社区的社会支持网络被弱化,社会支持的获取途径不可避免地受到冲击,进而影响其在新居地的社区适应能力。

低保户C5先生(67岁):“我没结过婚,一直一个人住。还在山上头的时候,我弟弟一家住在隔壁,常常来看看我,平常帮我做做饭、洗个衣服,我有困难也找他们帮忙。现在搬下来了,条件虽然比以前好多了,但是没人照顾了,都靠自己干,偶尔让邻居帮帮忙。”

(二)群体因素

C村易地扶贫搬迁贫困人口主要由老年人、妇女与儿童三类群体组成,而此三类群体之间又具有鲜明的差异性,因此需要针对不同群体进行影响因素分析,突出不同群体所面临的问题,以作为社会工作介入方案设计的依据。

1. 老年人群体特殊性

如前所述,C村易地扶贫搬迁贫困人口中,老年人群体占大多数,且高龄化比较严重。调查发现:老年人群体在社区适应方面面临的主要问题是,基础体质、身体机理及文化程度制约其社会交往、社区参与和社会支持获得。其具体表现为:一是老年人基础体质差、身体机能差,制约其社区参与。C

村易地扶贫搬迁老年人普遍存在腿脚不灵活的问题，并患有高血压、糖尿病、冠心病等长期慢性疾病。受身体机能障碍影响，老年人普遍面临出行不便问题，降低了社区参与能力。二是高龄贫困人口面临着语言能力退化和交流能力下降等问题，从而影响其与家人、邻里及社区工作人员的有效沟通，求助能力受到一定限制。三是老龄贫困人口受教育程度普遍较低，影响其政策认知及新社区生活适应。在C村，大多数易地扶贫搬迁老龄人口只有小学及以下文化水平。一方面，他们对易地扶贫搬迁政策一知半解，无法有效利用扶贫资源改善贫困处境；另一方面，他们在搬迁前接触智能电器较少，智能电器的使用知识与经验匮乏。在搬入新社区后，面对政府统一安装的热水器、电视机、空调等智能电器，一些老龄贫困人口甚至不知道如何操作使用。在C村易地扶贫搬迁贫困人口中，60岁以上老人无人使用智能机，并且老人机的普及率也不高。可见，易迁老年贫困人口普遍存在信息获取能力不足的问题。因此，社会工作者需要重点从身体健康、社会参与和社会支持网络构建等方面着手，介入易地扶贫搬迁老年贫困人口的社区适应问题。

2. 妇女群体特殊性

C村易地扶贫搬迁贫困人口中，妇女占比仅次于老年人。由于大部分青壮年男子外出务工，妇女成为易地扶贫搬迁贫困户的主要劳动力。她们既要照料老年父母、抚育年幼子女，还要承担家务劳动。为了增加收入，只要有机会，她们还会在周边打零工。因此，在繁重的家务与生产负担下，易地扶贫搬迁妇女的闲暇时间变得极其有限，这在一定程度上限制了她们在新社区的社会交往与社区参与。同时，易地扶贫搬迁妇女搬迁前长期生活在偏远山区或村落，受传统性别文化观念熏陶，“男主外，女主内”“女子无才就是德”等观念根深蒂固。她们习惯了深居简出、不抛头露面、不招惹是非的训诫，在迁入新社区后，尚未做好积极参与社区公共事务的心理准备。因此，除了在熟人圈里打打麻将外，她们几乎没有其他社会交往与社区参与。

F1女士（42岁）：“我也没有每天都来打（麻将）的，但是家里也没什么事情做啊。该忙的都忙完了，一下午时间不打（麻将）我感觉也没什么意思……有活动的话那肯定来参加的啊。不过我们村里哪有什么活动？以前就是开开会、投投票，组长不打电话来（我是）不会去的。”

可见，C村易地扶贫搬迁妇女在社区适应方面面临的主要问题是：家庭负担和性别刻板印象制约其社区交往与社区参与。对于易地扶贫搬迁妇女群体，社会工作者应从社区活动组织和社区组织培育入手，促进其社区参与，提升其社区价值，培养其社区归属感。

3. 儿童群体特殊性

在C村易地扶贫搬迁贫困群体中，多数儿童的父母常年外出务工，其日常生活和学业主要由爷爷奶奶照顾、辅导。如前所述，易地扶贫搬迁老龄人口自身文化程度普遍较低，知识基础差，信息获取能力弱。在隔代抚养模式下，一方面，祖辈仅能照料孙辈的日常生活，在学业辅导方面往往力有不逮，对于孙辈可能出现的偏差行为也缺乏科学的管教方法或手段；另一方面，隔代抚养家庭难免出现祖父母溺爱孙子女的情况，可能存在对孙子女偏差行为矫治不到位的情况。调查发现，C村易地扶贫搬迁儿童的偏差行为主要表现为：待人粗鲁、说脏话、小偷小摸，甚至虐待小动物。笔者在C村开展社会工作调查与实务期间，暂住于易地扶贫搬迁贫困户空置的房屋，距离其他易地扶贫搬迁贫困户较近，与易地扶贫搬迁贫困儿童接触机会较多。其间，多次发生笔者与同伴私人物品失窃情况，失窃物品主要为零食、化妆品等。经走访调查，确认均为易地扶贫搬迁贫困儿童所为。此外，在C村及周边地区，流浪猫、流浪狗较多。笔者多次目睹易地扶贫搬迁贫困儿童追打流浪猫、流浪狗，在猫狗脖颈、腿部捆绑长线进行倒挂或牵拽拖行等。笔者曾多次制止并批评相关儿童，但效果并不理想。综上，C村易地扶贫搬迁贫困儿童在社区适应方面面临的主要问题是：监管教育缺位导致行为偏差矫治不到位。针对易地扶贫搬迁贫困儿童的特殊问题，社会工作者应以行为矫治为核心，开展一系列旨在矫正儿童认知与行为、促进儿童健康社交的社区活动。

（三）社区因素

在社区层面，“重产业扶贫，轻文化建设”是易地扶贫搬迁贫困人口社区适应的主要影响因素。近年来，C村依托本地蕲艾特色产业，组织贫困户以及生产大户联合开办蕲艾生产合作社，打通了从生产、加工到销售的上下游产销链，并根据区位特点，开发了油茶、雪桃等特色种植业，带动20户贫困户脱贫。然而，相对产业扶贫而言，C村文化建设严重滞后。调查发现，C村多数居民对近几年本村产业发展感到满意，但均表示村里节日活动缺乏，居民互动活动少，活动内容单一。此外，C村没有居民自发成立的社会组织或自组织，社区公共活动主要由村两委发起和组织，以村民选举活动为主，活动类型单一。

需要指出的是，C村并不缺乏文化建设的群众基础。无论是在C村原住居民中，还是在易地扶贫搬迁户中，都不乏爱好戏曲和说书的老年人，也不乏能歌善舞且蕲艾手工技艺精湛的妇女。但问题在于，在“重产业扶贫，轻文化建设”的背景下，C村老年人与妇女群体的文化创作潜能没有被充分发掘出来，其文化生活需要也未能得到充分响应。因此，在社区层面，培养社区文化建设骨干，引导易地扶贫搬迁贫困人口成立互惠文化组织，鼓励易地扶贫搬迁贫困人口与当地居民共同开展社区文化活动，是促进易地扶贫搬迁贫困人口社区适应的重点目标。

第三节　易地扶贫搬迁人口社区适应的社会工作介入实践

一、介入模式及其依据

地区发展模式最早由美国社会工作学者杰克·罗斯曼(Jack Rothman)于 1979 年提出。国内学者在其基础上进一步总结出三套广泛适用的社区工作模式，即地区发展模式、社区行动模式和社区计划模式。① 其中，地区发展模式是指以经济、政治、文化、社会等领域为中心，全方位、多层次地提升与发展社区。在本书中，地区发展模式主要表现为一种社会工作实务指导模式，其主要内容包括：强调社区居民的社会参与、合作；引导居民成立社区自组织并进行社区事务管理；利用社区资源解决社区存在的主要矛盾和问题；满足社区福利需要，促进社区居民发展；培养社区文化，增强整体社区凝聚力等。在此模式下，社区社会工作不能局限于关注某一领域或某一问题，而应将社区遭遇的问题放入更大的框架下思考，从经济、政治、文化、社会等多角度、全方位设计社会工作介入方案，提升社区整体发展水平。

地区发展模式最显著的特点在于不仅关注服务对象本身，还关注服务

① 徐永祥：《城市社区建设的体制创新与社会工作》，载《探索与争鸣》2004 年第 12 期。

对象所处的地区环境，以社区而非服务对象作为介入主体。地区发展模式从经济、政治、文化、社会交往等多方面考察社区发展情况，将相关问题放在更宏观的社区框架下去分析与解决。因此，在提升易地扶贫搬迁贫困人口社区适应方面，相对于个体化的个案工作和针对某一类群体的小组工作，地区发展模式有更大的介入空间和影响力。

二、介入目标与实施方案

基于前期需求分析，依据地区发展模式理论，社会工作者将易地扶贫搬迁安置点与C村视作一个整体社区，从教育提升、文化营造、健康营造、社会参与和社区组织培育五个方面开展社区营造，进而促进易地扶贫搬迁贫困人口的社区适应。

在教育提升方面，社会工作者设计了暑期夏令营系列活动，旨在通过建立书法兴趣小组、诗词兴趣小组、手工兴趣小组和舞蹈兴趣小组，拓展儿童知识，培养和发展儿童兴趣；拓展社区教育资源，强化儿童学业支持与特殊儿童帮扶；矫正儿童偏差行为；拓展儿童同辈群体社交圈，帮助其形成健康的社会交往模式，顺利适应新社区；提升儿童社区活动参与积极性，为后续的社区项目奠定基础。

在文化营造方面，社会工作者设计了康明斯图书馆项目，旨在丰富C村贫瘠的文化资源、建设C村新型文化公共空间，并以此为基础开展系列阅读活动，培养儿童阅读兴趣、增强儿童阅读动力；开展亲子活动，增强儿童与父母之间的互动和参与社区活动的积极性；依托康明斯图书馆成立社区教育组织，弥补C村社区社会组织缺乏的不足。

在健康营造方面，社会工作者设计了老年人健康生活小组，旨在从科学饮食、疾病认知与防治、心理健康、医疗信息与急救知识技能几个模块入手，开展老年健康生活小组，旨在提高老年人群体的健康观念和预防疾病意识，增强自我保健意识，倡导科学合理健康生活。

在社会参与方面，社会工作者设计了“元旦节庆”小组，通过邀请易地扶贫搬迁贫困人口共同参与制作饺子馅、包饺子、举办茶话会等活动，旨在增强老年人的幸福感，提升社区归属感，帮助老年人构建新型社会交往网络；树立“敬老”“爱老”的社区风气，搭建邻里社区互助模式，最终促进其更好地适应新社区，提升易地扶贫搬迁贫困老年人群体的社区适应程度。

在社会组织培育方面，社会工作者引导易地扶贫搬迁妇女成立以舞蹈为主题的社区文化组织，项目组以社会工作驻村站点为基础，通过资源链接、搭建平台，引导易地扶贫搬迁妇女和其他村组妇女共同组建村妇女舞蹈队，帮助其在娱乐中放松身心、减轻生活压力，促进社区交往，建立积极健康的关系网络，提升社区文化参与。

实务场所以C村党员群众服务中心为主，同时包括一楼社会工作站办公室、康明斯图书馆二楼会议室和三楼社区活动小礼堂，以及小卖部旁的村文化广场。

不同于个案工作和小组工作，社区工作是一个系统工程，需要从个体、家庭、群体和社区层面共同发力。因此，本研究将社会工作介入周期设置为半年，从2019年7月开始至2020年1月结束。其中，2019年7月至12月为社会工作实务实施期，2019年12月至2020年1月为项目总结和评估期。项目实施安排见表8－1。

表 8－1　C 村社区工作实务项目实施表

实施时间	项目名称	活动方向	主要目标人群	主要活动内容与周期	实际参加对象及人数
2019 年 7—8 月	儿童暑期夏令营	行为认知教育	儿童群体	书法兴趣小组，为期 2 周，每周 2 次 诗词兴趣小组，为期 2 周，每周 2 次 手工兴趣小组，为期 2 周，每周 2 次 舞蹈兴趣小组，为期 2 周，每周 2 次	23 人（易地扶贫搬迁贫困儿童 3 人） 35 人（易地扶贫搬迁贫困儿童 6 人） 22 人（易地扶贫搬迁贫困儿童 4 人） 15 人（易地扶贫搬迁贫困儿童 3 人）
2019 年 8 月	康明斯图书馆	公共空间建设	儿童群体	物资接收、清点 图书馆清扫、整理 图书分类设计与摆放 图书室环境设计 图书室制度规则设计	社工、儿童、家长 10 人 社工、家长 5 人 社工、儿童 10 人 社工、儿童、家长 6 人 社工、儿童、家长 15 人
2019 年 9 月	健康讲座	健康养生知识宣传	老年人群体	健康问题交流 热身小游戏 基础健康知识宣讲 常见疾病防治知识宣讲 生活卫生及用药知识宣讲 养生训练：健康操、手指操 心理健康知识分享	C 村医疗与保健卫生室医师 2 人 C 村社工服务站社工和实习社工共 6 人 易地扶贫搬迁老年人 14 人，其他老年人 23 人
2019 年 7—10 月	C 村舞蹈队	社区组织建设	妇女群体		易地扶贫搬迁贫困人口 8 人 其他村组成员 15 人 C 村社工服务站社工和实习社工 5—8 人
2019 年 12 月	庆元旦敬老活动	文娱与老年人社交	老年人群体		易地扶贫搬迁老年人 18 人、妇女 8 人、儿童 4 人 村干部 3 名 C 村社工服务站社工和实习社工共 8 人

本项目主要通过两种方式进行宣传和招募对象。一是通过村民小组组长向各家村民宣传。二是社会工作者通过上门走访方式，邀请易地扶贫搬迁贫困人口以及其他村组村民参与。

三、介入过程

（一）实务案例一：儿童暑期夏令营项目

1. 项目背景

根据前期调查结果，易地扶贫搬迁贫困儿童的社区适应问题主要体现在认知与行为偏差、教育与监管缺乏、健康的同辈群体交往缺失等方面。针对这些问题，社会工作者依托C村社会工作服务站于2019年7月至8月开展了儿童暑期夏令营的社区活动。

2. 项目服务内容

一是课业辅导。社会工作者依托C村社会工作服务站，为易地扶贫搬迁贫困儿童以及全村参与项目的儿童提供暑期作业辅导和基础通识教学，解决易地扶贫搬迁贫困人口家长与儿童在学业方面的困难。在学业辅导和课程讲授过程中，密切关注在学业上有特殊困难的儿童，持续跟进并给予帮扶措施。

二是兴趣拓展。社会工作者通过开设书法、诗词、手工、舞蹈等兴趣班，发掘易地扶贫搬迁贫困儿童潜能，培养儿童学习兴趣，促进儿童全面发展。

三是素质拓展。社会工作者通过做游戏的方式，运用小组工作方法引导易地扶贫搬迁贫困儿童开拓思维，激发他们的参与热情，促使他们积极主动参与活动,帮助他们在活动参与中提升团队沟通、协作、组织等方面的能力。

四是生命安全主题教育。社会工作者以讲座、观影等形式对儿童开展居家生活、防溺水、食品安全、防拐骗、防性侵等安全知识教育,多方面树立易地扶贫搬迁贫困儿童关于安全的自我防护意识,增加儿童安全防护手段。

五是国学主题教育。社会工作者根据参与儿童的年龄层次与兴趣,将他们划分为不同的小组进行国学文化培养。例如:组织诗词兴趣小组,引导易地扶贫搬迁儿童学习背诵唐宋经典诗词;组织观看视频短片,引导易地扶贫搬迁儿童了解中国传统节日由来;组织小故事阅读小组,引导易地扶贫搬迁儿童了解中国传统美德,纠正不良行为习惯。

3. 项目服务过程

(1) 项目初期:建立信任。社会工作者通过“你画我猜”“大风小风吹”等趣味活动进行破冰,让儿童认识到暑期夏令营活动并不是死板的“上课”与“做作业”,而是寓教于乐,在游戏和学习过程中促进其自身成长。“我之前都没有玩过这些游戏,很有意思”“我每天都想跟哥哥姐姐们一起玩游戏”……总体而言,儿童们的反馈比较积极。最初几天,为了打消家长们的顾虑,社会工作者邀请他们来到活动现场,一起加入儿童游戏环节。随着对夏令营项目认识的深入,家长们认可了项目。通过家长口口相传,越来越多的家长要求自家孩子参加夏令营。于是,夏令营参与儿童人数从不到 30 人扩展到了近 50 人。营员人数大大超出了社会工作者的预期,也对项目组提出了更高的管理要求。为此,社会工作团队与 C 村村委会讨论决定,将夏令营活动地点从活动室搬迁至党群服务中心三楼活动室,从而解决了营员人数过多、活动空间不足的问题。此外，团队还以村委会的名义从各个村民小组借来10套桌椅，用以满足营员扩张后的教学设施需求。

(2)项目中期：拓展教育方式。从第二周开始，社会工作者开始有针对性地开展兴趣班和主题活动，旨在培养儿童兴趣、矫治不良行为习惯、树立健康意识、促进儿童参与，从而帮助易地扶贫搬迁儿童顺利融入C村儿童群体。活动的实施始终遵循寓教于乐的原则。例如，在生命安全教育主题活动中，社会工作者引导儿童模拟了不同类型的灾害情景，引导儿童探索如何开展前期防护，如何及时求救以及如何适当自救。许多儿童第一次接触火灾、地震、溺水、交通意外等模拟情景，因而在角色模拟过程中表现得非常兴奋。他们不仅体验了灾害情景，增强了对安全风险的认知，而且掌握了相应的安全防控知识，树立了安全防范意识。“煤气灶漏气了会有臭鸡蛋味，然后不能打开开关或者点火，会爆炸”“以前大人从来没讲过这些”“我回去了要告诉爷爷奶奶这些安全知识”……在小组活动中，小组气氛活跃，组员积极参与。易地扶贫搬迁儿童不仅学习到了安全知识，还在小组活动中结识了新朋友，建立起新的朋辈关系网络。“小L(L4，9岁)是我的新朋友，我跟他搭档每次都能赢。”“他们说下回带我一起玩，还要去我家里做客。”除兴趣班和主题教育活动外，社会工作者还针对小组活动中的意外事件开展应急教育。例如，在手工活动过程中，成员W与Y发生了肢体冲突。针对该起意外事件，社会工作者适时开展了以情绪管理为主题的小组活动。通过讲述寓言小故事和组织互动游戏，让组员了解什么是情绪管理，如何才能更好地解决冲突，以及如何才能与小伙伴和谐相处。经过此次小组活动，两位成员很快握手言和，组员间互动氛围有了明显改善。

（3）项目后期：提升儿童自我展示能力。经过为期三周的小组活动，小组成员自主学习习惯有所增强，偏差行为明显改善，安全意识明显提高，朋辈交往能力得到提升，朋辈关系得到拓展，易地扶贫搬迁儿童开始融入C村原居儿童群体中，开始结伴同行，甚至在周末相互串门玩耍，夏令营达到预期效果，可以结案。为进一步巩固项目成果，社会工作者组织了暑期夏令营结营仪式。社会工作者发动小组成员，设计了诗词朗诵、儿童歌舞、儿童大合唱、儿童手工展示等节目。经过为期两周的节目制作与彩排，夏令营结营仪式于2019年8月18日成功举行。在结营仪式上，社会工作者邀请全村儿童和家长观礼，小组成员们在舞台上的精彩演出得到了家长们的一致认可。例如，易地扶贫搬迁贫困人口L5女士（38岁）表示："这次活动办得真好，我女儿第一次参加这样的社区活动，还表演了节目。她在家里准备了好久，还拉着我一起练习。我觉得这次夏令营给她带来的变化挺大的，她性格变开朗了很多，爱说话了，还结识了好几个好朋友。"

（二）实务案例二：C村康明斯图书馆项目

1. 项目背景

社会工作者依托武汉阳光社工服务中心进行资源链接，以C村驻村社工站的名义获得了康明斯燃油动力（武汉）公司（以下简称康明斯公司）对贫困地区进行教育资源援助的康明斯图书馆项目支持。2019年8月20日，C村康明斯图书馆项目启动，并举行了揭牌仪式。根据项目计划，康明斯公司对C村进行定向援助。援助内容包括：捐赠儿童图书1 000册、桌椅20套、文具50套、儿童手工玩具等50余套，将C村20平方米的活动室改造成康明斯图书馆。

2. 项目服务内容与过程

一是图书馆资源链接与筹建。社会工作者在暑期夏令营项目的基础上，招募了4名易地扶贫搬迁儿童及其家长，以及其他村组的儿童和家长共计15人，与社会工作团队一起成立了图书馆筹建小组。筹建小组经过头脑风暴，对所有参与者进行了分工。旨在为易地扶贫搬迁贫困人口与原住居民提供相互了解与合作的机会，改善小组成员之间的关系。

二是图书馆揭牌仪式。社会工作者招募易地扶贫搬迁贫困儿童和其他村组儿童共30名，组成仪式节目小组，设计并排练揭牌仪式上的儿童节目。揭牌仪式以儿童诗朗诵开场，设置了儿童表演环节和赠书仪式，表演者均为暑期夏令营营员。共有5名易地扶贫搬迁贫困儿童参与到本次的揭牌仪式演出活动中，这也是他们首次参加有外来嘉宾、村委和县委领导、全村居民参与的大型社区活动。多社会成员与社区角色的共同参与，拓展了易地扶贫搬迁贫困儿童的社会交往渠道，增强了其社区参与积极性和社区主人翁意识；登台演出经历也锻炼了易地扶贫搬迁儿童自我展示的勇气，增强了他们的自信心。以小丽为例，她于2018年11月搬入易迁社区，平时爱好音乐和舞蹈，但由于家里经济条件限制，没有参加任何儿童舞蹈培训班。社会工作者成立了儿童舞蹈表演队，并邀请小丽参加，指导其学习基础舞蹈知识，开展系列训练。小丽初次得知舞蹈表演队要在20日登台表演时，有一定的畏难情绪。“我不想去参加，那么多人看着，我不敢表演。”经过深入沟通，社会工作者运用优势视角理论，帮助小丽分析了自身的优势——包括舞蹈天赋、对舞蹈的热情和周边已有的优质资源，引导小丽认识到，上台表演不仅能挑战自己的勇气与胆魄，更能展示自己的舞蹈才华，还能为获得家里支持,为今后继续学习舞蹈奠定坚实基础。通过个案辅导,小丽鼓起勇气参加了彩排小组,每天同其他组员一起刻苦训练,最终顺利登台表演,并以出色的舞蹈演出赢得了观众的掌声。此后,小丽开始变得活跃起来,与参加夏令营的其他儿童成为好朋友。

(三)实务案例三:健康老年生活小组

1. 项目背景

前期调查显示,C村易地扶贫搬迁老年群体普遍存在体弱多病、健康意识薄弱、生活方式不健康等问题,这对其适应新社区生活、开展新社区社会交往和获取新社区资源造成了负面影响。因此,增强易地扶贫搬迁贫困老年人体质,提升其健康意识,是促进该群体社区适应的重要途径。

2. 项目服务内容

项目组拟从科学饮食、疾病认知与防治、心理健康、医疗信息与急救知识技能几个模块入手,开展健康老年生活小组,旨在提高老年人群体的健康观念和预防疾病意识,增强自我保健意识,倡导科学合理健康生活。

3. 项目服务过程

(1)项目初期:破冰。活动开始前,老人们按照到场顺序依次入座。为了照顾部分身体情况特殊的老人,社会工作者将听力状况较差、视力较差且没有佩戴眼镜的老人调到前排;将腿脚不方便的老人安排在靠近走廊和门口的区域就座。活动开始后,C村卫生室的两名医师开始介绍活动背景、主题与活动内容。社会工作者注意到许多老人只跟自己较熟悉的老人交流,易地扶贫搬迁老人则只跟自己的邻居交流。于是,社会工作者临时决定将全场37名老人按照座位排布分为5组,并把14名易地扶贫搬迁老人分别混编入5个小组，让每位易地扶贫搬迁老人都能与其他村组的老人交流。分组完成之后，社会工作者提议先进行击鼓传花和猜歌名两个热身小游戏，以加强小组之间老年人互动。随着热身活动的开始，会场气氛逐渐热闹起来，许多不太愿意交流和表达的易地扶贫搬迁老人也投入到游戏中来。

(2) 项目中期：健康老年生活知识宣讲。小组以健康为主题，开展了一系列知识普及，帮助易地扶贫搬迁老人重新学习健康知识、澄清健康认识误区，用科学的态度审视自身的健康状态，鼓励其定期参与健康义诊。除了生理健康知识之外，医师和社工还介绍了心理健康知识，对小组成员进行专题指导。例如，如何调整心态，树立健康生活态度；如何缓解失眠，提高睡眠质量；如何克服孤独感、寂寞感；等等。此外，社会工作者收集了关于老年人感兴趣的几种活动主题，如说书、唱戏听戏、传统蕲艾手工、茶话会等，并以此为依据设计了后期的小组活动，借此逐步引导老年人参与社区活动，提高社区交往频率，结交更多的老年朋友。几位获得交流机会的老人分享了自己的生活经验和健康知识后，部分“假”健康知识被医师指出来并得到纠正。例如，易地扶贫搬迁老人C3老先生表示：“医生不说的话，我还以为这样是可以的，现在知道了，以后要注意的。”整场活动顺利进行，卫生室的两名医师不仅介绍了基础健康常识和常用的保健知识，分享了村卫生室、乡镇卫生院的联系方式，还介绍了新农合医疗保险政策，包括报销比例、范围和报销方式等。在场老人们都表示有很大收获。例如，易地扶贫搬迁老人L7先生(82岁，五保户)表示：“我以前对那个新农合保险不太知道，都是国家在帮我们交，怎么报销、怎么看病都不太知道的……今天医生讲过之后，我心里有点数了。”

(3)项目后期:健康老年生活心得分享。在随后的活动中,会场内老年人的积极性比活动开始前活跃许多。从健康到子女教育,再到平常的兴趣爱好,老人们的组内交流话题越来越丰富。几位易地扶贫搬迁老人表示,这是他们自从搬迁以来第一次与这么多人交谈聊天。76岁的易地扶贫搬迁老人F2女士表示:“感觉很热闹,像过年一样。平常顶多和一两个邻居聊聊天,还没有和这么多人一起参加过活动,我觉得很有意思。”活动结束后,社会工作者对参与小组活动的老人进行了访谈。老人们普遍反馈良好,且易地扶贫搬迁老人较其他老人的积极变化更为显著。许多易地扶贫搬迁老人是搬迁以来第一次参与社区活动,因而对活动印象非常深刻,表示今后会积极参加社工站举办的各项活动。

(四)实务案例四:C村妇女舞蹈队培育

1. 项目背景

根据前期调查结果,易地扶贫搬迁妇女群体的需求主要集中在“减轻生活压力”与“丰富休闲娱乐活动”两个方面。因此,引导妇女成立以舞蹈为主题的社区文化组织,能够有效凝聚妇女群体,促进易地扶贫搬迁妇女社区文化适应。

2. 项目服务内容

以社会工作驻村站点为基础,通过资源链接、搭建平台,引导易地扶贫搬迁妇女和其他村组妇女共同组建村妇女舞蹈队,帮助其在娱乐活动中放松身心、减轻生活压力,进而促进社区交往,建立积极健康的关系网络,提升社区文化参与。

3. 项目服务过程

(1) 项目初期：组织动员。2019 年 7 月 2 日，社会工作者与 C 村妇联负责人 L 主任及其他有关村干部一起召开了讨论会。根据走访调查情况，社工站向村妇联、村委班子说明了妇女社区组织的重要性，建议以妇女舞蹈队为切入点，培育社区妇女组织。经过讨论，大家一致认为，以社会工作者为主体、村社联动、用专业社会工作方法培育妇女社区组织，对于改进社区服务、解决村民实际需求可发挥积极作用。会议决定，通过“海报宣传”“村组长联系”和“入户走访邀请”三种方式招募舞蹈队成员。舞蹈队以村妇联为组织依托，日常管理与组织前期培育工作主要由社工站主导。考虑到音响音量大容易扰民的问题，舞蹈队选择在党群服务中心旁小卖部前的广场上举办活动。组织培育的主要物资和经费，由村集体负责。

2019 年 7 月 6 日至 7 月 10 日，社会工作者设计了妇女舞蹈队宣传海报，张贴在村口告示板、小卖部门口以及党群服务中心等醒目处，并在入户走访过程中邀请有意向参与活动的妇女。在招募过程初期，社工团队遇到了意想不到的困难。易地扶贫搬迁妇女响应并不积极，她们多持观望态度，多以家务繁忙和照看小孩、老人负担重等理由推托。在进一步沟通中发现，易地扶贫搬迁妇女不愿意报名的主要原因在于：她们对社区仍然存在陌生感，没有勇气在公众面前表现自己，“羞于”参与公共娱乐活动。为此，社会工作者与村妇联主任一起上门宣传动员。在宣传过程中，社会工作者强调“大家同是易地扶贫搬迁人”，帮助易地扶贫搬迁妇女打消顾虑，并动员邻里间互相邀请、结对参与。该方法取得了较好效果，最终招募到 23 名成员，其中易地扶贫搬迁妇女成员 8 名。

(2) 项目中期：组织启动运转。2019 年 7 月 14 日，社会工作者邀请了第一批舞蹈队成员和妇联主任等干部，召开了 C 村舞蹈队成立大会。在会上，主持人介绍了该舞蹈队成立的目的、意义、挂靠单位和组织基本架构，并投票选出一组的 H 女士和六组的 F 女士共同担任舞蹈队负责人，负责舞蹈队日常活动安排、物资对接和发放、成员管理以及其他相关事务。广场舞培训方面，社会工作者设计了两条路线并行的方案。首先联系了邻村 L 村的舞蹈队负责人，请她们安排了 1～2 位有经验的成员轮流担任 C 村舞蹈队的“领队”，帮助她们学习基础舞蹈、选择合适的伴奏歌曲等。同时，社会工作者组织 C 村舞蹈队自行学习和排练舞蹈，帮助其培养舞蹈骨干，在学习过程中逐渐形成组织文化，学会组织管理，并吸引更多妇女加入。

(3) 项目后期：组织运转常态化。在 2019 年 7 月至 10 月的这几个月中，舞蹈队逐渐形成稳定的活动模式，不仅摸索出了最适合的活动时间、活动时长，还培养出了几位舞蹈能力较强的骨干成员，甚至吸引了许多男性村民参与其中。

(五) 实务案例五：C 村庆元旦敬老活动

1. 项目背景

易地扶贫搬迁贫困人口在搬迁之前，多居住于山区、林区等交通不便的地区，通常该地区具有静态的社会结构、较低的社会活跃度、匮乏的文化娱乐设施与活动。在搬迁之后，许多易地扶贫搬迁贫困人口习惯于半封闭式的生活状态，不愿与外界有较多接触和交流，社区活动参与有限。其中，易地扶贫搬迁老年人群体尤甚。在前期介入实务中，社会工作者开展了旨在提升老年人健康知识水平和强化健康生活习惯的健康老年生活小组。在本次活动中，社会工作者以社区参与、社区互助为核心，聚焦老年人社会交往，开展社会工作介入实务。

2. 项目服务内容

本次活动以“元旦节庆”为主题，邀请易地扶贫搬迁贫困人口共同参与制作饺子馅、包饺子、举办茶话会等活动，增强老年人的幸福感，提升他们的社区归属感，帮助他们构建新型社会交往网络。树立“敬老”“爱老”的社区风气，搭建邻里社区互助模式，最终促使易地扶贫搬迁贫困人口更好地融入新社区的生活环境，提升他们对新社区的适应程度。

3. 项目服务过程

（1）项目前期：热身阶段。第一阶段的活动以老年人为主要参与主体，社工、妇女、儿童等群体为辅助参与主体。通过包饺子庆元旦，为易地扶贫搬迁贫困人口提供文化节庆平台，营造社区文化，增进社区认同。在本次小组活动中，社会工作者扮演了协调者与促进者的角色。在活动开展前，社会工作者帮助村民租借场地、购买材料、搭建平台，邀请易地扶贫搬迁贫困人口参与。考虑到易地扶贫搬迁老人的身体与精神状况，社会工作者设计了简单易行的小游戏——“挑战数数字”——进行热身，帮助老人们适应陌生的活动场域，活跃整体气氛。经过前几次的主题社区活动，以及社工们长期入户走访，老人们对社会工作者已经较为熟悉。尽管由于年事已高，许多老人记不住社工的名字，但是也常会用“那个戴眼镜的小伙子”“那个长头发的姑娘”等代称来指代笔者与其他社工同事。因为经常参与社区活动，老人们彼此之间也非常熟悉，许多老人在活动开始后迅速交谈起来。这说明，以社区活动为途径，以社区营造为核心，经常开展符合服务对象需求的活动，对社区建设能起到较好作用。

（2）项目中期：饺子制作小组。在饺子制作环节，社会工作者发现，来自不同地区的易地扶贫搬迁老人的包饺子方式有着显著差异。这些差异不仅体现在饺子的造型上，还体现在制作过程中的手法和速度上。现场有几位不常动手做饭的老人操作不太熟练，饺子制作进展明显落后于其他老人。于是，笔者安排有经验的妇女为其提供示范，并鼓励他们继续尝试。在大家的带动下，儿童也参与进来，站在老人边上帮他们制作饺子皮、添补茶水和点心。整场活动气氛活跃，秩序良好。老人们全身心投入活动中，展示了各类手法的饺子作品，充分展示了不同地区的饺子特色。

（3）项目后期：小组总结。本次小组总结也是对整个社区发展模式介入易迁扶贫搬迁贫困人口社区适应的项目总结，目的在于总结社工站半年以来的工作，邀请易地扶贫搬迁贫困人口分享自己参加活动的感受，收集他们对社工服务的反馈与建议。表现较为活跃的几位老人和妇女都发表了自己的意见，对社工团队在半年中做出的努力表达感谢。C1 先生（66 岁）：“你们能抽时间出来帮我们开展活动，我们都很高兴，也很感激……搬过来之后，虽然亲戚朋友少了，但是也认识了不少新朋友，邻居们待我都挺好的，我现在很满足。”活动还邀请了三位村干部参与，村民委员会主任 C7 先生（34 岁）以社工反馈活动为契机，从产业、保险、扶贫补贴等几个方面为易地扶贫搬迁贫困人口宣讲了精准扶贫政策，并介绍了 C 村在 2020 年全面脱贫之后将继续实行的扶贫政策。三位村干部耐心回答了老人们提出的问题，解释并纠正了许多政策上的认识误区。

从地区发展模式的角度，通过社区活动将政策资源与易地扶贫搬迁贫困人口相链接，能够在已有的帮扶基础上，加强信息沟通、澄清政策认知误区，不仅提升了易地扶贫搬迁贫困人口对政策的理解，同时拓展了资源获取渠道。

四、介入效果评估

（一）评估方法

社会工作者采用的评估方法主要包括以下几个方面：社区干部评估、研究对象评估和问卷调查前后测评估。

1. 社区干部评估

通过对主要负责的村干部进行访谈，了解其对社会工作站在 2019 年 7 月至 12 月对社区适应介入方面的活动开展情况、服务效果、服务内容等方面的评价。

2. 研究对象评估

通过对几名易地扶贫搬迁贫困人口进行访谈，了解其对社会工作者在社区工作实务期间的服务效果、服务内容以及自身改善情况等方面的评价。

3. 问卷调查前后测评估

笔者采集了同一批研究对象在实务介入前后的问卷数据，通过前后测数据对比分析，对实施的社区工作介入效果进行评估。前后测问卷调查主要分三个模块：社会关系评估、社会互动与参与评估、心理适应量表评估。

（二）评估结果

1. 社区干部评估结果

社会工作者在社区介入结束后，对担任C村村主任的C7先生（34岁）进行了访谈。C7主任表示："首先，我认为搬迁组的村民以及其他组村民的精神面貌变好了，大家更加愿意参加活动了，也就是积极性上去了。……其次，对'三留守'群体的关注跟我们村的相关实施方向是一致的，比如儿童夏令营、图书馆项目、老年人讲座等这些活动，对于服务'三留守'群体，丰富他们的生活，以及发展我们村的文化有很大的帮助。"

C7主任还肯定了社会工作者在提升社区教育水平方面的工作成效："夏令营和图书馆项目对我们村教育水平的提高是显而易见的，非常多的家长都在参与活动后跟我交流说这样的项目以后应该多引进，尤其是夏令营项目，今后能够将其固定下来，每年都举办的话就更好了。"

可以预期的是，村小学、"暑期夏令营项目"和"康明斯图书馆"项目将成为C村教育平台的三大支柱，共同促进社区教育的整体发展，让更多的易地扶贫搬迁贫困人口能从中受益，缓解其儿童教育问题，增强其对社区的归属感。

2. 服务对象评估结果

在介入结束后，社会工作者对几位参与次数较多的易地扶贫搬迁贫困人口进行了访谈。C4女士（65岁）："……变化肯定大啊，我和孙女们都参与了许多活动。孙女们夏天参加了（暑假班）培训，还排练了节目表演。小丽的变化最明显，你们来之前她都不太爱讲话，在这边朋友也比较少。后来在暑假班里认识了很多村里的娃儿。现在变活泼很多，经常跟那些娃儿去看书，成绩也上去了一点。”C4 女士还表示邻居之间的关系也比以往更加亲近，她们经常结伴去参加妇女舞蹈队的广场舞活动。对 C4 女士来说，参加舞蹈队不仅是一种娱乐活动，也是构建社会交往网络的重要途径，还是易地扶贫搬迁贫困人口融入社区的有效方式。

T1 先生(52 岁)也是易地扶贫搬迁贫困人口中的一员，年轻时曾经在上海、浙江等地打工，能够说一口标准的普通话，但是因为种种原因始终没能成家。在搬迁过来之后，他从一开始拒绝参与社工站举办的活动，到逐渐尝试参与，最后乐于参加社区活动，其社区适应水平显著提升。他还发挥了自己掌握的汽修技术，经常帮助其他邻居修理摩托车、三轮车，从而建立起了自己的一个小圈子。

像 T1 先生这样的独居户在 C 村的易地搬迁点中还有不少，其中多数还是高龄住户。社会工作者在进行介入的过程中，不仅仅关注他们的自身发展，更关注构建住户之间彼此的联系以及他们与社区之间的联系，从更广泛的角度提高他们对自身群体的认可，建立起身份认同，促使他们逐渐融入社区。

3. 问卷调查前后测评估结果

笔者于 2019 年 7 月与 2020 年 1 月分别对易地扶贫搬迁集中安置点中的 12 名研究对象进行了入户调查与问卷资料收集，所得数据形成前测与后测数据，用于对本次研究效果进行对比分析。笔者采用的问卷为中国工程院咨询项目“城乡融合发展战略研究”调查问卷中的易地扶贫搬迁部分，问卷内容涉及易地扶贫搬迁贫困人口家庭与个人基础信息、贫困原因及扶贫情况、搬迁后的社会关系情况、社会交往情况、社会参与情况以及搬迁后的心理状态与适应情况。

（1）社会关系评估。在社会关系方面，将问卷中六道题进行得分比较，每道题有从1到5五个选项，分别代表“非常差”至“非常好”五种程度的表述，并分别赋值1、2、3、4、5分。易地扶贫搬迁贫困人口得分越高，表示关系水平越稳定、良好。如表8-2所示，接受调查的同一批易地扶贫搬迁贫困人口在参与社区相关介入活动之后，与周边社会关系中各群体的关系变化明显。在社会关系层面，调查对象与邻居、朋友、整体社区居民的关系均得到了提升。在开展社会工作前，与三者的关系均值分别为3.33、3.83和3.67，进行社会工作干预后，关系均值分别为3.83、4.42和4.17，统计结果显示三者的差异具有显著性。

表8-2　服务对象社会关系前后测比较

	前测数据		后测数据		显著性水平
	均值	标准差	均值	标准差	
与邻居的关系	3.33	1.231	3.83	1.193	0.026
与亲戚之间的关系	3.58	0.674	3.75	0.793	0.166
与政府/领导干部之间的关系	3.00	0.603	3.17	0.389	0.166
与朋友之间的关系	3.83	0.937	4.42	0.793	0.002
对整体社区居民的熟悉程度	3.67	1.303	4.17	0.835	0.026
搬迁后的社会交往关系变化情况	1.42	0.669	2.33	0.651	0.005

（2）社会互动与参与评估。在社会互动与参与方面，将问卷中五道题目进行得分比较，每道题有从1到5五个选项，分别代表“完全不来往”至“经常来往”五种程度的表述，并分别赋值1、2、3、4、5分，其中对“社区活动的参加情况”以“完全不参加”至“经常参加”五种程度进行区分。易地扶贫搬迁贫困人口得分越高，表示互动频率越高，社会参与水平越高。如表8-3所示，易地扶贫搬迁贫困人口整体社会互动参与水平有显著提升，尤其表现在易

地扶贫搬迁贫困人口与其街坊邻居的互动水平和社区活动参与程度上。此外，在易地扶贫搬迁贫困人口周边社会关系中，互动最多的对象是街坊邻居，说明易地扶贫搬迁贫困人口在日常交往中较多与邻居接触。建立与培育邻里之间的互助关系，对易地扶贫搬迁贫困人口社区适应有较好的促进作用。

表 8-3　服务对象社会互动与参与前后测比较

	前测得分水平		后测得分水平		显著性水平
	均值	标准差	均值	标准差	
与街坊邻居的来往	3.42	0.996	3.92	0.900	0.007
与亲戚之间的来往	3.08	1.16	3.25	1.138	0.166
与政府/领导干部之间的来往	2.83	0.937	2.92	0.793	0.339
与朋友之间的来往	3.00	1.206	3.42	1.165	0.017
对社区活动的参加情况	2.17	0.835	2.83	1.115	0.054

(3) 心理适应量表评估。在心理适应的评估层面，笔者采用八道层级递进的测量题构成量表，围绕心理状态、社区参与和社区适应认知来评估调查对象在实务介入前后的心理适应变化情况。每道题有从 1 到 5 五个选项，分别代表“非常不符合”至“非常符合”五种程度的表述，并分别赋值 1、2、3、4、5 分。易地扶贫搬迁贫困人口得分越高，表示心理适应程度越好、心理状态越健康。如表 8-4 所示，服务对象心理适应水平有显著提升，说明经过社会工作介入后，服务对象对自身有了更加积极的认识，培养了一定的兴趣爱好，社区参与的积极性也得到了提高。部分调查对象的“空虚”“寂寞”“缺乏生活信心”等负面心理状态得到有效缓解。此外，服务对象对社区的归属感显著提升，说明其社区适应水平得到整体提升。

表 8-4 服务对象心理适应程度前后测比较

	前测得分水平		后测得分水平		显著性水平
	均值	标准差	均值	标准差	
我觉得自己心平气和	3.00	1.206	3.17	1.030	0.166
我能接受自己的不足	3.25	1.485	3.67	1.371	0.017
我不常感到寂寞	2.67	1.371	3.08	1.240	0.017
我不常感觉空虚	3.00	1.348	3.83	0.835	0.017
我有许多兴趣与爱好	2.92	1.443	3.17	1.403	0.082
我愿意参加社区事务与活动	2.83	1.030	3.17	1.528	0.039
我认为自己属于这里	2.67	1.497	3.67	0.888	0.002
我觉得自己的生活有盼头	2.83	1.030	3.25	1.055	0.017

第四节 结论与讨论

一、研究结论

地区发展模式作为一种社会工作的介入理论与方法，要求社会工作者以社区为介入主体，围绕当地社区的实际发展情况，从经济、政治、文化、社会等多领域、多层次地进行介入实践。主要目的在于提升社区居民的社区参与、合作，引导居民开展社区事务的管理，充分利用和链接当地资源解决社区中存在的主要矛盾与问题，提升社区福利，关注社区弱势群体等。

针对易地扶贫搬迁贫困人口社区适应问题，本研究重点关注文化与社会两个领域，从教育、社会交往、文化娱乐、社会组织四个方面对C村进行社区工作介入实践。从社区基础入手，以社区各领域发展为根本，既补齐短板，又发挥本地区优势，促进社区未来的良性发展，最终实现易地扶贫搬迁贫困人口顺利适应社区的整体目标。研究的主要结论如下：

（一）地区发展模式社会工作有助于链接教育资源

针对C村普遍存在的教育资源短缺、教育水平低下以及主要目标群体——易地扶贫搬迁贫困儿童——缺乏监管、学习水平较差的情况，笔者开展了两个社区项目："C村儿童暑期夏令营"和"C村康明斯图书馆"。两个项目分别从教育平台和教育资源两方面入手，用短期项目和长期模式共同作用的方式来提升C村的整体教育水平，提升可用教育资源。"C村儿童暑期夏令营"项目搭建起短期社区教育平台，围绕课业辅导、兴趣拓展、主题教育三方面拓展了儿童的知识面，激发了儿童的各类兴趣，矫正了儿童偏差行为，拓展了儿童同辈群体社交圈，帮助其建立健康的社会交往方式。"C村康明斯图书馆"项目以C村社会工作站为依托，链接企业与当地政府教育资源。在此过程中，社会工作者发挥了链接资源的功能，争取到"康明斯儿童教育慈善项目"在C村落地的机会，并在2019年8月份顺利建立起"康明斯图书馆"，其中既包含图书馆本身，也包括图书馆附带的各项管理条例的制定、运行模式的培养以及社区资源的利用。该项目对于目标群体即易地扶贫搬迁贫困儿童来说，拓宽了其在新迁入地社区的教育资源获取途径，并增强了易地扶贫搬迁贫困儿童的规则意识和主人翁精神。

（二）地区发展模式社会工作有助于拓展社交网络、促进社区参与

易地扶贫搬迁贫困人口普遍面临需重建社会关系网络、重塑社会交往模式的问题。相对陌生的地理、生活环境以及邻里关系使得其在构建积极和有活力的社会交往网络方面存在一定困难。因此，社会工作者在介入过程中不能只运用小组活动或者个案辅导来缓解目标群体的社会交往困境，

而应当从社区角度出发，以构建更广泛的社会交往途径，搭建社会参与的平台，让易地扶贫搬迁贫困人口和全村其他村民最大限度地相互接触，鼓励其积极参与社区事务和活动。

在项目服务过程中，社会工作者在每一个子项目中都设计了旨在促进易地扶贫搬迁贫困人口社会交往的活动内容。例如，在“C村儿童暑期夏令营”和“康明斯图书馆”项目中，针对的是以儿童为主体的社会交往关系，让儿童在暑期班的课堂上、图书馆的学习中以及两次村级晚会的训练和演出中，通过相互协作和参与加深相互认识与理解，帮助其建立更加积极健康的同辈群体网络。在“C村健康讲座”和“庆元旦敬老活动”中，以老年人群体为主，通过知识宣讲、手工互动、茶话会等活动帮助目标群体接触到来自各村组的乡邻，扩大了同辈群体规模，让老年人能拥有更多“老伴”。同时也通过聊天、谈心、游戏互动的方式，吸引他们参与社区活动，缓解其焦虑、孤独、抑郁等不良情绪和心理问题。实践证明，在地区发展模式下，社会工作在拓展社交网络、促进社区参与方面发挥了重要作用。

（三）地区发展模式社会工作有助于提升文化认同与社区活力

在C村，由于缺乏相应文化娱乐的活动组织，易地扶贫搬迁贫困人口缺乏社会参与和文化交往的机会，难以产生对当地社区的文化认同和新的身份认同。针对这一问题，社会工作者以“演出活动”和“节庆活动”为切入点设计了相关活动：“C村儿童暑期夏令营结营仪式”“康明斯图书馆开幕仪式”和“庆元旦包饺子”。前两场活动为全村参与，参与人数均超过百人，其中易地扶贫搬迁贫困人口不仅参与活动的观看，还参与到活动节目的排练、表演环节中。作为参与者的易地扶贫搬迁贫困人口和作为观看者的易地扶贫搬迁贫困人口都能感受到自身群体在C村社区事务中的参与感、融入感，逐渐获得对新迁入地的文化认同，构建起自身的角色与身份认知。这一点在儿童群体上表现得最为突出。此外，频繁的社区活动也能够提高社区整体活力，进一步提高全村村民对社区活动的参与热情，提升全村凝聚力。

（四）地区发展模式社会工作有助于挖掘社区潜力

在地区发展模式中，社区组织发挥着至关重要的作用。社区组织作为社区成员广泛参与社区事务管理的重要平台，在整合社区资源、解决社区矛盾方面发挥着重要功能。社会工作者以文化娱乐组织为切入点，建立面向妇女的C村妇女舞蹈队。尽管该组织面向对象较窄且主体单一，但是对于C村来说却是第一个以社区成员为主体的社区组织，对于挖掘C村社区资源与潜力、培养社区骨干、促进社区参与有着重要的启蒙作用。

二、讨论与反思

（一）地区发展模式的适用性

在本研究中，笔者依据实务周期和可用资源，从可行性、有效性、群体差异性等角度出发，围绕服务对象在心理、行为、社交关系等方面的问题，制定了一系列社区活动项目和社区组织培育项目，从教育、文化、娱乐、社会组织与参与角度进行了实务实践。整个介入过程中，每项活动之间相互关联，群体间相互融入，既帮助了易地扶贫搬迁贫困人口，也进行了社区营造。经过社区干部评估、服务对象评估和问卷调查前后测对比，结果显示：易地扶贫搬迁贫困人口的社区适应问题得到了一定程度的改善，地区发展模式在介入易地扶贫搬迁贫困人口的社区适应方面具有适用性。

（二）项目的不足与展望

本项目的不足之处在于：

一是社区工作介入范围有限。C村村民特别是易地扶贫搬迁贫困人口所面临的问题不仅仅局限于心理、文化、社交等方面，还有生计发展与政治参与的需求。囿于资源和时间等因素，社会工作者未能全面系统地制订社区介入方案，忽略了易地扶贫搬迁贫困人口的生计适应与政治适应问题。

二是对社会工作相关理论与实务方法的综合应用不够。社会工作者运用地区发展模式，从整体层面进行了社会工作干预。但从严格意义上讲，地区发展模式社会工作需要综合运用社区、小组和个案等多种实务方法。唯有如此，才能在兼顾整体性与个体性、广度与深度方面达至平衡。在本项目中，社会工作重点关注了老年人、妇女和儿童三类对象，可能存在关注个性而忽视了系统性、关注介入广度而忽视了介入深度的问题。

基于上述反思，地区发展模式下的易地扶贫搬迁社会工作有待改进的地方有：

一是社区工作和个案工作、小组工作相结合，用个案工作的针对性和小组工作的系统性弥补社区工作“大而粗”的问题。

二是更加积极地关注地区发展模式中社区组织的建立，让更多的当地社区居民能够通过社区组织调动社区资源，解决社区问题，真正参与到社区事务当中。

三是社会工作者应当更多关注贫困群体在“生计”层面的困难与问题，尝试链接资源，助力地方政府和社区提升对贫困人口的帮扶水平和空间，巩固脱贫攻坚成果。

第九章　可行能力建设视角下因病致贫老年人的健康管理实践

第一节　问题的提出与文献综述

一、问题的提出

因病致贫指的是因为家庭成员出现突发性疾病、重大疾病以及持续不断的慢性病而造成家庭在医疗方面总花销金额巨大，远远超出家庭承受能力，使得家庭无法解决而导致的贫困状态。国务院公布的数据显示，2015 年全国贫困人口中有近 2 000 万人属于因病致贫、返贫，群体规模占到总贫困人口的 44.1%。家庭成员出现重大疾病是导致一个正常家庭变为贫困家庭最常见的原因。在没有获得外界救助的前提下，一个普通家庭的积蓄难以支付持续治疗重大疾病的巨额费用，甚至会背负巨额债务。很多因病致贫群体的家庭成员患有重大慢性基础病，这种治疗的花费是持续的、长时间的，在医疗上的总花销金额非常大。已有研究发现，家庭内部发生重大疾病的家庭比没有遭遇重大疾病的家庭更容易出现支出型贫困，疾病已然成为诱发支出型贫困的重要风险因素。①

作为生理性脆弱人群，老年人是疾病风险高发群体。相对于其他群体而言，老年人更容易患上慢性病、大病、重病。当前，中国正处于加速老龄化阶段。据国家统计局统计，2018年，我国新增总人口530万，新增人口数量不及老龄化人口数量，同年有859万60周岁及以上的新增老龄人口，827万65周岁及以上的高龄人口。预计到2050年，我国老年人口数量将占全世界老年人口的25%，超越英、美、德三国的人口总和。日益严峻的人口老龄化问题将会在养老保障、医疗卫生消费支出和老年服务这三方面逐渐外显，给社保系统、医疗系统以及老年服务系统带来巨大的压力。已有研究表明，老年人的健康管理状况是养老保障、医疗卫生消费支出和老年服务的直接影响因素，缓解人口老龄化压力的关键在于实现健康老龄化。② 因此，对于老年人口自我健康管理的深入研究显得更加重要。

对于老年贫困，学者们主要围绕老年贫困的致贫原因、认定方法，以及社会救助等问题进行了多角度、多层次的分析与探究，但对于因病致贫老年人的自我健康管理问题关注不多，在自我健康管理方面将因病致贫老年人作为对象进行研究的相关项目甚少。针对已有研究的不足，本书尝试从健康管理视角出发，分析因病致贫老年人的健康管理现状及其制约因素，开展因病致贫老年人自我健康管理社会工作介入实务，探索社会工作介入因病致贫老年人健康管理的有效路径。

---

① 田北海、王连生：《支出型贫困家庭的贫困表征、生成机制与治理路径》，载《南京农业大学学报(社会科学版)》2018年第3期。

② 曾毅：《老龄健康影响因素的跨学科研究国际动态》，载《科学通报》2011年第35期。

二、国内外文献综述

(一) 健康管理的内涵与模式

健康管理指的是对影响健康的因素实行管理,通过激发健康对象的积极性以及有效配置资源实现健康最大化。[①] 健康管理以健康对象的健康需求为导向,该对象不仅包括个人更包括群体[②],是一个从监测、评价、干预到再监测、再评价、再干预的不断循环的过程[③]。在社会经济快速发展的过程中,人们对健康管理的重视程度逐渐加深。[④] 健康管理在现实生活中具有重要意义。对于个人而言,健康管理有助于有效提高人们的健康水平。例如,有研究发现,健康管理对慢性病患者的健康水平有显著的提升。[⑤] 对于企业而言,一方面,健康管理能够保障劳动者的健康状况,减少医疗支出,提升生产效率,提升经济效益。有研究指出,为员工提供健康管理服务不仅可以有效提高员工的健康水平,提高他们的工作效率,还可以节约企业的医疗成本。另一方面,健康管理可以增强服务对象对服务者的信任,进而提升经济效益。[⑥] 例

① Sullivan B J, *New Wellness Programs Can Produce Big Savings*. Baltimore Business Journal, 1997. No. 15, pp. 26 – 27.

② 李鲁:《社会医学》,人民卫生出版社 2007 年版,第 107—108 页。

③ 陈建勋、马良才、于文龙,等:《"健康管理"的理念和实践》,载《中国公共卫生管理》2006 年第 1 期。

④ Puska P, *Successful Prevention of Non-Communicable Diseases: 25 Year Experiences with North Karelia Project in Finland*. Public Health Medicine, 2002, Vol. 4, No. 1, pp. 5 – 7.

⑤ Vadiee M, *The UK "Expert Patient Program" and Self-Care in Chronic Disease Management: An Analysis*. European Geriatric Medicine, 2012, Vol. 3, No. 3, pp. 201 – 205.

⑥ Sallis J F, *Measuring Physical Activity: Practical Approaches for Program Evaluation in Native American Communities*. Journal of Public Health Management and Practice: JPHMP, 2010, Vol. 16, No. 5, pp. 404 – 410.

如，一项研究发现，针对糖尿病患者的健康管理技术能够提高糖尿病患者的健康水平，减少医疗费用，同时也能提升他们对保险行业的信任度，增加保险公司的收益。[①] 总的来说，无论是对个人还是企业，对服务者还是服务对象，健康管理都有着积极的健康和经济效应。

在具体实践中，不同国家的健康管理模式各有特色。美国采取的是一种全方位的健康管理策略[②]，覆盖生理和心理等层面，具体包括生活方式、疾病和残疾管理等六个方面[③]。对于老年人而言，美国以社区为主体，实现政府、非政府组织等多方主体的合作，为老年人提供生活照料、医疗服务等，其模式具有促进老年人自我管理的性质。[④] 英国主要开展“有经验患者计划”(Expert Patients Program, EPP)，为慢性病患者提供健康教育和活动，以此提高他们的健康认知水平与自我健康管理技能，这一模式在老年人群体中起到了良好的作用。[⑤] 有学者通过对癌症存活者的统计研究发现，EPP 使患者在自我效能、自感健康、心理健康、健康资源获取等多个方面均得到了改善。[⑥] 芬兰健康管理的特点在于社区组织与健康机构共同参与，通过改变环

---

① McCarver P, *Success of A Diabetes Health Management Program in Employer-Based Health Care Centers*. AAOHN Journal, 2011, Vol. 59, No. 12, pp. 513 - 518.

② 符美玲、冯泽永、陈少春：《发达国家健康管理经验对我们的启示》，载《中国卫生事业管理》2011 年第 3 期。

③ Ann S, MeAlearney S C D, *Population Health Management: Strategies for Health Improvement*. Health Administration Press, 2002, pp. 65 - 69.

④ 程望杰、潘宜：《美国老年住宅发展经验研究及借鉴》，载《城市建筑》2011 年第 1 期。

⑤ Vadiee M, *The UK "Expert Patient Program" and Self-Care in Chronic Disease Management: An Analysis*. European Geriatric Medicine, 2012, Vol. 3, No. 3, pp. 201 - 205.

⑥ Wilson P M, *The UK Expert Patients Program: Lessons Learned and Implications for Cancer Survivors' Self-Care Support Program*. Journal of Cancer Survivorship, 2008, Vol. 2, No. 1, pp. 45 - 52.

境来改善人们的生活方式。① 这种健康管理模式以社区为依托进行健康管理项目评估，注重个人生活习惯培养和基层预防，从源头上抑制了健康危险因素，在世界各地被广泛借鉴。② 德国的健康管理主要通过保险公司提供护理保险，以法律手段强制将健康管理纳入医疗保险体系，实现制度化管理。③

我国的健康管理是政府通过监测、评估、解决等多方面措施对健康危险因素进行干预的一个过程。④⑤⑥ 就老年人健康管理而言，有学者以发挥社区功能为基础，以独居老人为服务对象，提出了以提升老年人自我效能为目标的 SMG 健康管理模式。⑦ 在信息技术日新月异的背景下，以物联网为基础的健康管理模式逐渐成为学界关注的新焦点，该模式强调医学技术与互联网技术的有机融合，通过信息传感设备将医疗服务延伸到家庭，为老年慢性病患者提供健康管理服务。⑧

总的来说，国外的健康管理具有体系化、多主体化的特点，比较注重老

① 金彩红：《芬兰健康管理模式的经验》，载《中国卫生资源》2007 年第 6 期。

② 符美玲、冯泽永、陈少春：《发达国家健康管理经验对我们的启示》，载《中国卫生事业管理》2011 年第 3 期。

③ Hamar B, Wells A, Gandy W, et al, *The Impact of Proactive Chronic Care Management on Hospital Admissions in a German Senior Population*. Population Health Management, 2011, Vol. 14, No. S1, pp. S29 - S33.

④ 莫建勋、王庆林、向月应，等：《基于整体医疗理论的健康管理》，载《解放军医院管理杂志》2007 年第 4 期。

⑤ 林晓嵩：《健康管理在我国人口老龄化进程中的作用》，载《中国全科医学》2006 年第 21 期。

⑥ 李春霖：《我国老年人健康管理研究——以泰安市为例》，中国海洋大学 2013 年硕士研究生学位论文。

⑦ 张持晨：《基于社区组织理论的空巢老人“SMG”健康管理模式研究(理论篇)》，载《中国老年学杂志》2017 年第 20 期。

⑧ 孙瑶、李文源、艾育华，等：《基于物联网的老年慢性病自我健康管理模式的构建研究》，载《中国全科医学》2014 年第 10 期。

年人的自我管理，由于起步较早，其健康管理模式相对成熟。相对而言，中国的健康管理更加强调政府的主导作用，政府是健康管理的主要实施主体。为此，有学者认为，中国的健康管理模式体现了一种管理学思维。[①] 近年来，部分学者开始强调自我健康管理的重要性，但在因病致贫老年人群体中，如何推动政府管理向自我健康管理的转型仍旧需要进一步探讨。

（二）老年人自我健康管理的现状研究

整体上来看，老年人健康管理的现状具有复杂性，不同研究的结论不尽相同。一种观点认为，当前我国老年人的健康状况整体处于中等偏上水平，其主要原因在于，随着医学技术的进步、新闻媒体对健康知识的宣传普及，人们开始重视自我健康管理。此外，相对年轻人而言，患有慢性病的老年人会在健康方面花费更多的精力。[②] 另一种观点认为，老年群体对健康的认识存在偏差，多数老年人认为“没病就是健康”，其疾病预防意识薄弱。统计发现，不足五成的老年人会在不舒服时选择主动就医，超过15%的老年人缺乏主动搜索健康知识信息的意识。因此，老年群体健康问题较为突出，尤其是空巢老人发生抑郁的风险较高。[③] 上述研究发现的差异源于老年群体的异质性。从地区差异来看，在东北地区，路英慧等人在长春的调查研究发现，社区老年人具有较高的健康管理认知水平，老年人在遇到健康问题时会主动寻求解决[④]；尽

① 傅华、李光耀：《健康自我管理手册》，复旦大学出版社2009年版，第2—3页。

② 黄菲菲、赵秋利、郭美宜，等：《成年人健康自我管理能力现状及影响因素的调查》，载《中华护理杂志》2011年第7期。

③ 张丽、郝玉玲、谷可东，等：《滨州市社区老年人自我健康管理现状研究》，载《中国初级卫生保健》2020年第1期。

④ 路英慧、邵艳辉、于淑艳：《社区老年人健康自我管理与应对方式的相关性分析》，载《医学与社会》2018年第11期。

管老年人的健康管理行为有待改进，但是积极的健康管理意识同样能够对老年人的健康状况产生正向影响。李欣等人在沈阳的研究同样发现，老年人的健康管理水平属于中上等，其中，健康管理认知水平最高，健康管理行为次之，健康管理环境相对较差。① 在华北地区，冯芳等人指出，老年人的健康管理水平属于中等，高水平占比不足四成，还有待提高。② 冯丽娜等人在唐山的研究发现，老年人的健康管理能力和自我效能属于中等偏上，这可能与该地区相对较高的经济发展水平有关。③ 在南方地区，俞婷婷等人基于福州的调查发现，当地老年人的健康管理水平属于中等偏上。④

总的来说，不同地区的老年人健康管理水平各异。就其影响因素而言，微观层面的个体因素作用更大。大量研究证实，年龄、受教育程度、健康状况、经济状况、居住地等因素对健康管理水平存在显著影响⑤⑥⑦⑧，其中，年龄、健康状况、经济状况的影响尤为突出。

从年龄差异来看，老年人的健康管理水平会随年龄的增长而衰退。对于刚进入老年阶段的老年人而言，他们更加注重自我健康，且有一定的精

①⑥　李欣、张爽、孙晓菲，等：《沈阳市养老机构老年人健康自我管理现状及其影响因素分析》，载《沈阳医学院学报》2018 年第 2 期。

②　冯芳、冯丽娜、陈长香，等：《河北省老年人健康自我管理能力及相关影响因素分析》，载《现代预防医学》2015 年第 5 期。

③　冯丽娜、陈长香、田苗苗：《老年人自我健康管理、家庭及社会支持系统与心理健康的相关性》，载《现代预防医学》2014 年第 16 期。

④　俞婷婷、曾守群、叶倩：《福州市老年人健康自我管理能力及影响因素分析》，载《井冈山大学学报(自然科学版)》2020 年第 2 期。

⑤　纵蒙蒙、徐辉、巢健茜，等：《南京市老年人健康自我管理现状》，载《中国老年学杂志》2015 年第 14 期。

⑦　叶枫、谢静：《老年慢性病病人自我健康管理现状及影响因素分析》，载《蚌埠医学院学报》2019 年第 6 期。

⑧　胡筱蕾、李桂林、李君，等：《45 岁以上农村地区成年人健康自我管理能力影响因素》，载《中华疾病控制杂志》2020 年第 9 期。

力和热情,因此健康水平较高,但是高龄老年人的健康管理水平会逐渐降低。① 随着年龄的增长,老年人的生理出现衰竭且多伴发慢性病,导致其健康管理力不从心,此外,饮食、睡眠等方面的障碍也会负面影响健康管理环境,最终导致健康管理水平偏低。② 因此,年龄的影响具有阶段性,对刚进入老年阶段的群体而言,其健康管理水平相对较高,但就高龄老年人而言,他们的健康管理水平则会随着生理机能和健康管理环境的恶化而出现衰退。

从健康状况差异来看,健康状况与健康管理之间存在着显著相关关系。一方面,健康管理能力越强的群体,其健康状况往往会得到改善;另一方面,健康状况较差的群体往往会更加关注自我健康管理。研究发现,患有慢性病的老年人,其健康管理水平高于未患慢性病的老年人,因为老年人往往在患病之后才会重视健康管理。然而,与年龄的影响相似,随着行为能力的下降,患病种类过多的老年人同样会面临自我健康管理能力不足的问题。例如,相较于仅患一种慢性病的老年人而言,患两种疾病的老年人健康管理水平明显偏弱。③ 健康状况与健康管理相辅相成。对于普通老年人而言,患有轻微慢性病的老年人健康管理水平会相对更高;对于患病老年人而言,相对健康水平越高,其健康管理水平也会越高。以脑卒中老年患者为例,研究发

① 甄晓伟、赵玉娜、陈长香,等:《不同年龄段老年人健康自我管理状况》,载《中国老年学杂志》2016 年第 10 期。

② 冯玉如、陈长香:《农村老年人自我健康管理水平的经济因素》,载《中国老年学杂志》2021 年第 1 期。

③ 俞婷婷、曾守群、叶倩:《福州市老年人健康自我管理能力及影响因素分析》,载《井冈山大学学报(自然科学版)》2020 年第 2 期。

现，健康状况与健康管理存在正相关关系，患者生活能力的衰退会弱化其运动能力与自我管理行为，同时，其生活、社会交往也会受到负面影响，进而导致其自我效能的降低。①

从经济状况差异来看，基于收入的老年人健康管理水平差异被大量研究广泛验证。②③④ 冯丽娜等人的研究指出，老年人的社会经济地位对其健康管理状况有显著影响。⑤ 具体而言，城乡经济发展水平的差异带来了医疗水平、健康意识、健康资源、健康环境等方面的差异，进而导致城市老年人的健康管理水平高于农村老年人；受教育程度高的老年人健康观念更加正确、健康知识更加丰富，同时，其社会资源也更多，由此使其健康管理水平更高；在收入方面，作为健康管理的经济基础，高收入老年群体对健康知识的关注以及接受新型保健知识和方法的机会均高于低收入老年群体，因而其健康管理水平高于低收入老年群体。

总体而言，我国老年人自我健康管理的水平还有较大提升空间。尽管不少调查研究认为，老年人的自我健康管理能力处于中上水平，但是在不同地区、不同特征的老年人群体中差异较大。相对而言，城市地区社会经济条件好的老年群体，其自我健康管理水平明显高于社会经济条件差的老年人。

① 李静、孙培芳、夏洪刚，等：《河北省脑卒中老年人健康自我管理现状及影响因素分析》，载《中国公共卫生》2015 年第 2 期。

② 冯芳、冯丽娜、陈长香，等：《河北省老年人健康自我管理能力及相关影响因素分析》，载《现代预防医学》2015 年第 5 期。

③ 路英慧、邵艳辉、于淑艳：《社区老年人健康自我管理与应对方式的相关性分析》，载《医学与社会》2018 年第 11 期。

④ 叶枫、谢静：《老年慢性病病人自我健康管理现状及影响因素分析》，载《蚌埠医学院学报》2019 年第 6 期。

⑤ 冯丽娜、陈长香、田苗苗：《老年人自我健康管理、家庭及社会支持系统与心理健康的相关性》，载《现代预防医学》2014 年第 16 期。

因此，从整体上提升老年人自我健康管理能力、缩小群体差异仍旧十分必要，尤其是社会经济条件相对较差的老年人，应对其重点关注。

（三）自我健康管理的社会工作介入研究

老年人的自我健康管理强调其主动性，但是这种能力往往是通过外界作用强化的。一般而言，社会支持对老年人自我健康管理具有重要意义，社会支持可以从生理状况[①]和心理状况[②③]等不同方面提高老年人的健康管理水平。研究发现，社会支持可以通过社会、心理和生理等多种机制影响人的健康，社会支持水平越高，老年人的健康管理能力也越强。[④] 例如，对老年患者实施情感智能干预可有效提升其健康管理能力，组建小组、一对一指导、构建社会支持系统等多项措施能够提升老年患者的意志力，增强老年患者的健康责任感和自我护理技能。[⑤] 此外，对于机构养老的老年人而言，由于其健康管理能力弱于社区养老的老年人，因此改善养老机构设施、加大对机构养老老年人的健康管理干预同样十分重要。[⑥] 对于机构养老老年人而言，其健康管理介入的重点在于健康价值水平。健康价值是沃克（Walker）等人

---

① Boise L, Heagerty B, Eskenazi L, *Facing Chronic Illness: The Family Support Model and Its Benefits*. Patient Education and Counseling, 1996, Vol. 27, No. 1, pp. 75-84.

② 王玲凤、施跃健：《城市空巢老人的社会支持及其与心理健康状况的关系》，载《中国心理卫生杂志》2008 年第 2 期。

③ 管健：《恶性血液病患者社会支持状况的研究》，载《健康心理杂志》2003 年第 1 期。

④ 冯丽娜、陈长香、田苗苗：《老年人自我健康管理、家庭及社会支持系统与心理健康的相关性》，载《现代预防医学》2014 年第 16 期。

⑤ 黄琼、邓冬梅、谢芳，等：《情感智能干预对提高特需老年患者健康自我管理能力的评价》，载《中国校医》2017 年第 10 期。

⑥ 李欣、张爽、孙晓菲，等：《沈阳市养老机构老年人健康自我管理现状及其影响因素分析》，载《沈阳医学院学报》2018 年第 2 期。

提出的概念，是指个体对健康重要性的认知。① 研究发现，老年人的健康价值水平越高，其健康管理水平也越高，在养老机构老年人健康管理不足的情况下，强化老年人健康价值十分重要。② 总的来说，老年人自我健康管理的优化离不开外界力量的介入，专业性社会支持尤为重要。在已有研究中，社会治理③、家庭支持④、养老支持⑤⑥等支持手段均可能对老年人的健康管理产生积极作用，但较少有研究关注社会工作介入老年人健康管理的影响。当前，关于社会工作介入自我健康管理的研究并不多见，有限的研究主要集中在以下两个方面。

一是残疾人自我健康管理的社会工作介入研究。全面管理影响残疾人健康状况的消极因素可以以有限的资源实现健康最大化。⑦ 以听力残疾人为例，与其他群体不同，听力残疾人既有一般个体的健康管理需求，同时也

① Walker S N, Sechrist K R, Pender N J, *The Health-Promoting Lifestyle Profile: Development and Psychometric Characteristics*. Nursing Research, 1987, Vol. 36, No. 2, pp. 76 – 81.

② 张文静、王燕、刘婷，等：《养老机构老年人健康自我管理现状及影响因素》，载《中国老年学杂志》2018 年第 10 期。

③ Cott C A, Gignac M A, Badley E M, *Determinants of Self Rated Health for Canadians with Chronic Disease and Disability*. Journal of Epidemiology and Community Health, 1999, Vol. 53, No. 11, pp. 731 – 736.

④ 周森、张丽辉、郭宝宁，等：《家庭功能与老年人健康》，载《中国老年学杂志》1997 年第 6 期。

⑤ Smilkstein G, *The Physician and Family Function Assessment*. Family Systems Medicine, 1984, Vol. 2, No. 3, pp. 263 – 278.

⑥ Sangalang C C, Gee G C, *Depression and Anxiety among Asian Americans: The Effects of Social Support and Strain*. Social work, 2012, Vol. 57, No. 1, pp. 49 – 60.

⑦ 熊娇：《家庭健康管理系统的设计和实现》，北京交通大学 2008 年硕士研究生学位论文。

因自身生理障碍导致其健康管理需求具有特殊性。① 从国外的经验来看,向听力残疾人提供的卫生服务资源往往难以满足其需求②,但健康管理往往可以实现卫生资源的高效配置③,尽早对听力残疾人进行健康管理干预十分必要④。为此,国内有研究者指出,应建立听力残疾人健康数据库,以此为基础通过数据分析为听力残疾人的健康管理提供依据。⑤ 从社工介入角度来看,健康管理服务主要分为健康检查、评估和宣传教育三个方面。然而,由于生理障碍,听力残疾人在健康检查结果、健康知识和健康服务等方面的获取上存在不足。因此,通过社会工作整合公共、社会和个人资源为听力残疾人提供帮助、增进人际沟通、强化心理关怀,对于听力残疾人的自我健康管理具有重要作用。⑥ 具体来说,要对听力残疾人的自我健康管理进行科学引导,采用标准化管理流程,保障健康管理信息及时可靠。此外,还应基于听力残疾人的特性采取差异性的健康管理原则。⑦

二是老年人自我健康管理的社会工作介入研究。有学者以老年糖尿病

---

① 黄建始:《什么是健康管理?》,载《中国健康教育》2007 年第 4 期。

② Lee J Y, Kim B K, Eun S J, et al., *Healthcare Expenditures of Disabled Households in Seoul*. J Rehabil Res, 2009, No. 13, pp. 199 - 223.

③ Jorm A F, Christensen H, Henderson A S, et al., *Factors Associated with Successful Ageing*. Australasian Journal on Ageing, 2010, Vol. 17, No. 1, pp. 33 - 37.

④ Manthorpe J, Clough R, Cornes M, et al., *Four Years on: The Impact of the National Service Framework for Older People on the Experiences, Expectations and Views of Older People*. Age and Ageing, 2007, Vol. 36, No. 5, pp. 501 - 507.

⑤ 赵徐静、孙乐球、朱翌,等:《社会参与因素对听力障碍者心理健康的影响》,载《中国慢性病预防与控制》2010 年第 2 期。

⑥ 马蕊、刘琴、姚华:《医务社会工作专业方法在听力残疾人健康管理中的作用研究》,载《江苏科技信息》2015 年第 30 期。

⑦ 许保生、陈瑞英、蔺洪杰,等:《浙江听力障碍学生中高等职业教育衔接状况调查》,载《中国特殊教育》2011 年第 6 期。

患者为研究对象，研究其自我健康管理的社工介入方法、经验及成效。研究发现，以调节心理情绪、促进健康教育等为主题的个案工作和小组工作，以及提供社区支持的社区工作对提高老年慢性病患者的自我健康管理能力有积极作用。① 由此可见，老年人自我健康管理的社工介入是一项多层次的复杂工作。具体来说，在个体层面，有学者认为社工介入应该从健康意识着手。研究发现，通过社区健康小屋的医务社工开展的健康服务能够有效满足老年人的健康管理需求，增强其健康管理意识。② 在小组层面，社工介入应该强调自主性与社会交往的结合。一方面，通过在东北地区对非健康老年人开展健康管理小组活动发现，社工介入能够有效改善老年群体的健康管理水平，进而验证了自我预防的健康管理原则的有效性③；另一方面，通过在老年群体中开展健康知识竞赛等活动发现，小组互动能增进老年群体支持，进而强化其健康意识，提高其健康管理水平。④ 在社区层面，有学者认为社工介入应该强调系统性，从微观、中观、宏观等不同方面开展工作，将社区照顾与家庭、同辈群体等社会支持网络相结合，整合多方面资源，助力提升老年人的健康管理水平，解决健康问题。⑤

---

① 梁露：《老年慢性病患者自我管理能力提升的社会工作介入——以糖尿病患者为例》，东南大学 2018 年硕士研究生学位论文。

② 郭娅婷、陈康丽：《医务社工介入社区老年人健康管理的实践研究——以昆明市 H 社区健康小屋为例》，载《国际公关》2020 年第 3 期。

③ 王宇玲：《健康老龄化视角下社会工作介入农村社区老年人健康管理的实务研究——以 H 省 D 村为例》，吉林大学 2018 年硕士研究生学位论文。

④ 陈娟：《小组工作介入城市社区老年人卫生保健服务的实务探索》，青海师范大学 2018 年硕士研究生学位论文。

⑤ 杜玲丽：《社会工作介入农村老年人社区健康照顾研究》，南京师范大学 2018 年硕士研究生学位论文。

（四）对现有研究的评价

基于以上文献梳理发现，国内外学者对自我健康管理的内涵、模式、现状及社工介入已有较为深入的研究，总的来说具有以下特点：

在研究视角方面，现有研究关于健康管理的分析并不鲜见，但多认为政府应在健康管理中发挥主导作用，对个人自我健康管理的重视相对不足。实际上，自我健康管理往往比政府主导的健康管理更具内生性，能够有效减少医疗资源的浪费。因此，本研究尝试以自我健康管理为研究重点，分析社会工作介入其中的具体路径，以及其对个体自我健康管理能力提升的成效。

在研究对象方面，有学者对不同群体的自我健康管理进行了研究。从研究结果来看，不同群体的自我健康管理水平存在较大差异，尤其是基于社会经济条件的差异，但当前学术界对农村贫困老年人的自我健康管理关注不足。因此，本研究尝试研究服务对象的自我健康管理特征，探索积极有效的社会工作介入方法。

在研究内容方面，现有研究在个案、小组和社区等不同层面对自我健康管理进行了社工介入分析，但现有研究对于社工介入过程的分析相对不足。为此，本研究尝试以个案工作为基础，深入分析因病致贫老年群体自我健康管理的社工介入过程、方法、成效及经验，探索更加完整、系统的个案介入模式，推进社会工作在自我健康管理介入方面的研究。

在研究方法方面，已有研究运用个案、小组、社区工作介入反贫困较为普遍，但对于因病致贫老年人的健康管理问题，运用社工理论与视角进行介入的研究较少。基于为贫困群体提供服务的场域的特殊性、资源的稀缺性、群体亟待解决问题的紧迫性，以及所选理论视角的特殊性，本研究采用专业社会工作方法来介入因病致贫老年人的自我健康管理问题。

第二节　因病致贫老年人的自我健康管理现状

一、服务对象的基本情况

（一）个案来源

文中的服务对象是J社区里的一名因病致贫老年人，其对自我健康管理有需求。社区工作人员在入户走访排查时发现了案主，并上报给上级部门。经由上级部门联系社区工作站负责人，寻求社工介入。笔者在了解了案主的基本情况、自愿配合情况以及家人配合程度后选择了服务对象K。

（二）服务对象背景资料

服务对象K，男，65岁，患有中晚期肺癌，无固定收入；其妻C，63岁，患有中度精神分裂症，常年吃药且靠服务对象K照料其起居；其家庭成员还包括儿子Q、女儿G以及两个孙女。其中儿子Q因外出务工常年不在家，且已离婚，留下两个女儿在家，年收入在5万元左右；女儿G已出嫁，无工作，在夫家操持家务，照顾其年幼的孩子及身体欠佳的公公婆婆，很少与父母联系。服务对象K于2019年4月查出中晚期肺癌后，总是郁郁寡欢，喜欢闷坐在家中，对老伴C的照顾也显得力不从心了。家中全依靠在外打工但工资微薄的儿子Q，所以K对吃药这件事产生了一定的抵抗心理，不愿吃药。另外，在K看来，这个病是无法治愈的，“吃药只是一件浪费金钱、没有用的事情”。

二、服务对象自我健康管理现状

在前期探访的基础上，我们运用成年人健康自我管理能力测评量表(AHSMSRS，见附录 2)对服务对象进行测评。测评结果显示，服务对象 K 的健康自我管理能力总得分为 72 分。

(一) 自我健康管理行为

在饮食管理水平方面，AHSMSRS 量表测评结果显示，服务对象在饮食管理维度上的得分为 13 分。具体而言，服务对象 K 一日三餐较为规律，但科学饮食知识较为缺乏，每日 1 200 ml 的饮水量也无法达标。在运动管理水平方面，AHSMSRS 量表测评结果显示，服务对象在运动管理维度上的得分为 5 分。由于心理负担沉重，K 较少与人进行正常的人际沟通与交往，日常情绪低迷，无法控制自己，亦无法进行有效的运动管理。在疾病应对管理水平上，AHSMSRS 量表测评结果显示，服务对象在疾病应对维度上的得分为 8 分。具体表现有：就医后，K 不能积极配合医生出具的治疗方案；平常服药时，K 不会注意药瓶上有关的情况说明和有效期限；当身体出现不适时，K 会选择“死扛”，而不是及时就医诊断。总体而言，在自我健康管理行为维度，满分为 70 分，服务对象得分为 26 分，处于较低水平。

(二) 自我健康管理认知

在健康信念水平方面，AHSMSRS 测评结果显示，服务对象在健康信念维度上的得分为 22 分。具体而言，服务对象 K 抗拒与人交往，没有认识到良好的人际交往对自身健康管理起积极的推动作用，更没有认识到家庭成员和朋友对自身健康管理起着监督与榜样的作用。同时，K 不听从医嘱，未认识到药物的合理服用能有效缓解或者改善病情。在自我效能水平方面，AHSMSRS 测评结果显示，服务对象在自我效能维度上的得分为 9 分。具体而言，服务对象 K 出现自我健康管理问题时，不能做出正确的判断与处理，无法执行医嘱。总体而言，在自我健康管理认知上，满分为 70 分，服务对象得分为 31 分，处于较低水平。

（三）自我健康管理环境

在资料利用水平方面，AHSMSRS 测评结果显示，服务对象在资料利用维度上的得分为 9 分。具体而言，服务对象 K 没有主动学习健康管理的有关知识。面对巨大的医疗支出，服务对象 K 不仅没有寻求他人的帮助，也不主动关注与自身息息相关的医疗政策与保险，不能充分利用身边的有效卫生服务资源。在环境自我管理水平方面，AHSMSRS 测评结果显示，服务对象在环境自我管理维度上的得分为 6 分。具体而言，服务对象 K 既不注意饮食与环境上的卫生和安全，也不在意平常所处的睡眠环境是否有利。总体而言，在自我健康管理环境上，满分为 50 分，服务对象得分为 15 分，处于较低水平。

三、服务对象自我健康管理的制约因素

进行深入访谈后我们发现，服务对象自我健康管理水平低，与其脆弱的家庭生计条件、个体认知偏差及无效的家庭沟通密切相关。

（一）生计条件脆弱

不管是对孩子还是对青年人、老年人而言，家庭对一个人的健康发展起着至关重要的作用。服务对象 K 属于因病致贫人口，在医疗上的开销金额

巨大，经济能力稳定性差。老伴 C 患有中度精神分裂症，需要常年服药，自己又查出中晚期肺癌，这无疑让家庭经济状况雪上加霜。儿子在外务工但收入不高，女儿又无工作，家里一切琐碎事情全靠服务对象 K。这种家庭情况给服务对象造成了很沉重的心理压力，使得服务对象情绪有所变化，心情郁郁寡欢，影响了 K 的自我健康管理。

K 与老伴以及两个孙女常年共同生活。迫于生活生计上的压力，加上其家庭成员文化水平低，家庭成员对 K 的心理状况关注较少，这在很大程度上弱化了 K 的自我健康管理意识。

（二）个体认知偏差

很多人都不愿接受、正视自身病情，这对其自身的伤害也是永久性的，包括极易出现焦虑、自闭等各种心理问题。访谈发现：自我健康管理较差的因病致贫老年人，往往存在一些错误认知，如害怕被周围人议论。错误的认知往往导致消极情绪的产生和蔓延。在重大的情绪压力下，服务对象极易出现自卑、自闭、逃避社会交往等情况，进而加剧焦虑、自卑甚至自我否定等消极心理。对于案主 K 而言，其认知偏差主要体现在如下几个方面：

第一，担心受歧视。服务对象 K 身处农村，受固化思想影响严重。面对癌症病情，K 不能正确对待，始终无法接受，害怕受到左邻右舍的议论，抗拒与他人交往，情绪较为低落。

第二，担心拖累家庭。由于本身生计条件较差，癌症病情使得原本不富裕的家庭面临更严峻的挑战。服务对象的老伴 C 也需常年服用药物，一对儿女的收入仅能勉强维持生活，整个家庭的医疗开销巨大。这使得服务对象 K 害怕因为自己患病而使得家庭经济状况雪上加霜。

第三，对治疗效果缺乏信心。服务对象K始终认为，中晚期肺癌是难以治愈的，未来病情的变化也是难以预估的。因而，K对医嘱持怀疑态度，并认为既然无法痊愈，每日服药也是浪费金钱，从根本上认为这是一件没有意义的事情。

第四，对生活前景迷茫。服务对象K由于对自身病情持悲观看法，导致其心理与情绪发生变化。不仅不与左邻右舍进行正常交往，与自己家的家庭成员也未能进行有效沟通，使得服务对象看不见生活的希望，对自身未来发展不再有所期盼。

分析本案例，不难发现服务对象K的错误认知导致其性格发生变化。在还未患重症之前，服务对象K的性格属于比较开朗型，愿意与周围乡亲进行娱乐活动和自主交流。然而，自从患病之后，服务对象的思想、情绪和性格就发生了转变。服务对象害怕与人交流，害怕周围人议论，慢慢变得自卑，郁郁寡欢，更不愿打开心扉，于是选择以消极沉默的方式去对待自身健康。

（三）家庭有效沟通缺失

情绪的变化与沟通方式有很大关系。因病致贫老年人之所以自我健康管理能力较差，也与其家庭以及周围人的沟通状况存在较强关联。分析本案例后我们发现，服务对象K本身受教育程度较低，子女又忙于各自生计问题，无法做到细心照料，也没有及时关注其父亲内心的变化，最后导致服务对象K与其子女和周围人缺乏有效沟通。面对服务对象出现的一些“不当”行为，子女常常指责、说教，极少深入了解父亲内心的真实想法、关注其情感需求。K则因为害怕成为子女的负担，缺乏对子女的包容与理解，而进一步弱化了其自我健康管理意识和行为。

第三节　因病致贫老年人自我健康管理能力提升的个案介入

一、接案与建立专业关系

接案时，形成良好的专业关系是成功的关键。这样既能明确助人的目的，也能使社工服务者获得心理满足感，从而达到有效的助人目标。

服务对象K是恩施自治州宣恩县J社区的因病致贫老年人，与老伴C以及两个孙女同住。因为患病问题，服务对象存在自我健康管理意识不强、水平不高的现象。通过社会工作者反复与之交流，服务对象K产生了自我健康管理能力提升个案工作服务需求。

二、预估与确定目标

（一）预估

通过前期对K的接触与访谈，我们发现，K存在以下三个方面的困境：第一，因为服务对象患有中晚期肺癌这一重大疾病及其与家人沟通表达方式不正确、不及时，导致其出现认知上的偏差；第二，K认知上的误区导致其出现心理上的困扰进而影响其情绪；第三，服务对象经常不愿意服药或只是间断性服药。这些问题导致服务对象K对未来没有信心，对生活没有期盼。所以，社会工作者需要对服务对象K进行个案工作服务。

虽然存在以上几方面问题，但是通过接触，我们也发现了服务对象K存在的优势：第一，在简单的几次访问后，服务对象有主动尝试改变现状的意愿;第二,服务对象的一儿一女在接受电话访问后,也表示愿意全力配合并帮助父亲 K 走出困境。

(二)确定服务目标

基于案主自我健康管理现状及对其制约因素的分析,结合 K 的家庭及个人的基本情况,笔者与案主 K 共同商讨沟通并确定了本次个案工作的目标:

第一,帮助服务对象 K 增强自我健康管理能力,使其对生活产生期盼。

第二,加强子女对父亲的关心与交流,让 K 感受到来自亲人的关怀与温暖。

第三,帮助案主 K 澄清自我健康管理方面的认知误区,树立正确的自我健康管理意识,激发有益情绪,重拾阳光心态,回归正常健康管理状况。

三、制定服务计划

在开展服务期间,社会工作者与服务对象及其子女商量协定,每周六下午四点在其家中进行访谈。社会支持网络强调个人所获得的社会支持对其个人成长与发展有着积极的意义,同样,社会支持网络对个人尤其是老年人的自我健康管理意识的增强也有着重要的作用,故在对服务对象 K 介入时会考虑来自家庭网络的作用,邀请 K 的子女共同参与整个服务介入,也让以往与服务对象 K 交流最多的三位好朋友参与介入,这样不仅能让 K 与子女有交流机会,倾听彼此心声,还能让 K 感受到三位好友的鼓励与支持,促使 K 做出相应的改变,进而推进 K 增强自我健康管理的意识。依据优势视角理论,K 自身寻求改变的意愿强烈,这有利于让 K 充分发现自身优势与潜力,明白自我健康管理的重要性。

四、服务介入

(一) 第一次介入

以正式的身份进行的初次介入,很大程度上决定了本次介入服务的质量。让服务对象感受到社工服务的专业性,也是后续服务活动能顺利进行的基础。为此,笔者将首次介入的主要目标确定为:一是了解服务对象现阶段的健康管理状态;二是知晓其对自我健康管理的态度,以此判断 K 对纠正其自我健康管理方式的意愿;三是确定 K 自我健康管理能力不足的多方面原因。

从笔者的实践经验来看,在过往服务介入过程中,笔者以一个陌生人的身份初次进入服务对象的生活场域时,大多数服务接受者会出现紧张甚至心理抗拒的行为表现。为保证服务介入的顺利开展,笔者以轻松自由的寒暄开场,并首先向服务接受者打开心扉,进行自我介绍,待沟通气氛进入平和状态时再逐渐开始以自我健康管理为主题进行沟通。

以下是访谈节录:

笔者:"K,您能说说您现在的一个基本的用药情况吗?"

K:"好的。我患有中晚期肺癌。因为经济状况,选择的是保守治疗。也就是坚持服药,维持肿瘤不快速恶化与扩散。"

笔者:"那医生要求您每日每餐怎么服药呢?您在家有没有每天按时服药?"

K："医生让我一天吃4次三种不一样的药，每种各吃两粒。我每天就只是早晚按时吃药，有时候还会忘记。我觉得那些药很贵，我能少吃一顿是一顿，反正这病也不是坚持吃药就能够治好的。"

由以上对话可以看出，服务对象K的健康管理问题较为严重，自我健康管理意识不够，需要做出改变。服务对象K说"少吃一顿是一顿""这病也不是坚持吃药就能够治好的"，说明他内心已经认为吃药是一种负担且是一件毫无意义的事情，这显然是K在自我健康管理认知上的误区。下一步，社会工作者需了解服务对象K及其子(Q)女(G)对K健康管理的态度。

笔者："那我们就按照您每天早晚吃药的这个情况，来当作您之后行为改变的参照。您认为您自己的健康管理状态差吗？自我健康管理的能力怎么样呢？这种状态给您的生活带来了什么影响吗？您有多希望改变现状？"

K："我觉得我的健康管理状态还是很差的。现在情况会越来越糟糕。这个病本身到了中晚期就是很折磨人的。对我生活的影响而言，就是让我整天处于很疲倦的状态，没有精气神。什么都不想干，也不想跟人接触、交流。一想到我家的现实情况，我就丧失了吃药的想法。我家孩子出门在外，已经很不容易了，孩子他妈还有精神疾病，需要我在家照顾……真的，这种生活让我看不见活下去的希望，我很难受，我想改变现状，让我自己能生活得更好一些。"

笔者："那Q、G，你们在这个事情上有什么想说的吗？"

Q："我非常希望爸爸可以成功改变。如今我只身一人在外打工，整个家还是要靠爸爸支撑，我妈还有我的两个孩子都离不开我爸。"

G:“是啊,只要他能改变现在的这种情况,我们都愿意极力配合您。”

笔者:“那我们现在来测试一下。(与 K 对视)您把这份《成年人健康自我管理能力测评量表》填写一下,只需按照上面的题目打钩就行。”

K:“好的。”

由以上对话可以看出,服务对象 K 认为其自我健康管理的状态还是很差的。但是服务对象自身的优势就在于其自我主动寻求改变的意愿比较强烈。根据量表采用 Likert-5 级计分法所算出的总分,可以看出个体的自我管理能力还是较差的。不管是在行为上,还是在认知与环境上,三个维度的自我健康管理的得分都处于中下等水平。自我意愿的积极配合以及改变动机的强烈程度直接影响服务的效果。除此之外,其子女的全力配合代表着其家庭网络能提供有效的支持,这是 K 的优势。由此,K 改变自我健康管理弱的现状指日可待。为此,笔者计划采取鼓励支持与反馈的策略,肯定服务对象寻求改变的想法,并且感谢其积极配合的意愿,增强其信心。

接下来,笔者继续发问,探索服务对象 K 自我健康管理水平不高的原因。

K:“刚从医院回来的时候,我的情绪就不好。自己得了这种病,一查就是中晚期,还是让人很受打击的。医生说我这个病现在动手术已经不会起太大作用了,对我而言还是有比较大的心理负担的。”(唉声叹气,欲言又止)

笔者:“既然有这种情绪,为什么不肯听医生的建议,每天按照医嘱吃药呢?”

K:(沉默了一会)“吃完这些药,也不能让我有好转。只能说是不让情况恶化。反正都是要死的。况且这些药也不便宜。”

笔者:“医生开药肯定是以能延续您的生命为基础的,您心理负担这么重,为什么不肯与家人说说?与自己的老朋友谈谈心也是可以的呀。”

K:“我感觉自己家里的情况越来越不好了,不想增加子女的负担,也没心思跟外面的人打交道了。”

笔者:“听说您之前是爱打麻将的,为什么现在不叫朋友们来打麻将了?”

K:“现在不比以前了。每天睁开眼就开始瞎想,根本没有心思与老朋友们聚在一起打麻将。并且还怕别人在背后议论。”(左右摇头)

不难发现,K还是无法接受自己患病这一事实,心理压力与负担极重。不仅担忧自身病况,而且害怕陷入“人财两空”祸及家庭的境地。在就医上,K并未积极配合医务人员的治疗或处理。同时,K也不能判断出有害健康的行为、活动或事物,无法正确应对所出现的健康问题。另外,K拒绝与人正常交流,这说明服务对象对正常交流存在认知偏差,并未体会到良好的人际关系可以促进其健康管理,而听从医务人员的建议是保持健康的途径之一。

笔者继续追问其自我健康管理意愿不强的原因。

笔者:“除了上面的原因外,您觉得还有其他什么原因吗?”

K:(思考了一会)“我觉得我的子女们过得也不好。我女儿嫁人了,自己也有自己的家庭了,那边也有公公婆婆要照顾,经济状况也不是很好。我儿子一个人在外地打工,老婆跟他离婚了,还要负担两个孩子的所有开支。我不想成为孩子们的负担。”

笔者:“您现在每天有什么娱乐活动吗?”

K："没有了。不愿意与别人交流。觉得那些热闹事儿现在离我太遥远了。就算是坐在家里看电视，也看不进去了。"

笔者："与老朋友们坐下来谈谈心、打打麻将，这些娱乐活动不正可以分散您的注意力、缓解压力吗？"

K："现在每天待在家里好像也已经习惯了。"

通过不断追问，K也开始逐步剖析自己的内心。不难发现，服务对象自我健康管理意识不强的原因有以下几点：一是对自己的病情没有清晰的认知，健康信念不强，导致其自我健康管理的意愿不强；二是害怕别人的议论，导致其社会交往兴致不高，不愿意与他人沟通；三是心理负担过重但无人能说，K也不愿意给子女带来麻烦与负担。

笔者开始向服务对象K及其子女反馈信息，让他们知道自身问题及其原因，并承诺会让K根据这些原因做出行为的改变。

笔者："通过之前的交谈，您能清楚您自我健康管理意愿不强的原因了吗？您能具体地说说吗？Q和G也清楚自己父亲的问题了吗？"

K：（眉头紧锁）"现在基本上了解了，自我健康管理意愿不强在于我现在对我的病还没有完全接受，并且情绪很低落，不愿与人正常交流，不愿与家人以及老朋友倾诉自己的内心想法，任由这种情况肆意发展。"

Q："由于常年不在家，我不知道父亲想法会这么多，也没有经常打电话回来。"

G："是啊，我们真的对父亲太疏忽了，我们也会从现在开始积极配合您的。"

笔者："那么您可以和我一起完成一个小小的计划吗？就是从明天起，

要定时定点按照医嘱吃药。心情低落、兴致不高的时候，就提醒自己开展一些娱乐活动，或者出门在村里面遛弯，与自己的好友谈谈心、说说话。不想吃药的时候，就想想子女们还在靠您支撑着这个家。两个子女的主要任务就是监督父亲按时吃药，两个孩子商量出一个时间表来，每天按时给父亲打电话，提醒父亲按时吃药。我们先这样试试，看之后有什么变化。你们觉得这样可以吗？”

K：“好，从现在开始我会要求我自己有变化。”

笔者：“根据您刚才填写的量表，现在是72分，分数越高代表您的状态越好，最高分是190分。在最后一次面访的时候您还会再填一次，看看到时候分数有没有提高。”

K：“好的。”

…………

经过第一次面谈，服务对象求助动机变得清晰。他渴望有所改变，其社会支持系统与优势潜能也得以激活。可见，第一次介入效果较好，即为服务对象剖析了自我健康管理水平不高的深层次原因。同时，服务对象及其家人对本次服务介入给予了全力配合。经过社会工作者循序渐进的引导，本次服务顺利达到了预期效果。

（二）第二次介入

认知行为理论强调，人的行为极大程度上受到其认知的影响，矫正个人行为，离不开对其个人认知的改变。本次介入的目的是把握服务对象对自身身体状况的主观态度，矫正其在健康信念上的认知偏差。而不与人正常交往也与错误认知有关，这使得服务对象的性格越发孤郁与自卑。以服务对象对健康信念的偏见为服务焦点，使服务对象认识到当前郁郁寡欢的生活状态来自自身对健康的错误认知。通过改变服务对象的错误认知，来改变其对健康信念的看法，使其重拾阳光性格，改善现状。

介入初始，笔者主要了解第一次介入后服务对象生活上的变化，包括有没有按时吃药，与人打交道状况如何等。以下是初次介入一个星期后 K 的情况叙述：

K："……(眉开眼笑)我跟您说说我这周以来的情况。人啊，还是要多跟人交流，多说说话。心里没有那么多事了，人好像也开朗了，心情也会有变化。上次跟您聊完后，我反复在脑海里回想我这个身体状况没好转的原因，也把您的建议记在了心里。刚开始的时候，我还是会心疼钱，不想按时吃药，已经看作是走到生命的尽头了。可孩子们每天都会给我打电话要求我按时吃药，不断告诉我钱是小事，命才是大事。家里的一切都需要我，我是家里的支柱。我要是垮了，老伴和两个孙女就没人照顾了。孩子们有时候还会给我几个邻居、老朋友打电话，让他们来陪我说说话、打打麻将之类的。就在孩子们不断的电话监督中，我感觉我能慢慢控制那种不好的想法了，自己开始记得要按时吃药。老友们来串门，还是让我有点不自在，不知道说些什么。不过在跟孩子们打电话的时候，我有些心里话也会说出来。有时候那种想法又出现的时候，我就会主动打电话给孩子们，告诉孩子们我的真实想法。"

笔者："哇，听见您说了这么多，我真的好开心。您看您，在短短的时间内通过自己的努力竟然可以按时吃药了，真是太棒了。您要充分地相信自己一定能行。想法不是一两天就能改变的，需要慢慢来。那种想法一出来您就主动联系子女的这种做法是非常好的，至少愿意开始与人分享内心感受了。我相信假以时日，您一定能控制住自己，那样自我健康管理能力也就不断增强了。”

总结服务对象过去7天的实际生活改变，有以下几点发现：首先，K渴望自身实现改变，对社工介入有着高度认同感，并非受外界因素影响不得已而为之；其次，服务对象能够开始慢慢控制自己的情绪与行为，从某种意义上讲，这是K的自身优势，具有较好的可塑性，对社工介入有较高的认同感和配合度。基于此，笔者坚持鼓励的原则，肯定其已有的改变，并对其提出个人更高的期待。但是从服务对象最后的阐述来看，服务对象与外界的交流还是不够顺畅，会存在不自在的感觉。由于此次介入的目标是转变服务对象自身的健康信念认知及做到正常的交往，因此，笔者主动追问个人交往与交流问题，引发服务对象的自主思考。

笔者："……刚才我听您说您面对串门的乡亲会有一种不自在的感觉，为什么？还是放不开吗？"

K：（思索了一会）"可能是患病以来，我的内心长时间处于一种很封闭的状态。内心还是会存有戒备心，害怕别人到处议论我的病情或是家庭情况，也存在紧张的情绪。"

笔者："很开心您可以对我如此坦诚，让我知道您最真实的想法。但是希望您能好好地想一想为什么要正常交往，还有咱们应该做点什么才能和以前不一样？"

紧接着的介入主要从服务对象K对正常交往的错误认知入手，并尝试引导其对正常交往进行进一步思考，尝试纠正其先前的看法。

笔者:“那首先您跟我说说您是怎么看待人与人之间的交往的呢?”

K:(看了看笔者)“说实在的,我以前没考虑过这个问题。我觉得人与人之间可以交流,也可以不交流。”

笔者:“那您觉得您患病了,周围的邻里乡亲有没有嘲笑、奚落您呢?”

K:“没有吧,但是心理上还是怕人说啊,毕竟是癌症。”

笔者:“之前,您与邻里乡亲相处得怎么样啊?能具体说说吗?”

K:(面带微笑)“相处得还算不错,很融洽。如果有什么事情,一旦大家知晓了,还是会相互帮助的。之前隔壁家的孙子不见了,全村人都自发地帮忙找孩子。如果下雨天邻居还在田间赶不及回来收拾晾在外面的衣服的,乡亲们都会帮忙收一下。”

…………

笔者:“那这种互帮互助的状态您不喜欢吗?”

K:“喜欢啊,我们农村人还是挺淳朴的,没有什么坏心思。”

…………(服务对象K的老友O和B此时来串门了)

笔者:“不如趁这个机会,听听老友O和B的想法吧。”

O:“其实对K的情况,我们都大概知道。上次他的孩子们给我打电话,希望我们经常去看看K,也跟我们聊了下家里的情况。我们还是想帮助他。邻里乡亲就跟亲戚是一样的,天天生活在一起,有什么困难,我们会尽我们最大的能力去帮助他。得病真的是要心态好,心态好了病就会好了。更何况我们几个是常年的牌搭子,这都算是有革命友谊的啊。”(看着K,哈哈大笑)

B:“我们之前还不是经常喊他来我家打牌,他都不愿意出来。如今在村里都很少能看见他人了。(他)几乎就待在家里。”

笔者:“那K您有什么想说的吗?”

K:(看看O)“可能是我太过于敏感了。”

笔者:“嘴长在别人身上,我们没有权利要求别人不议论我们。我们要想的是,有人真的议论我们怎么办?议论的话题是对我们不利的要怎么办?我们要锻炼自己的内心承受能力。我们应该相信,世界上大部分的人都是善良的。俗话说,远亲不如近邻。那些对我们有善意的人,怎么会忍心来伤害我们呢?如果心存恶意,那么那些人所说的话为何要让我们耿耿于怀呢?您觉得我说得对吗?”

K:(眉眼放松)“你说的我明白了。要相信邻里乡亲的善意,更要相信这世界上绝大多数的人都是好人。我不应该因为自己的瞎想而封闭自己,长期让自己处于郁郁寡欢的状态。”

笔者:“更不能因为别人的言行影响自己,对吧?”

K:“是的,你说的我非常赞同。”

由以上对话可以看出,服务对象对人际交往的看法可归纳为以下几点:一是K自身对于人际交往没有过多的思考,表明服务对象的已有认知具有较强的可塑性;二是服务对象容易受到自身环境的影响,其自身对正常人际交往的错误观点源自其虚构的被议论画面。基于以上两点初步总结,笔者对服务对象进行了有针对性的引导,引导其对人际交往进行独立思考,从根本上转变认知。饮食、运动、心态等是影响健康的重要因素,让服务对象认识到主动寻求他人的帮助与支持有助于自我健康管理的提升。从服务对象后续的改变可以证明,K的认知转变有迹可循。介入过程中,笔者始终坚持鼓励引导的原则，引导服务对象积极主动地改变。紧接着，基于K对健康信念的刻板印象，实行转变其健康认知的引导。

笔者："现在您觉得医生的话有必要听吗？"

K：（微微一笑）"医生的话还是要听的。"

笔者："药在一定程度上是可以改善体质或者缓解病情的，要相信医生。您看您的孩子们，整天也是为了生活在奔波，您忍心看着他们受苦受累吗？相反，您的孩子们也一样不希望您受苦受累。孩子们在外面那么忙，只有自己的健康管理水平提高了，学会给自己打造一个安静舒适的卫生环境，孩子们才能安心在外努力挣钱。既然查出了这个病，我们就要学会接受它，正确地看待它。通过吃药控制住病情，不是也在变相给孩子们减负吗？"

K："您说得对，我以后会改的！学会坦然接受病情，正确看待吃药这件事。"（热泪盈眶）

笔者："有改变那就是好事儿。聊了这么多，有困难不可怕，可怕的是连面对困难的勇气都没有，咱们可不能在这里'看扁'自己，咱们应该从现在开始跟困难'磕'到底，好好接受治疗。"

K："好，我会不断提醒自己吃药的重要性，也会重拾那种阳光的心态，主动与好友沟通、交流。"

笔者："不错不错，我相信日后您一定会感激现在这么努力的自己的，咬咬牙坚持下去，您一定可以的。注意以后和别人讲话的时候，眼神接触很重要，可以调整自己的呼吸，多主动寻找话题，提高聊天的专注力。我认为下一次见面的时候，我们肯定会更好。"

本次介入接触过程主要以引导为主，激发K的内生动力，让其发自内心地意识到改变的重要性，帮助他直视自己的内心，从而指引其自主思考，这样更有利于服务对象认知的转变。

第二次介入后，服务对象对健康信念的认知已显现出引导成效。K已意识到人际交往的重要性，以一种更为开放的方式接触、对待他人。其在与外人相处的过程中，不仅能耐心坐下来听完邻里乡亲的一番话，还能主动地进行思考与反省，明白严格执行医务人员制定的治疗方案以及保持积极心态的重要性。这个方面呈现的效果令人满意，大体上达成了面访刚开始时所设置的目标。在这次介入结束后，笔者并未给K安排具体的下一阶段任务，希望在此期间能够给予K缓冲期"消化"自身改变，实现独立思考调整。

（三）第三次介入

本次介入的主要目标是把握上次介入以来服务对象的变化，尤其是其在人际沟通方面的变化。经过沟通，K在介入后以良性态势继续发展，目前无论是心态情绪上抑或行为表现上均呈现出较好的效果。首先，在最基本的按时吃药上，除了子女们会按时通过电话监督之外，服务对象也能控制自己听从医嘱，健康信念不断增强，难受程度得到缓解。其次，案主由以前的孤郁状态，已经转变为主动出去遛弯、交流的交往方式，心情郁闷次数变少，心理负担得到一定的舒缓。经过两次介入，服务对象基本已实现认知转变，其行为发生积极的变化。

K："……我现在几乎不用别人监督也能好好地按时吃药了，即使有时会想起那些不好的想法，情绪也没有之前那么低落了。刚开始，乡亲牌友们给我打电话，要我一同去打麻将，尽管我还是会有点不太愿意，但是我硬着头皮答应了。去了一两次之后，好像以前的日子又回来了。老友们也主动询问我的状况，时不时到我家串门跟我聊天，并且叮嘱我要听医生还有孩子们的话……”

…………

服务对象K当期表现已达到当前阶段的预期效果，进而开启新一阶段的服务主题——沟通方式。笔者坚持积极鼓励的原则完成本次介入，鼓励K保持状态，保持当前正确的认知及行为，同时告知服务对象下次介入的主题，也告诉服务对象下次介入需要儿女Q和G的配合。

（四）第四次介入

三次介入后，服务对象在健康信念以及与人交往相处上，实现了较大程度的改善，不仅有主动按时吃药的想法与行为，也主动寻求与外界的交流。在此基础上，为促进其子女与服务对象的有效沟通，走出原先的沟通认知误区，掌握更科学的沟通方式，本次介入围绕其子女与服务对象的沟通方式改善展开。在交流过程中，笔者发现子女Q和G与其父亲的沟通随着年纪以及谋生所需越发减少，并且认为只要自己不给父母增加经济压力就能让父母过得更好。所以，这种“谋生所迫式”沟通方式的认知需要转变，促使其向正常方式改变。以下是访谈内容：

笔者：“上次介入结束后，还记得我说过这次聊天的主题是什么吗？”（看了看Q和G）

G：“嗯嗯，是说过。是关于沟通方式的，我们也私底下琢磨过这个事情。”

笔者：“那想得怎么样啦？”

G：“您在第一次介入的时候我们就意识到了，父亲的健康管理状态跟我们做子女的和他的沟通方式有很大关系。之前，我们除了过年时能多说几句话，平常都很少联系，更别说花时间谈谈心了。他不吃药，我们更多的是在指责他，语气也不是很好。我们没读过什么书，挣的都是辛苦钱。Q每年在外打工只够维持基本生活开支和两个小孩的正常开支，打电话的时间都没有。我也有自己的家庭，在家照顾我的小孩，也要照顾我那两个身体不好的公公婆婆，没有时间照料自己的父母。所以这好像就成为大家的习惯，但是怎么突然就不行了呢？父亲的健康状况怎么会这样呢？”

从上述谈话中不难看出，Q和G与服务对象的沟通方式主要是“谋生所迫式”，即为了谋生，沟通很少，没时间与父母交流。出现问题，更多的是指责或无视。但是最后女儿G提出“怎么突然就不行了呢？”“健康状况怎么会这样呢？”这种疑问，也是子女做出改变的积极信号。因此，笔者开始引导其子女进行自主反思，并不断追问。

笔者：“你们感冒或者生点小病，您父亲是怎么对你们的呢？”

Q：“俗话说，男孩要糙养。我是儿子，但是父亲还是蛮心疼我的。我身体也不好，常年在工地，但是父亲会时常主动给我打电话，询问我在外地的状况，要我不要担心家里，始终叮嘱我注意身体。我两个孩子得亏有父亲在家照顾，衣食住行全靠父亲。父亲不仅不让我在外担心，而且孩子生病也全是父亲照料……”（眼眶湿润）

笔者：（看了看G）“那您也说说吧！”

G：“我没有工作，每天忙于家里的日常事务。父亲去医院检查的时候是同我一起的。检查出这个情况，我真的很难受，别说是父亲本人了。最重要的是，我们并没有考虑到父亲的内心状况。从小到大，我们一生病，父亲就担心得不得了,时时刻刻以我们为中心。我们知道父亲没有听医生的话按时吃药,我们也是指责他,说他不听话,没有顾及更多。我也没有把父亲不按时吃药这件事放在心上,更没有料到因为患病父亲的心理波动这么大。”

笔者:“好,那不如让我们听一下 K 自己是怎么想的吧。”

K:“查出这个病,对我影响还是挺大的。越是得病,越是希望自己的孩子们在身边。家里又是这样的情况,我又认为我活不长了,心里的想法就会越来越多。放心不下家里的一切。我又不想打扰孩子们,他们各自都有自己该忙的事情。我老伴有(精神)分裂症,我也没法跟她说说心里话。”

…………

笔者:(转头看向 Q 和 G)

Q 和 G:……(眼眶红润低下头)

通过让子女回忆父亲如何对待他们的亲身经历,以及让服务对象亲口说出自己的内心想法,从而使子女反思自己和父亲的沟通方式,渐渐意识到指责父亲以及寥寥几句的沟通方式并不是一种好的方式,尤其是在父亲患病、心理波动比较大的时候。如果这样的沟通方式继续存在,更不利于提升父亲的健康管理能力。由子女的神情以及动作,可以看出他们的自责,这是引导他们自省的最好机会,让他们认识到年迈、患病的父亲尤其需要子女的关心与理解。另外,笔者也引导服务对象亲口说出对子女的希望,这有利于子女往父亲所希望的方向改变。

笔者:“其实年纪越大,会越依赖自己的孩子,越发想要自己的孩子陪在身边。但为何 G 和 Q 不知道呢? 这和沟通方式密不可分。后辈的沟通方式,尤其是情感方面,更需要站在父亲的角度思考。你们的一言一行都会对你们的父亲的心理状况产生影响。那K您说说，您希望子女们该怎么对待您呢？”

K：“我没有什么希望……（思索了一会）我知道孩子们都不容易，忙于生计。现在每天都能给我打电话，监督我吃药，我很开心了。我希望他们平常能多给我们打打电话，问问我们在家的情况。节日的时候，多回家看看。”

笔者：“嗯嗯，能说出这番话来是十分不容易的。我相信经过这次交流，你们都了解该用什么方式跟彼此进行交流了，对吗？”

G：“嗯嗯，谢谢您给我们这个机会，让我们能更加了解自己的父亲。”

Q：“是的，我们记住了父亲说的话，以后一定会改变沟通方式的。”

笔者：“那真是太好了，K，您看，孩子们都承诺以后好好改了，咱们是不是要两边各进一步呀，您可以为了他们继续改进自己吗？”

除了先天的血缘关系外，家庭网络关系的建立还离不开双方的共同努力。得到一方允诺的前提下，笔者以K为介入重心，希望K遵循子女的意愿做出改变。

G：“希望父亲不在我们的提醒下也能按时吃药，平时多去村卫生院，看看宣传的有关健康知识。一定要听从医生的建议，不能暗自做主。药没了记得及时跟我们提出来，心里有什么想法也要随时跟我们打电话。这个家不能没有您。”

Q：“平时没事多跟乡亲们走动。天气好的时候，出去遛遛弯。在家心情不好的时候，叫上隔壁大爷们一起去打麻将、聊天。邻里乡亲主动喊您一起打牌的话，别拒绝，积极参加。这样您不会在家想东想西，心情也能好起来。心情变好了，不想那么多事了，病情也会越来越好的。”

笔者:“不错不错。只要我们明确了可以努力的方向,我相信我们一定可以取得实质性的改变的,期待你们下一次的变化。”

…………

从以上谈话交流中可以看出,服务对象及其子女表现得十分积极,配合度较高,没有拒绝笔者提出的建议。笔者依旧对他们进行鼓励与激励,促使他们积极地、毫无保留地表达自己的心声。要想从根本上解决服务对象的问题,就离不开双方的有效沟通,这是接触到深层次问题的最直接方法,对整个活动效果起到至关重要的作用。

(五)第五次介入

本次介入同样遵循“回顾+现状+下一步安排”这一逻辑进行展开,把握上一阶段K的变化(一方面是人际交往变化,包括与子女的沟通,另一方面是其自我健康管理方面的变化),确定当前的表现所处的状态。目前服务对象基本能够按时自主地吃药。更关键的是,K现在不仅能主动走出家门与人交流,向子女袒露内心想法,而且也主动去村卫生所了解与健康相关的知识。以下是K及其子女一周以来变化的表述:

K:“……我现在每天几乎不用别人提醒我吃药了,不按时吃药反而会觉得自己是不是有什么事情没做。……上次以来,我的孩子们几乎一天会给我打好几个电话,或是约定一个时间给我打电话。不仅叮嘱我缺钱、缺东西的时候要主动告诉他们,还努力开导我,告诉我未来的生活是有盼头的。……家庭医生来我家访问的时候,我愿意跟医生进行交流了,我也乐意主动去卫生所了解健康知识了……”

G:“现在跟我父亲打电话沟通,能明显感觉到他心情比之前好太多了,视频的时候也能看见他的笑脸了。”

Q:“是啊是啊,简直跟换了个人似的。”

…………

综上,服务对象的健康管理能力有所提高,人际交往也趋于正常化。在本次介入结束之际,笔者同样以鼓励式的语气为其加油打气,并明确下一阶段的介入主题——环境自我管理。

(六) 第六次介入

本次介入的目标是,基于服务对象已有的改变,帮助其增强环境上的自我管理。首先是要摸清服务对象对卫生环境的个人态度,找寻其原因。根据原因,与服务对象一同商讨卫生管理计划,培养其卫生环境的自我管理能力。

笔者:“您对卫生这一块怎么看呢?”

K:“卫生还是很重要的啊。得病程度与卫生环境还是有很大关系的。”

笔者:“那您平时注意饮食卫生和安全吗?家里当天的菜还会留到第二天吗?”

K:“我们是土生土长的农村人,都蛮怕浪费的。当天的菜吃不完第二天还会继续吃的。”

笔者:“那吃不完的饭菜会放进冰箱吗?会用保鲜膜包好了放进去吗?”

K:“看天气吧。天气太热的时候就会放。哪有那么讲究会用保鲜膜包好哦!”(哈哈大笑)

笔者:“那家里平时多久会打扫、清洁一次呢?”

K:“没有固定的时间。平时家里的杂事很多,两个孙女上下学,我还要接送她们,看见家里哪里脏了就扫哪里。”

根据以上谈话内容可以看出，让服务对象培养良好的卫生管理能力的机会很大。服务对象自身也意识到了卫生环境的重要性。但是，笔者也看出了服务对象平时饮食不重视卫生与安全，受以往的饮食、卫生习惯影响较大。针对这种情况，首先要做的就是改变以往的生活习惯，端正服务对象的卫生环境意识，制定卫生管理计划，强化服务对象的自我环境管理。

笔者："您觉得卫生挺重要的这个观点就挺好的。有些不好的生活习惯我们还是要努力地改正过来。现在我们一起商定一个卫生管理计划，跟着计划进行改正，您看行吗？"

K："好的呀。"

笔者："首先呢，我们还是要保持居住环境的干净与整洁，要做到屋子一周清洁一次，一月大扫除一次。然后呢，菜要荤素搭配，不要做多了。青菜放久了就会产生亚硝酸盐，这对身体不好，高温加热也只会增加它的毒性。当天的菜尽量当天吃完。放进冰箱里面的东西，也要学会用保鲜膜一一隔开，防止一些细菌交叉感染。这个是一定要改的哦。最后，我们要保持空气的流通，及时打开门窗，进行通风处理。"

K：(腼腆地笑)"好，我知道了。我会记在心里的。"

笔者："看您这么配合我，我真的很开心。开心的是您愿意主动改变自己做得不好的地方，您真的改变了不少。我希望您能根据我们刚才说的计划，努力地执行，您要是遇到什么困难，可以随时联系我，咱们一起想办法解决。"

…………

根据以上谈话，不难看出服务对象有自主寻求改变的意识，积极性较高。第六次介入以来，服务对象有了明显的改变。期待 K 的后续发展。

（七）第七次介入

本次介入同样遵循“回顾＋现状＋下一步安排”这一逻辑进行展开，把握已有改变状况后，提出本次介入的新目标，主要包括：一是形成自我健康管理行为，如饮食管理、药膳管理；二是提升自我健康管理认知，如加强与子女和乡亲之间的沟通、自我的健康信念；三是改善自我健康管理的情绪与环境，如加强对自我情绪与卫生环境的管理。通过了解服务对象在以上几个方面的改变情况，以及再一次进行 AHSMSRS 量表测评，服务对象的自我健康管理效能总分由 72 分提升至 150 分，可以认为，服务对象的自我健康管理能力有了较大提升。其中，服务对象在饮食管理维度上的得分由 13 分提升至 21 分，在运动管理维度上的得分由 5 分提升至 18 分，在疾病应对维度上的得分由 8 分提升至 12 分；总的来说，在自我健康管理行为上，服务对象的得分由 26 分提升至 51 分。服务对象在健康信念维度上的得分由 22 分提升至 45 分，在自我效能维度上的得分由 9 分提升至 23 分；总的来说，在自我健康管理认知上，服务对象的得分由 31 分提升至 68 分。服务对象在资料利用维度上的得分由 9 分提升至 16 分，在环境自我管理维度上的得分由 6 分提升至 15 分；总的来说，在自我健康管理环境上，服务对象的得分由 15 分提升至 31 分。服务对象不仅能按时吃药、注重食物荤素搭配、注重周围卫生环境的整洁，也在人际关系与健康管理的认知方面有所改变，情绪也在不断高涨。

五、服务评估

（一）过程评估

在本次介入服务过程中，除了首次介入按照提前计划好的访谈主题进行外，其余几次的介入服务均根据服务对象的改变情况以及实际效果进行动态调整。服务对象始终保持着较强烈的自主改变意愿。在介入过程中，笔者始终保持支持性、引导性以及建议性的会谈方式，促使服务对象毫无保留地袒露心声。以转变服务对象的错误认知为根本目标，笔者运用“先聚焦，再自我反省，后开导”的服务模式，帮助服务对象树立正确的认知，最终实现行为的有效矫正。纵观第一次介入到最后一次介入，在整个服务过程中，笔者都给予了服务对象充分的尊重、鼓励和激励。

（二）结果评估

本研究的个案工作结果评估指的是服务接受者 K 的自我健康管理能力是否提升的情况。从案主自评、案主家庭其他成员评价、社工机构的评价以及社会工作者自身的评价四个维度进行结果评估，评价 K 的自我健康管理状况。

第一，案主自评。据服务对象反馈，服务对象在介入前后的自主改变意愿强烈。在自我健康管理的行为上，饮食开始科学管理，谨遵医嘱。在自我健康管理的认知上，健康信念得到强化，沟通交往方式得到优化。在自我健康管理的环境上，开始注重卫生和安全，营造良好舒适的环境。在情绪心态上，从以前的郁郁寡欢到如今的眼含笑意。服务实施的过程都是依据服务对象的具体情况而设定的。这种“量身定做式”的个案服务，能更加有效地解决问题，最终达到社会工作的介入目标。以下是服务对象的自述：

“刚开始，我还是不确定我是否能有所好转。我是非常想改变现状的，所以我很相信您。每次与您进行谈话之后，我感觉我内心想要改变的想法愈发强烈，也坚信我能行。我觉得遇见您是我的幸运，您会引导我进行思考，还会根据我的个人实际情况进行调整……与您交流，我很安心。您总是鼓励我、激励我，让我清除顾虑，心里有什么就说什么。您也不会嘲笑、议论我，您是真心实意想帮助我改变的。我现在心情不会总是抑郁了，一些不好的习惯在您的建议下也在不断改变，也知道了要学习健康知识……”

第二，服务对象家属（女儿）G 的评价。G 不仅是服务过程的支持者、见证者，更是本次服务的协助参与者。根据 G 的反馈，服务对象会主动找寻子女进行沟通，子女也开始运用健康的沟通方式与其交流。这种双向的沟通支持，可以证明服务对象的行为与情绪都在得到提升，服务效果也能得到有效巩固。行为的改变意味着认知的改变，服务对象更加重视自我健康管理，无论是从心理认同上、实际人际交往中，还是从培养自身健康习惯或环境上，都呈现出良好态势。案主的家庭成员评价也进一步印证了本次介入服务的成绩。

“真的很感谢您，没有您的帮助，我父亲现在的状态肯定没有这么好。以前我们都不懂得怎么与家人沟通，也不注重心理健康。现在不仅父亲会主动跟我们说心里话，我们也开始主动用心表达对父亲的关心，不会让父亲觉得孤单与无助了。现在父亲整个人轻松了不少，家庭氛围真的好太多了……”

第三，社工机构工作人员的评价。这次提升服务对象自我健康管理水平的服务结束后，社工机构工作人员对 K 进行了相关的测评，以确保 K 自我健康管理水平真正得到提升。社工机构对本次介入给予了较高的评价，认为在整个介入过程中，社工的职业素质与个案介入工作这两大因素是解决服务对象的问题、满足其需求的制胜关键。

第四，社会工作者自身的评价。在每周一次的介入中，社会工作者能感受到服务对象自主改变的意愿，能看出服务对象的坦诚，能体会出服务对象及其子女的积极性和配合度，能看到服务对象对健康管理以及人际交往认知的改变，能看到其心理上的转变，最终测量出其自我健康管理水平的提高。从前期的紧张抗拒到后期发自内心地主动求变，以科学的方法一步一个脚印地开展个案工作，笔者均全程记录在案。最终判断，服务对象自我健康管理水平得到了提高，可以结案。

通过多个主题的一系列介入，本次个案工作的目标已全部实现：

(1) 自我健康管理能力得到提升，对生活充满希望；

(2) 人际交往能力得到提高，感受到家庭的温暖；

(3) 改变了以往的错误认知，恢复了阳光积极的心态。

六、结案

对服务对象的个案服务已达到预期目标。服务对象不仅能做到对饮食、药膳以及环境卫生的自我管理，也能在自我健康信念与人际交往上改变认知。由以前的不按时吃药到靠子女监督，再到最后不用监督自主吃药等，这都是服务对象的重大改变。服务对象与其子女和乡亲的沟通方式有了改变后变得积极、和谐，可以进行良好、有效的沟通。另外，服务对象也主动吸收、学习与健康有关的知识，重获阳光心态。

笔者与社工机构一致认为 K 的自我健康管理水平得到有效提高。服务对象原本存有不安与忐忑的心态，但是在笔者及其子女的安慰与开导下，这种情绪很快就转化为对自己充满信心，对生活充满希望。服务对象 K 认为离开社工的帮助后也能独立自主解决自身问题，因此决定结案。

第四节 结论、反思与建议

一、结论与反思

（一）研究结论

本研究是以因病致贫老年人的自我健康管理来开展服务的，其家人和好友也参与到服务过程中，依托社会工作的专业技巧与方法，帮助老年人增强自我健康管理能力，并且探索社会工作实务介入因病致贫老年人口的自我健康管理能力的有效途径。笔者分析了J社区中因病致贫老年人的自我健康管理现状及其制约因素，坚持为服务对象提供个性化服务。由于服务对象K及其子女配合度高，主动寻求改变的意愿强烈，笔者决定选择服务对象K为具体实务的服务开展对象。笔者与服务对象先后进行了七次面访，还进行了前后测数据的对比，完成了预先制定的服务目标。本次服务不仅提升了服务对象K的自我健康管理水平，也转变了家庭成员与服务对象之间的沟通方式，服务对象的情绪得到有效改善，重获阳光心态，回归正常生活。

本研究主要以认知行为理论视角为主，将优势视角与社会支持理论相结合，有效解决了服务对象自我健康管理的问题。认知行为理论将认知视为重要的中坚力量，关注认知在心理和行为上的协调作用，通过改变认知来改变行为。优势视角强调任何人都有其自身优势，要让其充分发挥自身的优势及潜能。社会支持理论强调个人能通过社会上的各种支持与帮助，维持和拓展个人的社会发展资源。在介入时，应注意培养服务对象的主体意识，从其所处的社会环境中探索其自我管理能力不强的具体原因。“对症下药”,设立有针对性的计划来帮助其走出认知上的误区,对其行为进行矫正,但同时也要充分发挥子女支持的作用,强化子女对服务对象的关心力度,改变以往的沟通方式,体会人世的温暖,让服务对象对生活充满希望。

研究的主要结论如下:

1. 因病致贫老年人自我健康管理水平低,受到家庭生计条件脆弱、个体认知偏差以及家庭有效沟通缺失的制约。因病致贫是指因突发性疾病、大病、重病等导致在医疗方面总花销过大而造成的贫困,这使本不富裕的家庭雪上加霜。而老年人的身体机能会因年纪的不断增长而愈发衰退,患病会影响或降低其正常的生活质量。对情感需求的渴望不断增加,一方面使得患病老年人的身心健康受到影响,另一方面也体现了他们的自我健康管理意识不强、水平不高。认知的不同会使得行为习惯有所不同。这类人群往往因为思想上的误区,加之未得到有效的引导,从而出现不合理行为。服务对象 K 就是其中典型的例子:一方面,K 的家庭生计条件差;另一方面,因存在害怕别人议论以及担心被歧视的错误认知,K 拒绝与人正常交往,把自己困在家中。其子女也未重视服务对象的心理波动,未能有效地与服务对象进行良好的沟通,从而导致服务对象无法排解心中的压力与困苦,最终产生了自我健康管理能力提升的需求。对于这类心理素质较差的特殊群体来说,应更为细致地观察他们的行为举止,及时了解其心路历程;家庭成员更要重视与其沟通的方式,建立一个家庭内部良好沟通的模式,才能更好地促进其内心认知的改变,推进其自我健康管理意识的增强与水平的提升。

2. 因病致贫老年人自我健康管理社会工作干预的关键在于改变认知、优化沟通环境。首先,基于认知行为理论,健康管理认知偏差制约着健康管理行为，为此，本研究从改变案主的认知入手，开展了因病致贫老年人自我健康管理的社会工作干预。其次，基于优势视角，因服务对象自我改变的意愿较高，为此，本研究在社会工作介入过程中帮助服务对象发现并发掘自身优势。最后，基于社会支持理论，因环境形塑并制约着个体行为，为此，本研究尝试通过改善服务对象的沟通环境促进其健康管理意识和行为的改变。本研究中的社会工作介入实践分为七个步骤：第一次介入旨在了解服务对象现阶段自我健康管理的态度以及分析服务对象自我健康管理薄弱的原因；第二次介入旨在针对服务对象自身对自我健康管理的态度，帮助其树立正确的健康认知；第三次介入旨在依据服务对象认知的基本转变促使其行为发生改变；第四次介入重点根据其认知上的改变，促使其实现沟通方式上的改变；第五次介入旨在稳固其沟通方式上的改变；第六次介入旨在基于前面已有的改变，帮助服务对象增强环境上的自我健康管理；第七次介入旨在进行自我健康管理行为、自我健康管理认知以及自我健康管理环境上的回顾与巩固，最终实现服务目标。

3. 社会工作介入有助于促进因病致贫老年人自我健康管理水平提升。评估结果表明，经过社会工作介入，服务对象在饮食管理上开始讲究科学与营养搭配；在运动管理上，服务对象能够主动出行与散步，也能合理地根据自身情况进行运动锻炼；在疾病应对上，服务对象能够积极主动配合医生完成医嘱，也会关注药瓶上的说明建议与日期时限；在健康信念上，服务对象开始重视与恢复人际交往状况，家庭有效沟通方式也得到较好改善，知晓影响健康的因素有许多；在自我效能上，服务对象能够改变以往不好的生活行为与方式，能有效应对自身的健康管理问题；在资料利用上，服务对象能够积极寻求身边人的帮助，主动学习与了解医疗方面的基本知识与政策；在环境自我管理上，服务对象能够注重周围环境与饮食的卫生情况，积极为自己创造良好舒适的家庭环境。无论是在自我健康管理行为、自我健康管理认知，还是在自我健康管理环境上，服务对象的自我健康管理能力都得到显著提升，使得服务对象重获希望，回归正常状态。

（二）反思

根据本研究的实务，以社工的理论与方法，对服务对象的自我健康管理提供服务介入。总结本次研究可能存在的不足：

第一，在整个服务介入过程中，笔者主要通过面访的方式去掌握服务对象的基本情况，并没有时时参与到其进行改变的每个具体生活细节当中，仍需进一步甄别其叙述的真实性。

第二，笔者选择的服务对象自主改变意愿强烈，服务对象及其子女和好友均认可服务的介入，使得整个介入开展相对顺利。但对于不愿意主动配合的群体，社工又该如何开展个案服务，这值得探究。

第三，本研究中的研究对象是因病致贫老年人，这个群体在一定程度上存在较大的自我健康管理问题。面对这个群体的规模以及问题的严重性，个案工作所提供的力量可能远远不够，未来仍需探讨小组工作和社区工作对这个群体进行自我健康管理介入的可行性。

二、加强因病致贫老年人健康管理的对策建议

（一）加强农村基层健康服务能力建设，提高资源配置效率

农村地区的医疗服务大都以村卫生所为主体，以村医为核心，而以互联

网为基础的动态健康管理服务并未跟上，如到上级医院看病不能及时通过互联网调取其以往的基本情况、回下级卫生所复诊也不能调看以往的诊治记录。同时，贫困老年人患高血压、糖尿病等慢性病的比例较高，农村老年人口对医疗服务的需求日渐扩大。未来应通过加强农村医疗资源配置与医疗服务，满足人民日益增长的健康服务需求。

（二）强化农村老年人健康意识，提升农村老年人健康素养

通过入户走访我们发现，大部分贫困老年人缺乏健康责任的主体意识，从根本上忽视自身对健康的责任意识。此外，大多数因病致贫的贫困老年人都是以“治病大于预防”的状态来看待健康问题的，从“被动医疗”到“自我管理”的意识并未得到增强。每个人都是自己健康的第一责任人，保持健康最有效的方法，就是自己重视自身的健康管理。为此，应引导农村老年人正确认识健康与疾病的关系，拓宽获取健康知识的渠道，提高健康素养，树立正确的健康意识。

（三）大力发展农村健康教育，促进健康行为

调查发现，一些因病致贫的贫困老年人尚未形成正确、健康的生活方式，其在生活、饮食、运动等方面依旧沿袭以往的习惯，饮食不健康，家庭及个人卫生意识较为薄弱，利用现有医疗资源的能力不强。相较于其他群体，该类人群更容易患病，也更容易出现因病致贫现象。未来应加强健康教育，改变农村老年人的不健康认知，从根本上改变其不健康行为，从而推动自我健康管理的发展。

参考文献

一、英文书目

[1] Wolff J, De-Shalit A. Disadvantage [M]. Oxford: Oxford University Press, 2007.

[2] Cernea M M, McDowell C. Risks and reconstruction: experiences of resettlers and refugees [M]. Washington, DC: World Bank, 2000.

[3] Mol H. Identity and the sacred: a sketch for a new social-scientific theory of religion[M]. Oxford: Blackwell, 1976.

[4] Alba R D, Nee V. Remaking the American mainstream:

assimilation and contemporary immigration [M]. Cambridge, Mass.: Harvard University Press, 2003.

[5] Sen A, Foster J E. On economic inequality[M]// On economic inequality after a quarter century. Oxford: Clarendon Press, 1997.

[6] Cerioli A, Zani S. A fuzzy approach to the measurement of poverty [M]//Income and wealth distribution, inequality and poverty. Berlin, Heidelberg: Springer Berlin Heidelberg, 1990.

二、英文期刊

[1] Arora A, Singh S P. So why is Uttar Pradesh still poor? Poverty incidence and its correlates: an inter-regional analysis [J]. International Journal of Social Economics, 2017, 44(12): 2351-2377.

[2] Ele-Ojo Ataguba J, Eme Ichoku H, Fonta W M. Multidimensional poverty assessment: applying the capability approach [J]. International Journal of Social Economics, 2013, 40(4): 331-354.

[3] Heisler B S. The future of immigrant incorporation: which models? Which concepts? [J]. The International Migration Review, 1992, 26(2): 623-645.

[4] Bastos A, Machado C. Child poverty: a multidimensional measurement[J]. International Journal of Social Economics, 2009, 36(3): 237-251.

[5] Bella A, Dartanto T. Persons with disabilities (PWD) and poverty in Indonesia[J]. Malaysian Journal of Economic Studies, 2018, 55(2): 167-188.

[6] Bessant J. A dangerous idea? Freedom, children and the capability approach to education[J]. Critical Studies in Education, 2014, 55(2): 138-153.

[7] Brown L R, McGrath P L, Stokes B. Twenty-two dimensions of the population problem[J]. Population Reports Series J, Family Planning Programs, 1976(11): 177-202.

[8] Callander E J, Schofield D J, Shrestha R N. Towards a holistic understanding of poverty: a new multidimensional measure of poverty for Australia[J]. Health Sociology Review, 2012, 21(2): 141-155.

[9] Chzhen Y, Ferrone L. Multidimensional child deprivation and poverty measurement: case study of Bosnia and Herzegovina[J]. Social Indicators Research, 2017, 131(3): 999-1014.

[10] Brady D. The welfare state and relative poverty in rich western democracies, 1967-1997[J]. Social Forces, 2005, 83(4): 1329-1364.

[11] Dun O, Gemenne F. Defining "environmental migration"[J]. Forced Migration Review, 2008, 31: 10-11.

[12] Gertler P J, Martinez S W, Rubio-Codina M. Investing cash

transfers to raise long-term living standards [J]. American Economic Journal: Applied Economics, 2012, 4(1): 164 - 192.

[13] Greeley A M, Gordon M. Assimilation in American life: the role of race, religion and national origins[J]. Journal for the Scientific Study of Religion, 1964, 4(1): 134 - 135.

[14] Hamar B, Wells A, Gandy W, et al. The impact of proactive chronic care management on hospital admissions in a German senior population[J]. Population Health Management, 2011, 14(Suppl 1): S29 - S33.

[15] Hassan M H, Jebin L. Comparative capability of migrant and non-migrant households: evidence from rural Bangladesh[J]. Asian Economic and Financial Review, 2018, 8(5): 618 - 640.

[16] Hegde G N, Devarani L, Lahiri B, et al. Child multidimensional poverty and its determinants in rural farm-households of Garo Hills, Meghalaya[J]. Economic Affairs, 2019, 64(2): 459 - 467.

[17] Hick R. Material poverty and multiple deprivation in Britain: the distinctiveness of multidimensional assessment[J]. Journal of Public Policy, 2016, 36(2): 277 - 308.

[18] Hick R. The capability approach: insights for a new poverty focus [J]. Journal of Social Policy, 2012, 41(2): 291 - 308.

[19] Iversen V. Intra-household inequality: a challenge for the capability approach? [J]. Feminist Economics, 2003, 9(2/3): 93 - 115.

[20] Trani J F, Bakhshi P, Brown D, et al. Disability as deprivation of capabilities: estimation using a large-scale survey in Morocco and Tunisia and an instrumental variable approach[J]. Social Science & Medicine, 2018, 211: 48 - 60.

[21] Kim S G. What have we called as "poverty"? A multidimensional and longitudinal perspective[J]. Social Indicators Research, 2016, 129(1): 229 - 276.

[22] Massey D S, Arango J, Hugo G, et al. Theories of international migration: a review and appraisal[J]. Population and Development Review, 1993, 19(3): 431 - 466.

[23] Pinilla-Roncancio M. The reality of disability: multidimensional poverty of people with disability and their families in Latin America [J]. Disability and Health Journal, 2018, 11(3): 398 - 404.

[24] Portes A. Social capital: its origins and applications in modern sociology[J]. Annual Review of Sociology, 1998, 24: 1 - 24.

[25] Rogan M. Gender and multidimensional poverty in South Africa: applying the global multidimensional poverty index (MPI) [J]. Social Indicators Research, 2016, 126(3): 987 - 1006.

[26] Saleebey D. The strengths perspective in social work practice: extensions and cautions[J]. Social Work, 1996, 41(3): 296 - 305.

[27] Wagle U. Multidimensional poverty measurement with economic well-being, capability, and social inclusion: a case from kathmandu,

Nepal[J]. Journal of Human Development，2005，6(3)：301－328.

三、中文书目

［1］［印］阿马蒂亚·森. 以自由看待发展[M]. 任赜，于真，译. 北京：中国人民大学出版社，2002.

［2］［印］阿马蒂亚·森. 贫困与饥荒[M]. 王宇，王文玉，译. 北京：商务印书馆，2001.

［3］［美］马丁·瑞沃林. 贫困的比较[M]. 赵俊超，译. 北京：北京大学出版社，2005.

［4］［美］Dennis Saleebey. 优势视角：社会工作实践的新模式[M]. 李亚文，杜立婕，译. 上海：华东理工大学出版社，2004.

［5］傅华，李光耀. 健康自我管理手册[M]. 上海：复旦大学出版社，2009.

［6］李鲁. 社会医学[M]. 3 版. 北京：人民卫生出版社，2007.

［7］世界银行. 2000/2001 世界发展报告：与贫困作斗争[M]. 北京：中国财政经济出版社，2001.

四、中文期刊

［1］陈爱丽，郑逸芳，许佳贤，等. 农村家庭人力资本的减贫效应研究：基于非农就业的作用机制[J]. 农业现代化研究，2020，41(1)：84－92.

［2］陈坚. 易地扶贫搬迁政策执行困境及对策：基于政策执行过程视角[J]. 探索，2017(4)：153－158.

［3］陈云凡. 从收入扶持到资产拓展：社会救助扶贫的政策转型[J]. 中州

学刊,2017(4):87-92.

[4] 丁志国,谭伶俐,赵晶.农村金融对减少贫困的作用研究[J].农业经济问题,2011,32(11):72-77,112.

[5] 樊士德,江克忠.中国农村家庭劳动力流动的减贫效应研究:基于CFPS数据的微观证据[J].中国人口科学,2016(5):26-34,126.

[6] 冯继红.农民工返乡潮对农村劳动力转移培训的启示:基于河南省的调查数据[J].西北农林科技大学学报(社会科学版),2011,11(4):7-12.

[7] 韩华为,高琴.中国农村低保制度的保护效果研究:来自中国家庭追踪调查(CFPS)的经验证据[J].公共管理学报,2017,14(2):81-96,156-157.

[8] 韩华为,徐月宾.中国农村低保制度的反贫困效应研究:来自中西部五省的经验证据[J].经济评论,2014(6):63-77.

[9] 郝玉章,风笑天.三峡外迁移民的社会适应性及其影响因素研究:对江苏227户移民的调查[J].市场与人口分析,2005(6):62-67,79.

[10] 何得桂,党国英.陕南避灾移民搬迁中的社会排斥机制研究[J].国家行政学院学报,2012(6):84-88.

[11] 何慧超.中国城市贫困与治理:基于可行能力的视角[J].学习与实践,2008(2):122-129.

[12] 贺东航,孔繁斌.公共政策执行的中国经验[J].中国社会科学,2011(5):61-79,220-221.

[13] 黄海燕,王永平.城镇安置生态移民可持续发展能力评价研究:基于

贵州生态移民家庭的调研[J]. 农业现代化研究，2018，39(4)：643-653.

[14] 黄薇. 医保政策精准扶贫效果研究：基于 URBMI 试点评估入户调查数据[J]. 经济研究，2017，52(9)：117-132.

[15] 郎永建. 三峡库区城镇移民的就业与生活现状[J]. 统计与决策，2005(7)：51-52.

[16] 雷洪，孙龙. 三峡农村移民生产劳动的适应性[J]. 人口研究，2000(6)：51-57.

[17] 李泉然. 精准扶贫视阈下社会救助政策的发展[J]. 中州学刊，2017(1)：65-71.

[18] 廖文梅，邱海兰，秦克清，等. 健康水平对农村贫困户脱贫的影响：来自 789 户贫困户的调查[J]. 调研世界，2018(9)：32-38.

[19] 刘明宇. 分工抑制与农民的制度性贫困[J]. 农业经济问题，2004，25(2)：53-57，80.

[20] 刘璞，姚顺波. 退耕还林前后农户能力贫困的比较研究[J]. 统计与决策，2015(16)：53-56.

[21] 刘震，雷洪. 三峡移民在社会适应性中的社会心态[J]. 人口研究，1999(2)：18-23.

[22] 罗凌云，风笑天. 三峡农村移民经济生产的适应性[J]. 调研世界，2001(4)：21-23.

[23] 渠鲲飞，左停，王琳瑛. 深度贫困区技能扶贫运行困境分析：基于能力贫困的视阈[J]. 中央民族大学学报(哲学社会科学版)，2018，45(3)：

63－70.

[24] 宋扬，赵君．中国的贫困现状与特征：基于等值规模调整后的再分析[J]．管理世界，2015(10)：65－77.

[25] 孙亚南．农业劳动力转移、人力资本投资与农村减贫[J]．学习与探索，2020(11)：149－156.

[26] 孙瑶，李文源，艾育华，等．基于物联网的老年慢性病自我健康管理模式的构建研究[J]．中国全科医学，2014，17(10)：1164－1166，1171.

[27] 田北海，王连生．支出型贫困家庭的贫困表征、生成机制与治理路径[J]．南京农业大学学报(社会科学版)，2018，18(3)：27－36，152－153.

[28] 田北海，徐杨．可行能力视角下家庭支出型贫困的致贫机理及其治理：基于湖北省四个县(市)的调查[J]．社会保障研究，2020(4)：84－92.

[29] 汪磊，汪霞．易地扶贫搬迁前后农户生计资本演化及其对增收的贡献度分析：基于贵州省的调查研究[J]．探索，2016(6)：93－98.

[30] 汪力斌，周源熙．参与式扶贫干预下的瞄准与偏离[J]．农村经济，2010(7)：3－7.

[31] 汪三贵，殷浩栋，王瑜．中国扶贫开发的实践、挑战与政策展望[J]．华南师范大学学报(社会科学版)，2017(4)：18－25，189.

[32] 王春超，李兆能，周家庆．躁动中的农民流动就业：基于湖北农民工回流调查的实证研究[J]．华中师范大学学报(人文社会科学版)，2009，48(3)：55－62.

[33] 王淑新,何红. 生态移民就业能力提升路径研究[J]. 安徽农业科学,2016,44(19):251-253.

[34] 王曙光. 乡村振兴战略与中国扶贫开发的战略转型[J]. 农村金融研究,2018(2):14-19.

[35] 王曙光. 易地扶贫搬迁与反贫困:广西模式研究[J]. 西部论坛,2019,29(4):1-13.

[36] 王伟,马超. 不同征地补偿模式下失地农民福利变化研究:来自准自然实验模糊评价的证据[J]. 经济与管理研究,2013(4):52-60.

[37] 王哲. 美国的减贫政策体系及启示[J]. 宏观经济管理,2019(12):71-76,90.

[38] 吴新叶,牛晨光. 易地扶贫搬迁安置社区的紧张与化解[J]. 华南农业大学学报(社会科学版),2018,17(2):118-127.

[39] 吴新叶. 基层治理需要跨越科层制范式的藩篱:与王龙飞博士商榷[J]. 探索与争鸣,2016(1):55-58.

[40] 吴业苗. 农业人口转移的新常态与市民化进路[J]. 农业经济问题,2016,37(3):43-50,111.

[41] 向德平. 社会工作助力开启易地扶贫搬迁群众的新生活[J]. 中国社会工作,2019(22):1.

[42] 向运华,刘欢. 内生贫困意识对自主脱贫行为的影响:家庭资产组合下的交互效应与调节效应检验[J]. 吉林大学社会科学学报,2018,58(5):57-70,205.

[43] 邢成举. 搬迁扶贫与移民生计重塑:陕省证据[J]. 改革,2016(11):

65－73.

[44] 徐烽烽，李放，唐焱. 苏南农户土地承包经营权置换城镇社会保障前后福利变化的模糊评价：基于森的可行能力视角[J]. 中国农村经济，2010(8)：67－79.

[45] 徐月宾，刘凤芹，张秀兰. 中国农村反贫困政策的反思：从社会救助向社会保护转变[J]. 中国社会科学，2007(3)：40－53，203－204.

[46] 徐志明. 资产收益扶贫的机制创新与现实困境[J]. 现代经济探讨，2019(11)：113－116.

[47] 杨龙，汪三贵. 贫困地区农户的多维贫困测量与分解：基于2010年中国农村贫困监测的农户数据[J]. 人口学刊，2015，37(2)：15－25.

[48] 张建武. 农村劳动力就业的制约因素和对策[J]. 华南师范大学学报(社会科学版)，2000(5)：52－58.

[49] 张鑫，赵苑达. 微观经济个体参保行为对医疗费用支出的影响效应研究[J]. 社会保障研究，2020(2)：38－50.

[50] 张永丽，王博. 农村劳动力流动减贫效应的实证研究：基于甘肃省农户的调查[J]. 人口学刊，2017，39(4)：60－70.

[51] 郑娜娜，许佳君. 易地搬迁移民社区的空间再造与社会融入：基于陕西省西乡县的田野考察[J]. 南京农业大学学报(社会科学版)，2019，19(1)：58－68，165.

[52] 钟晓华. 可行能力视角下农村精准扶贫的理论预设、实现困境与完善路径[J]. 学习与实践，2016(8)：69－76.

[53] 周恩宇，卯丹. 易地扶贫搬迁的实践及其后果：一项社会文化转型视

角的分析[J]. 中国农业大学学报(社会科学版),2017,34(2):69-77.

[54] 周萍.城市移民就业歧视的个人成本分析[J]. 技术与市场,2011,18(1):34-35.

[55] 左停,徐卫周.综合保障性扶贫:中国脱贫攻坚的新旨向与新探索[J]. 内蒙古社会科学(汉文版),2019,40(3):36-44,213.

五、其他资源

[1] 谢治菊.构建心理服务体系让易地扶贫搬迁户稳得住[N]. 学习时报,2020-04-06(A5).

附录 1：城乡居民家庭综合社会调查问卷(节选)

尊敬的居民：

您好！

我们是××××课题组的调查员，正在进行一项社会调查，调查的主要目的是了解城乡居民家庭基本生活状况，为我省改善民生与保障事业、促进城乡融合发展提供决策参考。您家是我们通过科学方法抽取的调查对象，您的支持对于本研究具有十分重要的意义。本次调查以不记名的形式展开，调查数据只用于学术研究。您的回答不涉及是非对错，不会给您带来任何不利影响，敬请您根据个人及家庭实际情况作出客观真实的回答。我们保证对您的回答信息严格保密。衷心感谢您的支持与合作。

××××课题组

2019 年 12 月

访问员填答部分

1. 问卷编号：

2. 调查员姓名：

3. 问卷开始时间：　　　　年　　月　　日

4. 调查地点：① 省　② 市　③ 县(区、市)　④ 乡(镇/街道)　⑤ 社区/村

5. 调查社区类型：① 商品房小区　② 单位小区　③ 老旧社区(含棚户区)　④ 城中村　⑤ 安置型社区　⑥ 农村社区

6. 行政村属性：① 未出列贫困村　② 出列贫困村　③ 非贫困村(社区)

7. 调查社区所在区域：① 中心城区(城关街道、镇)　② 非城关乡镇(场)

8. 调查社区地形类型：① 平原　② 山地　③ 丘陵　④ 盆地

9. 调查社区是否为少数民族聚居地?

① 是　② 否

10. 调查社区距县(市、区)中心的车程时间?

① 30分钟以内　② 31—60分钟　③ 超过60分钟

11. 过去一年,调查社区(村)是否有集体经济收入?

① 是,年收入________万元　② 否

12. 调查社区(村)硬化路开通情况(填最高项)：① 通路到行政村　② 通路到自然村　③ 通路到户

调查对象回答部分

★问卷填答说明：以下问题如果没有特殊说明，请只选一项，并在最符合实际情况的选项上打“√”；如遇“________”，请直接填写。非常感谢您的合作！

A. 家庭基本情况

A1. 您的性别：① 男　② 女

A2. 您的年龄：______岁

A3. 您的户口性质：① 非农户口　② 农业户口　③ 其他(请说明)________

A4. 您的文化程度：① 小学及以下　② 初中　③ 高中、中专、技校　④ 高职高专　⑤ 本科及以上

A5. 您的政治面貌：① 群众　② 中共党员　③ 民主党派

A6. 您的民族：① 汉族　② 少数民族

A7. 您的身体健康状况如何？

① 健康　② 体弱、小病多　③ 患有慢性病　④ 患有大病　⑤ 残疾

A8. 您的身体状况是否允许您干生产性劳动？

① 都能干　② 多数能干　③ 能干一些轻活　④ 不能干　⑤ 饮食起居需别人照顾

A9. 您当前的婚姻状况：① 未婚(跳答 A11)　② 已婚　③ 离婚　④ 丧偶

A10. 您是否有子女？

① 是，有________个，其中儿子________个，女儿________个　② 否

(跳答A11)

A11. 您家是：① 建档立卡贫困户 ② 低保/五保户 ③ 建档立卡贫困户+低保/五保户 ④ 以上都不是(跳答A14)

A11.1 您家在哪年(第1次)被认定为建档立卡贫困户(低保/五保户)：________年

A11.2 您家最主要的致贫原因：第一重要(　　)，第二重要(　　)，第三重要(　　)。

① 因病 ② 因残 ③ 因学 ④ 因灾 ⑤ 因婚 ⑥ 缺土地 ⑦ 缺水 ⑧ 缺技术 ⑨ 缺劳力 ⑩ 缺资金 ⑪ 交通条件落后 ⑫ 自身动力不足

A12. 您家是否已经脱贫(低保/五保退出)？

① 是 ② 否(跳答A14)

A12.1 您家是哪一年脱贫的建档立卡贫困户(低保/五保户退出)：________年

A12.2 您对自家脱贫(低保/五保退出)是否认可？

① 是 ② 否

A13. 您家是返贫户吗？

① 是 ② 否(跳答A14)

A13.1 您家是哪年返贫的：________年

A13.2 您家返贫的主要原因：第一重要(　　)，第二重要(　　)，第三重要(　　)。

① 因病 ② 因残 ③ 因学 ④ 因灾 ⑤ 因婚 ⑥ 缺土地 ⑦ 缺水

⑧ 缺技术　⑨ 缺劳力　⑩ 缺资金　⑪ 交通条件落后　⑫ 自身动力不足

A14. 您或您的家庭成员是否有如下经历?(可多选)

① 水灾、地震等自然灾害　② 火灾　③ 交通事故　④ 意外伤残　⑤ 重大疾病　⑥ 教育开支负担过重　⑦ 以上都没有(贫困户跳答 A15,非贫困户跳答 A40)

A14.1　上述遭遇是否导致您的家庭基本生活出现了严重困难?

① 是　② 否(跳答 A24)

A14.1a　您过去家庭基本生活出现严重困难的次数:________次

A14.1b　您最近一次家庭基本生活出现严重困难的持续时间为:

________年________月至________年________月,共________月

A14.1c　为改善家庭基本生活困难状况,您家做过哪些尝试和努力?(可多选)

① 想办法多挣钱　② 变卖家产　③ 向亲戚求助　④ 向朋友求助　⑤ 向政府求助　⑥ 向社会求助　⑦ 向金融机构贷款　⑧ 其他(请注明)________　⑨ 没做任何努力

A14.1d　在最近一次因上述遭遇使家庭基本生活出现严重困难时,您家是否得到过下列个人或机构的帮助?(可多选)

① 亲戚　② 邻里、朋友　③ 政府　④ 社会慈善组织或个人　⑤ 企业　⑥ 没有得到帮助(跳答 A25)

A14.1e　最近一次家庭基本生活出现严重困难时,您家得到了哪些帮助?(可多选)

① 现金救助　② 实物救助　③ 医疗费用减免　④ 贴息贷款　⑤ 就业

援助 ⑥ 住房救助 ⑦ 教育救助 ⑧ 其他(请注明)________ ⑨ 未得到帮助(跳答 A25)

A14.1f 在您看来，上述个人或机构的帮助对于缓解您家的基本生活困难发挥了多大作用？

① 没有作用 ② 作用很小 ③ 作用较小 ④ 作用较大 ⑤ 作用很大

A15. 下面，我们想了解一下您建档立卡后脱贫前或家里遭遇支出型贫困后的基本情况。

A15.1 您家发展了什么产业？(可多选)

① 特色种养业 ② 加工业(扶贫车间) ③ 文化旅游业 ④ 现代服务业 ⑤ 电子商务业 ⑥ 打零工 ⑦ 其他(请注明)________ ⑧ 无(跳答 A16)

A15.2 您家是否通过以上任何产业带动增收受益？

① 有 ② 无(跳答 A16)

A15.3 上述产业带动您家增收受益的方式是什么？(可多选)

① 保底收购农产品 ② 委托帮扶 ③ 股份合作 ④ 就业务工 ⑤ 资产收益 ⑥ 其他(请注明)__________

A16. 当地是否有新型农业经营主体(如龙头企业、合作社、能人大户、家庭农场等)带动您家的产业发展？

① 有 ② 无(跳答 A17)

A16.1 新型农业经营主体带动您家产业发展的方式(可多选)：

① 土地租金 ② 务工薪金 ③ 分红股金 ④ 其他(请注明)________

A16.2 通过上述新型农业经营主体，您家在产业发展方面得到了哪些

帮助？（可多选）

① 得到种苗、种畜等　② 现金补贴　③ 技术服务　④ 小额信贷　⑤ 没有

A17. 在您享受政府或企业扶贫之前您是否想过通过自身努力脱贫？

① 没有想过　② 想过，但是没做　③ 试图去解决贫困问题

A18. 在政府或企业帮助您脱贫前您更需要哪方面的帮助？（可多选）

① 创业资金支持　② 提供就业岗位　③ 职业技术培训　④ 农业实用技术培训　⑤ 增加创业条件　⑥ 其他（请注明）________

A19. 政府或企业实际上给您提供了哪方面的帮助？（可多选）

① 创业资金支持　② 提供就业岗位　③ 职业技术培训　④ 农业实用技术培训　⑤ 无

A20. 您家里接受过几次就业技能培训？

① 1 次　② 2 次　③ 3 次　④ 4 次及以上　⑤ 没有接受过（跳答 A21）

A20.1　您对政府或企业组织的培训效果是否满意？

① 很满意　② 较满意　③ 一般　④ 不太满意　⑤ 非常不满意

A20.2　您认为政府实施培训帮扶之后家庭收入是否有了明显的改善？

① 有明显改善　② 有些许改善　③ 不确定　④ 没有改善

A21. 您是否得到过项目分红或就业扶贫贷款？

① 是，一共________次，累计金额是________元　② 否（跳答 A22）

A22. 当时，您是否有产业发展和就业扶持的愿望？

① 有　② 没有

A23. 当时，对您家进行就业扶贫的主要主体有哪些？（可多选）

① 政府 ② 社会工作组织 ③ 企业 ④ 个人 ⑤ 其他

A24. 您认为政府对您家就业扶贫工作的重视程度怎么样?

① 非常重视 ② 重视 ③ 一般 ④ 不重视 ⑤ 非常不重视

A25. 您觉得就业扶贫对您的作用如何?

① 有非常大帮助 ② 有较大帮助 ③ 有些许帮助 ④ 没有帮助

A26. 您觉得就业扶贫项目是否满足了您真正的需求?

① 完全满足需求 ② 能满足较大需求 ③ 能满足些许需求 ④ 不能满足需求

A27. 您认为在就业扶贫工作期间,工作人员或基层干部是否让您满意?

① 非常满意 ② 满意 ③ 一般 ④ 不满意 ⑤ 非常不满意

A28. 对于政府安排的各种扶贫活动,您是如何对待的?

① 积极参加 ② 参加,积极性不高 ③ 不参加

A29. 您对通过新兴产业或者是不了解的就业产业进行脱贫有什么看法?

① 只要符合自身条件就会尝试 ② 为了脱贫,硬着头皮去 ③ 看自己是否喜欢 ④ 坚决不参加

A30. 您认为目前的就业扶贫工作还存在哪些问题?(可多选)

① 资金投入较少 ② 对就业扶贫资金的监管力度不够 ③ 忽视基础建设 ④ 就业扶贫政策宣传不到位 ⑤ 群众参与度低 ⑥ 就业项目后期管理不够 ⑦ 就业产业项目增收不明显 ⑧ 其他(请注明)________ ⑨ 无

…………

A40. 下面,我们想了解一下您家过去一年的收入情况。

	建档立卡年度	2018 年
A40.1　务工、上班等工资性收入(元)		
A40.2　种植、养殖、经商、企业经营等经营性净收入(元)		
A40.3　土地租金、征地、分红、银行存款利息等财产性收入(元)		
A40.4　各类政府补贴、社会捐助、亲友馈赠等转移性收入(元)		
A40.4a　低保金(元)		
A40.4b　五保金(元)		
A40.4c　养老保险金(元)		
A40.4d　粮食直补(元)		
A40.4e　生态补偿金(元)		
A40.4f　农机具补贴(元)		
A40.4g　礼金、馈赠收入(元)		
A40.4h　其他转移性收入(元)		
A40.5　家庭收入合计(元)		

A41. 下面，我们想了解过去一年您家的家庭支出情况。

A41.1　购房建房开支(元)		A41.2　报销后医疗开支(元)	
A41.3　教育开支(元)		A41.4　房屋装修开支(元)	
A41.5　赡养老人开支(元)		A41.6　旅游休闲开支(元)	
A41.7　各类保险缴费支出(元)		A41.8　其他支出(元)	
A41.9　家庭支出合计(元)			

A42. 若您家是建档立卡户或遭遇过重大风险，请回答下列问题，若不是，仅回答B栏。

问　　题	A. 您家在建档立卡前或遭遇重大风险前的情况(若不是，仅回答B栏的问题)	B. 您家现有的情况
A42.1　您家是否有自己的房子或门面？	① 是，有____套，其中商品房____套，自建房____套，门面____个　② 否	① 是，有____套，其中商品房____套，自建房____套，门面____个　② 否
A42.2　您家里有哪些生产生活设备？	① 全自动洗衣机　② 电冰箱/冰柜　③ 液晶电视机　④ 空调　⑤ 热水器　⑥ 电脑　⑦ 电动车、摩托车　⑧ 小型面包车　⑨ 家用小汽车　⑩ 运输机械(拖拉机、货车、机动船等)　⑪ 耕种机械(旋耕机、播种机、插秧机等)　⑫ 以上都没有	① 全自动洗衣机　② 电冰箱/冰柜　③ 液晶电视机　④ 空调　⑤ 热水器　⑥ 电脑　⑦ 电动车、摩托车　⑧ 小型面包车　⑨ 家用小汽车　⑩ 运输机械(拖拉机、货车、机动船等)　⑪ 耕种机械(旋耕机、播种机、插秧机等)　⑫ 以上都没有
A42.3　您家在农村有多少承包地？	共____亩承包地，其中，耕地____亩，水塘面积____亩，林地面积____亩	共____亩承包地，其中，耕地____亩，水塘面积____亩，林地面积____亩
A42.4　您家实际经营了多少承包地？	共____亩承包地，其中，耕地____亩，水塘面积____亩，林地面积____亩	共____亩承包地，其中，耕地____亩，水塘面积____亩，林地面积____亩
A42.5　您家在银行是否有存款余额？	① 是　② 否	① 是　② 否
A42.6　您家是否从事个体经营？	① 是　② 否	① 是　② 否
A42.7　您家是否有自己的企业？	① 是　② 否	① 是　② 否
A42.8　您家是否持有股票或债券？	① 是　② 否	① 是　② 否

续　表

问　　题	A. 您家在建档立卡前或遭遇重大风险前的情况（若不是，仅回答B栏的问题）	B. 您家现有的情况
A42.9　您的家庭人口数	____人，其中男性______人，男性中有______个劳动力	____人，其中男性______人，男性中有______个劳动力
A42.10　您是否有兄弟姐妹？	① 有，有____个，其中已婚____个，本人排行老____ ② 否	① 有，有____个，其中已婚____个，本人排行老____ ② 否
A42.11　您家里是否有需要赡养的老人？	① 有，有____人　② 否	① 有，有____人　② 否
A42.12　您家里是否有学龄前儿童？	① 有，有____人　② 否	① 有，有____人　② 否
A42.13　您家里是否有在读小学、初中生？	① 有，有____人　② 否	① 有，有____人　② 否
A42.14　您家里是否有在读高中生、大学生？	① 有，其中高中生____个，大学生____个　② 否	① 有，其中高中生____个，大学生____个　② 否
A42.15　您家里是否有已毕业的大学生？	① 有，有____人　② 否	① 有，有____人　② 否
A42.16　您家里是否有大病病人？	① 有，有____人　② 否	① 有，有____人　② 否
A42.17　您家里是否有慢性病病人？	① 有，有____人　② 否	① 有，有____人　② 否
A42.18　您家里是否有人生活不能自理？	① 有，有____人　② 否	① 有，有____人　② 否
A42.19　您家里有几个有收入的劳动力？	有________个，其中，农业劳动力____个，非农劳动力____个	有________个，其中，农业劳动力____个，非农劳动力____个
A42.20　您家是否接入了网络宽带服务？	① 是　② 否	① 是　② 否

续 表

问　　题	A. 您家在建档立卡前或遭遇重大风险前的情况(若不是,仅回答B栏的问题)	B. 您家现有的情况
A42.21　您家是否参加了基本医疗保险?	① 全家都参加了　② 部分成员参加　③ 无人参加	① 全家都参加了　② 部分成员参加　③ 无人参加
A42.22　您家是否参加了大病保险?	① 全家都参加了　② 部分成员参加　③ 无人参加	① 全家都参加了　② 部分成员参加　③ 无人参加
A42.23　您家是否参加了长期护理保险?	① 全家都参加了　② 部分成员参加　③ 无人参加	① 全家都参加了　② 部分成员参加　③ 无人参加
A42.24　您家是否购买了意外保险?	① 全家都购买了　② 部分成员购买　③ 无人购买	① 全家都购买了　② 部分成员购买　③ 无人购买
A42.25　您家是否购买了农业保险或其他商业保险?	① 是　② 否	① 是　② 否
A42.26　您对本地扶贫政策是否了解?	① 是　② 否	① 是　② 否
A42.27　您是否了解本地的社会救助政策?	① 是　② 否	① 是　② 否
A42.28　您家里有无国家机关、事业单位公职人员?	① 有,有____人　② 否	① 有,有____人　② 否
A42.29　您家里是否有人担任政协委员、人大代表?	① 有,有____人　② 否	① 有,有____人　② 否
A42.30　您家里有无医生、教师、法律工作者等专业技术人员?	① 有,有____人　② 否	① 有,有____人　② 否
A42.31　您家里是否有人担任社区(村)两委干部?	① 有,有____人　② 否	① 有,有____人　② 否

续 表

问　　题	A. 您家在建档立卡前或遭遇重大风险前的情况（若不是，仅回答B栏的问题）	B. 您家现有的情况
A42.32　您家里是否有人有专业技能？	① 有，有____人，有____技能　② 否	① 有，有____人，有____技能　② 否
A42.33　您家里有几人会开车（有驾照）？	____人	____人
A42.34　您家里有几人能熟练使用电脑？	____人	____人
A42.35　您的亲友中，有无国家机关、事业单位公职人员？	① 有，有____人　② 否	① 有，有____人　② 否
A42.36　您的亲友中，是否有人担任政协委员、人大代表？	① 有，有____人　② 否	① 有，有____人　② 否
A42.37　您的亲友中，有无医生、教师、法律工作者等专业技术人员？	① 有，有____人　② 否	① 有，有____人　② 否
A42.38　您的亲友中，是否有人担任社区（村）两委干部？	① 有，有____人　② 否	① 有，有____人　② 否
A42.39　您的亲友中，是否有人经营企业或在企业担任管理职务？	① 有，有____人　② 否	① 有，有____人　② 否
A42.40　在与他人初次相识时，您是否善于很快与他人找到共同语言？	① 是　② 否　③ 不好说	① 是　② 否　③ 不好说
A42.41　在您遇到困难时，您是否善于很快找到求助的对象？	① 是　② 否　③ 不好说	① 是　② 否　③ 不好说

续 表

问　　题	A. 您家在建档立卡前或遭遇重大风险前的情况(若不是,仅回答B栏的问题)	B. 您家现有的情况
A42.42　在您与他人发生矛盾或纠纷时,您是否善于找到缓解的办法?	① 是　② 否　③ 不好说	① 是　② 否　③ 不好说
A42.43　您是否善于与不同类型的人打交道?	① 是　② 否　③ 不好说	① 是　② 否　③ 不好说
A42.44　您是否善于与周围的人融洽相处?	① 是　② 否　③ 不好说	① 是　② 否　③ 不好说
A42.45　在您看来,您是否能合理安排自己的作息时间?	① 是　② 否　③ 不好说	① 是　② 否　③ 不好说
A42.46　您是否有下列成瘾行为?	① 吸烟　② 酗酒　③ 网络游戏　④ 赌博　⑤ 无	① 吸烟　② 酗酒　③ 网络游戏　④ 赌博　⑤ 无
A42.47　您的情绪控制能力如何?	① 很强　② 较强　③ 一般　④ 较弱　⑤ 很弱	① 很强　② 较强　③ 一般　④ 较弱　⑤ 很弱
A42.48　您家是否有明确的生活目标?	① 是　② 否　③ 不好说	① 是　② 否　③ 不好说
A42.49　您的目标执行能力如何?	① 很强　② 较强　③ 一般　④ 较弱　⑤ 很弱	① 很强　② 较强　③ 一般　④ 较弱　⑤ 很弱
A42.50　您的专注力如何?	① 很强　② 较强　③ 一般　④ 较弱　⑤ 很弱	① 很强　② 较强　③ 一般　④ 较弱　⑤ 很弱
A42.51　您是否了解自己?	① 很了解　② 较了解　③ 一般　④ 不太了解　⑤ 很不了解	① 很了解　② 较了解　③ 一般　④ 不太了解　⑤ 很不了解
A42.52　您是否有关注新鲜事物的习惯?	① 是　② 否　③ 不好说	① 是　② 否　③ 不好说
A42.53　您是否喜欢体验新的生活方式?	① 是　② 否　③ 不好说	① 是　② 否　③ 不好说

续 表

问 题	A. 您家在建档立卡前或遭遇重大风险前的情况（若不是，仅回答B栏的问题）	B. 您家现有的情况
A42.54 您是否敢于为了成功而探索未知的世界？	① 是 ② 否 ③ 不好说	① 是 ② 否 ③ 不好说
A42.55 在面对问题时，您是否常常能想到一些与众不同的解决方案？	① 是 ② 否 ③ 不好说	① 是 ② 否 ③ 不好说

A43. 生活状况与评价。

A43.1 与5年前比，您家的生活变得怎么样？	① 好很多 ② 好一些 ③ 差不多 ④ 差一些 ⑤ 差很多
A43.2 与多数亲朋好友比，您家过得怎么样？	① 好很多 ② 好一些 ③ 差不多 ④ 差一些 ⑤ 差很多
A43.3 与本村多数人比，您家过得怎么样？	① 好很多 ② 好一些 ③ 差不多 ④ 差一些 ⑤ 差很多
A43.4 与您的努力和付出相比，您如何看待自己所获得的回报？	① 付出的多，得到的回报少 ② 回报与付出大致相当 ③ 付出的少，得到的回报多
A43.5 总体而言，您觉得自己的生活幸福吗？	① 非常幸福 ② 比较幸福 ③ 不好说 ④ 不太幸福 ⑤ 很不幸福
A43.6 总体而言，您对自己的生活安全状况是否满意？	① 非常满意 ② 比较满意 ③ 不好说 ④ 不太满意 ⑤ 很不满意
A43.7 您对未来生活的信心程度如何？	① 非常有信心 ② 比较有信心 ③ 一般 ④ 信心不足 ⑤ 毫无信心
A43.8 您是否同意"社会上大部分人都是值得信任的"这句话？	① 非常同意 ② 比较同意 ③ 不好说 ④ 不完全同意 ⑤ 完全不同意
A43.9 您是否同意"总体来说，当前社会是公平的"这句话？	① 非常同意 ② 比较同意 ③ 不好说 ④ 不完全同意 ⑤ 完全不同意

A44. 您家是否为易地搬迁户？

① 是　② 否(跳答 **B. 社会参与和社会信任**)

A44.1　搬迁时间(或计划时间)	________年________月
A44.2　搬迁类型	① 一般扶贫搬迁　② 生态扶贫搬迁　③ 说不清
A44.3　现居住地为	① 搬迁前住址　② 搬迁后住址　③ 其他临时住址
A44.4　安置方式	① 集中安置　② 分散安置
A44.5　安置类型	① 自建房　② 购买商品房　③ 政府建房　④ 其他
A44.6　安置地点	① 行政村内　② 村外乡镇内　③ 乡外县内　④ 其他
A44.7　安置房面积(建筑面积)	____________平方米
A44.8　搬迁自筹金额	____________元
A44.9　原房是否拆除和复垦	① 未拆除　② 拆除未复垦　③ 拆除且复垦　④ 不清楚
A44.10　是否重新安排土地	① 是　② 否　③ 不清楚
A44.11　是否提供就业机会	① 提供就业岗位　② 提供培训机会　③ 否　④ 不清楚
A44.12　搬迁效果评价	① 非常满意　② 比较满意　③ 一般　④ 不太满意　⑤ 很不满意　⑥ 说不清
A44.13　搬迁对增收的影响	① 大幅增加　② 增加较多　③ 一般　④ 减少较多　⑤ 大幅减少
A44.14　搬迁对未来发展信心的影响	① 非常有信心　② 比较有信心　③ 一般　④ 比较没信心　⑤ 非常没信心

A45. 易地搬迁之后，您有往返原居地与现居地的需要吗？

① 是　② 否(跳答 A46)

A45.1　您会因为什么原因往返原居地与现居地？

① 在老宅从事农业耕种　② 在老宅进行家禽饲养　③ 在老宅使用电器、农具等机械设备　④ 不习惯目前的居住环境或条件　⑤ 其他

A45.2　您对现居地的地理位置还满意吗？

① 非常满意　② 较满意　③ 一般　④ 不太满意　⑤ 非常不满意

A45.3　您对现居地水质条件还满意吗？

① 非常满意　② 较满意　③ 一般　④ 不太满意　⑤ 非常不满意

A45.4　您认为目前的住房质量如何？

① 质量较好　② 质量一般　③ 质量较差

A45.5　您对目前的住房条件满意程度如何？

① 非常满意　② 较满意　③ 一般　④ 不太满意　⑤ 非常不满意

A45.6. 您对目前居住地附近的环境还满意吗？

① 非常满意(跳答 A46)　② 较满意(跳答 A46)　③ 一般　④ 不太满意　⑤ 非常不满意

A45.7　如果不满意附近的环境，您认为主要存在哪些问题？(可多选)

① 治安安全　② 环境污染　③ 出行交通不便　④ 基础设施不足　⑤ 其他

A46. 在新迁入地，下列不同类型的交往对象与您的来往情况如何？

A46.1　与街坊、邻居的来往情况：

① 经常来往　② 偶尔来往　③ 较少来往　④ 几乎不来往

A46.2　与亲戚的来往情况：

① 经常来往　② 偶尔来往　③ 较少来往　④ 几乎不来往

A46.3　与同事的来往情况：

① 经常来往　② 偶尔来往　③ 较少来往　④ 几乎不来往 ⑤ 不适用

A46.4　与朋友的来往情况：

① 经常来往　② 偶尔来往　③ 较少来往　④ 几乎不来往

A46.5　与政府/社区领导干部的来往情况：

① 经常来往　② 偶尔来往　③ 较少来往　④ 几乎不来往

A47. 在新迁入地，下列不同类型的交往对象与您的关系如何？

A47.1　与街坊、邻居之间的关系：

① 很好　② 比较好　③ 一般　④ 不太好　⑤ 很差

A47.2　与亲戚之间的关系：

① 很好　② 比较好　③ 一般　④ 不太好　⑤ 很差

A47.3　与同事之间的关系：

① 很好　② 比较好　③ 一般　④ 不太好　⑤ 很差　⑥ 不适用

A47.4　与朋友之间的关系：

① 很好　② 比较好　③ 一般　④ 不太好　⑤ 很差

A47.5　与政府/社区领导干部之间的关系：

① 很好　② 比较好　③ 一般　④ 不太好　⑤ 很差

A48. 您对现社区居民的熟悉程度如何？

① 完全不认识(跳答 A49)　② 认识几个人　③ 基本认识　④ 全部都认识

A48.1　与您家经常来往的邻居有几户？

① 5 户及以下　② 6—10 户　③ 11—20 户　④ 20 户以上

A48.2　您与现邻居交往时参与了以下哪些活动？(可多选)

① 见面点头或寒暄 ② 谈论一些社区新闻趣事 ③ 一起参加锻炼健身活动 ④ 彼此串门聊家常 ⑤ 交流彼此感情和私人生活等 ⑥ 互相帮点小忙 ⑦ 其他(请说明)____

A48.3 您认为现在的社区邻里关系与搬迁之前的乡村邻里关系有哪些不同?

① 个人空间相对封闭,人与人之间关系较淡漠 ② 邻里之间很少来往 ③ 有困难不太好意思向邻居求助或倾诉 ④ 相互之间几乎不认识 ⑤ 仍能保持良好的邻里关系 ⑥ 比以前的邻里关系更亲密 ⑦ 比以前来往更加频繁

A49. 总体而言,您感觉易地搬迁之后您的社会交往关系变得如何?

① 更好 ② 一般 ③ 更差

A50. 易地搬迁后,您对迁入地社区有什么样的印象?下列特征与您的实际经历是否一致?请根据您的实际情况逐一作答。

新迁入地社区特征	以下描述与您对迁入地社区的印象:
A50.1 新社区治理水平较高	① 很符合 ② 较符合 ③ 不太符合 ④ 很不符合 ⑤ 不适用
A50.2 新社区经济发展前景广阔	① 很符合 ② 较符合 ③ 不太符合 ④ 很不符合 ⑤ 不适用
A50.3 新社区发展政策好	① 很符合 ② 较符合 ③ 不太符合 ④ 很不符合 ⑤ 不适用
A50.4 新社区干部素质高	① 很符合 ② 较符合 ③ 不太符合 ④ 很不符合 ⑤ 不适用
A50.5 新社区干部服务态度好	① 很符合 ② 较符合 ③ 不太符合 ④ 很不符合 ⑤ 不适用

续　表

新迁入地社区特征	以下描述与您对迁入地社区的印象：
A50.6　新社区基础设施较为健全	① 很符合　② 较符合　③ 不太符合　④ 很不符合　⑤ 不适用
A50.7　新社区公共服务好	① 很符合　② 较符合　③ 不太符合　④ 很不符合　⑤ 不适用
A50.8　新社区居住条件好	① 很符合　② 较符合　③ 不太符合　④ 很不符合　⑤ 不适用
A50.9　新社区生活便利	① 很符合　② 较符合　③ 不太符合　④ 很不符合　⑤ 不适用
A50.10　新社区生活舒适度高	① 很符合　② 较符合　③ 不太符合　④ 很不符合　⑤ 不适用
A50.11　新社区自然环境好	① 很符合　② 较符合　③ 不太符合　④ 很不符合　⑤ 不适用
A50.12　新社区生活质量很高	① 很符合　② 较符合　③ 不太符合　④ 很不符合　⑤ 不适用
A50.13　新社区城市教育环境很好	① 很符合　② 较符合　③ 不太符合　④ 很不符合　⑤ 不适用
A50.14　新社区社会保障完善	① 很符合　② 较符合　③ 不太符合　④ 很不符合　⑤ 不适用
A50.15　新社区居民素质高	① 很符合　② 较符合　③ 不太符合　④ 很不符合　⑤ 不适用
A50.16　新社区的包容性强	① 很符合　② 较符合　③ 不太符合　④ 很不符合　⑤ 不适用
A50.17　新社区民风淳朴	① 很符合　② 较符合　③ 不太符合　④ 很不符合　⑤ 不适用
A50.18　我在本地有很多熟人和朋友	① 很符合　② 较符合　③ 不太符合　④ 很不符合　⑤ 不适用
A50.19　本地人很容易相处	① 很符合　② 较符合　③ 不太符合　④ 很不符合　⑤ 不适用

A50.20　当您在新社区生活中遇到不适应的情况时，您一般怎么处理？

① 整合——既主动调适自己的心态与行为，又积极尝试改变环境

② 同化——单方面调适自己的心态与行为，以顺应环境

③ 分离——执意坚守自己原有的信念，有意回避与当地的文化交流与冲突

④ 边缘化——既无意保留自己原有的信念，又不愿意融入当地文化，处于夹缝状态

A51. 当您在生活中遇到困难时，您是否愿意接受社会工作者的介入与帮助？

① 愿意接受(跳答 A51.2)　② 不好说　③ 不希望社会工作者介入

A51.1　您为什么不希望接受社会工作者的介入与帮助？

① 对社会工作者不了解　② 对社会工作者的能力抱有怀疑　③ 随遇而安　④ 对社会工作者的工作内容或成果不认可　⑤ 其他________

A51.2　您希望接受社会工作者哪方面的介入与帮助？(可多选)

① 心理开导与慰藉　② 社会事务的指导与处理　③ 举办相关社区活动　④ 帮助争取相关权益　⑤ 就业创业支持　⑥ 其他________

A51.3　当您遭遇困难时，您是否得到过社会工作者的帮助？

① 是　② 否

A51.4　总的来说，您对社会工作者提供的帮助是否满意？

① 非常满意　② 较满意　③ 一般　④ 不太满意　⑤ 非常不满意

B. 社会参与和社会信任

B1. 近一年来您的居住状况：

① 远离家人，且独居一室　② 住处经常变动，多数时间和陌生人住在一起　③ 和同学、同事或朋友住在一起　④ 和家人住在一起

B2. 您与邻居：

① 相互之间从不关心，只是点头之交　② 遇到困难可能稍微关心　③ 有些邻居很关心您　④ 大多数邻居都很关心您

B3. 您与同事（一起打工/工作的人）：

① 相互之间从不关心，只是点头之交　② 遇到困难可能稍微关心　③ 有些同事很关心您　④ 大多数同事都很关心您　⑤ 不适用

B4. 您目前是否参与以下活动（可多选）：

0. 不参加任何社会活动　① 做家务　② 照顾家人　③ 休闲娱乐　④ 种植养殖　⑤ 公益活动　⑥ 其他活动

B5. 您目前是否参与社会组织或团体（可多选）：

0. 未参与任何社会组织　① 文化娱乐（书画、唱歌、舞蹈、民俗等）组织　② 社会公益（治安、调解、慈善、志愿）组织　③ 党团组织　④ 宗教组织　⑤ 工会/专业行业协会　⑥ 其他组织

B6. 对于团体组织活动，您：

① 从不参加　② 偶尔参加　③ 经常参加　④ 主动参加并积极活动

B7. 下面，我们想了解一下您参与以下各项活动的情况，请您逐项回答。

	您是否愿意参加？	您是否参加过？
B7.1　作为选举人参与社区选举活动	0. 不愿意　1. 愿意	0. 否　1. 是
B7.2　作为被选举人参与社区选举活动	0. 不愿意　1. 愿意	0. 否　1. 是
B7.3　作为选举人参与人大代表选举活动	0. 不愿意　1. 愿意	0. 否　1. 是
B7.4　作为被选举人参与人大代表选举活动	0. 不愿意　1. 愿意	0. 否　1. 是
B7.5　向社区表达本人或其他居民需求	0. 不愿意　1. 愿意	0. 否　1. 是
B7.6　给社区提意见或建议	0. 不愿意　1. 愿意	0. 否　1. 是
B7.7　参与社区公共事务决策	0. 不愿意　1. 愿意	0. 否　1. 是
B7.8　参与社区重要事项评估	0. 不愿意　1. 愿意	0. 否　1. 是
B7.9　参与社区公共事务管理	0. 不愿意　1. 愿意	0. 否　1. 是
B7.10　监督社区公共事务运行情况	0. 不愿意　1. 愿意	0. 否　1. 是
B7.11　参加社区治安联防活动	0. 不愿意　1. 愿意	0. 否　1. 是
B7.12　参加社区环保活动	0. 不愿意　1. 愿意	0. 否　1. 是
B7.13　参加社区志愿者活动	0. 不愿意　1. 愿意	0. 否　1. 是
B7.14　参加社区教育、宣传、培训活动	0. 不愿意　1. 愿意	0. 否　1. 是

B8. 请分别判断您对以下各类对象的信任程度，并在相应的选项框格内打“√”。

	非常信任	比较信任	不好说	比较不信任	非常不信任
B8.1　中央政府					
B8.2　省级政府					
B8.3　县级政府					

续　表

	非常信任	比较信任	不好说	比较不信任	非常不信任
B8.4　乡镇政府					
B8.5　社区居委会或村委会					
B8.6　法院与司法机关					
B8.7　公安部门					
B8.8　媒体					
B8.9　医院					
B8.10　学校					
B8.11　村（社区）干部					
B8.12　街坊、邻居					
B8.13　亲戚					
B8.14　朋友					

B9. 请您对下列说法逐一作出判断，并在相应的选项框格内打“√”。

	非常同意	比较同意	不好说	不太同意	不同意
B9.1　我总是担心收入减少					
B9.2　我总是担心自己或家人身体变差					
B9.3　我害怕自己陷入贫困					
B9.4　减贫、脱贫主要靠政府和社会					
B9.5　减贫、脱贫主要是穷人自己的事					

续 表

	非常同意	比较同意	不好说	不太同意	不同意
B9.6　当今社会,个人命运主要是由自己决定的					
B9.7　当今社会,个人的命运是注定的					

B10. 下列说法分别在多大程度上与您个人的实际情况相符?(请在相应的选项框格内打"√")

	完全符合	比较符合	不好说	不太符合	完全不符
B10.1　我容易紧张和着急					
B10.2　我容易心里烦乱或觉得惊恐					
B10.3　我无缘无故地感到害怕					
B10.4　我觉得心平气和,并且容易安静地坐着					
B10.5　我容易入睡并且一夜睡得很好					
B10.6　我常常感到寂寞					
B10.7　我经常觉得没人可以依赖					
B10.8　我常常会觉得被冷落					
B10.9　我觉得大多数人不理解我					
B10.10　我经常感到生活空虚					

续 表

	完全符合	比较符合	不好说	不太符合	完全不符
B10.11　我希望待在家里而不愿去做些新鲜的事					
B10.12　我觉得像现在这样活着毫无意义					
B10.13　我觉得自己的生活有盼头					

问卷调查结束，再次感谢您的支持，祝您身体健康，家庭幸福！

附录 2：成年人健康自我管理能力测评量表(AHSMSRS)

请在最能反映您实际情况或想法的选项框格内打“√”，所有条目均为单选，请不要多选或漏选。(单位的换算：50 克为 1 两，500 克为 1 斤。)

序号	题　目	总是	经常	有时	偶尔	从不
1	一日三餐规律	5	4	3	2	1
2	饮食清淡	5	4	3	2	1
3	科学分配早、中、晚餐的比例(早吃好，中吃饱，晚吃少)	5	4	3	2	1
4	每天注重不同种类的食物搭配(达 15 种以上，包括葱、姜、蒜、肉、蔬菜等)	5	4	3	2	1
5	每天至少喝 1 200 ml 清水(约 6 杯)	5	4	3	2	1
6	根据自身情况或专业人员建议选择运动项目、运动强度及时间	5	4	3	2	1
7	充分利用锻炼与休息的场所和时间	5	4	3	2	1
8	每天坚持至少 3 次的体育锻炼，每次锻炼时间在 30 分钟以上	5	4	3	2	1

续　表

序号	题　　目	总是	经常	有时	偶尔	从不
9	锻炼以有氧运动(如慢跑、散步、打太极拳、游泳、骑车、打球等)为主	5	4	3	2	1
10	锻炼后及时合理地补充水分或盐分	5	4	3	2	1
11	服药时,会注意标签、有效期和使用说明	5	4	3	2	1
12	当身体出现不适时,及时到医院就诊	5	4	3	2	1
13	就医时,积极配合医护人员的治疗或处理	5	4	3	2	1
14	就医时,能清楚地向医生介绍自己的病情	5	4	3	2	1
15	定期清洁消毒生活物品或设备	5	4	3	2	1
16	保持工作和生活环境的整洁	5	4	3	2	1
17	注意饮食卫生和安全	5	4	3	2	1
18	营造良好的睡眠环境(包括光线、声音、温度等)	5	4	3	2	1
19	当室内空气不好时,通过多种方式(如开窗通风、室内放置植物)改善	5	4	3	2	1
20	了解或利用相应的医疗保险(例如：医保报销制度以及药品、诊疗项目)	5	4	3	2	1
21	关注或利用有关医疗政策(例如：新医改、新农合政策)	5	4	3	2	1
22	恰当利用身边的医疗卫生服务(例如：选择适宜的医疗机构就诊)	5	4	3	2	1
23	需要时,主动向他人寻求帮助或支持	5	4	3	2	1
24	充分利用所获取的健康知识	5	4	3	2	1
25	有良好的人际关系可促进健康	5	4	3	2	1
26	有良好的生活或工作环境可促进健康	5	4	3	2	1

续 表

序号	题　目	同意	比较同意	不确定	不太同意	不同意
27	家人或朋友会对您的健康管理起监督作用	5	4	3	2	1
28	家人或朋友会对您的健康管理起榜样作用	5	4	3	2	1
29	接种疫苗是预防一些传染病较经济、有效的措施	5	4	3	2	1
30	合理使用保健药品或器材,在一定程度上可以改善体质或缓解病情	5	4	3	2	1
31	听从医护人员的建议是保持健康的途径之一	5	4	3	2	1
32	饮食、运动、心态等是影响健康的重要因素	5	4	3	2	1
33	少吸烟、多运动、平衡膳食可减少心脑血管疾病的发生	5	4	3	2	1
34	能执行医护人员制定的治疗方法或建议	5	4	3	2	1
35	能较好地控制自己,不受他人不良嗜好的影响	5	4	3	2	1
36	能改变不良的生活方式,采取自我保健行为	5	4	3	2	1
37	出现健康问题时,能正确应对	5	4	3	2	1
38	能判断有害健康的行为、活动或事物	5	4	3	2	1

后　记

反贫困是人类发展进程中永恒的课题。2020 年年底，随着贵州省最后一个深度贫困县宣布脱贫摘帽，我国如期完成了新时代脱贫攻坚目标任务，在中华民族几千年历史上第一次消除了绝对贫困。然而，绝对贫困的消除并不意味着反贫困事业的终结。巩固拓展脱贫攻坚成果，加强和完善不稳定脱贫人口、边缘易致贫人口、农村低收入人口等相对贫困人口的常态化帮扶机制，增强其可持续发展能力的工作仍然任重道远。

发展可行能力建设视角的反贫困社会工作，是建立反贫困长效机制的重要路径。自阿马蒂亚·森首次提出可行能力概念以来，国内外学术界围绕可行能力贫困开展了大量研究，形成了丰富的可行能力视角下的反贫困研究成果。然而，在社会工作领域，鲜见将定量研究与定性研究相结合、理论研究与行动研究相结合，以及系统研究可行能力视角下反贫困社会工作基本原理与实践经验的学术成果。基于已有研究的不足和加快发展反贫困社会工作的需要，本书从可行能力建设视角出发，探讨以可行能力建设为切入点，开展反贫困社会工作的理论依据、实践经验及其有效路径研究。本书希望能在理论层面拓展可行能力理论的应用空间和反贫困社会工作的理论视野，在实践层面探索可行能力视角的反贫困社会工作优化路径，为巩固拓展脱贫攻坚成果及同乡村振兴有效衔接提供实践参考。

作为实施“社会工作教育对口扶贫计划”的秘书单位，反贫困社会工作专业委员会（以下简称专委会）在组织全国社会工作师生深入开展教育对口扶贫工作的同时，也在不断凝炼、总结反贫困社会工作的理论与实践成果。承蒙社会工作教育协会领导尤其是专委会主任向德平教授的信任，我有幸作为专委会副主任（兼秘书长）参与了第一届专委会的工作，并承担了本书的撰写任务。

本书由我制定研究计划、组织课题调研、拟定写作提纲和各章分析框架，由我指导的博士生和硕士生参与数据录入、整理和资料分析，由肖颖、周胤皓和文羿分别实施了三个反贫困社会工作服务项目，最后由我来修改定稿。本书各章的写作分工如下：第一章，田北海、李东平、刘笑笑；第二章，田北海、李东平；第三章至第六章，田北海、刘笑笑；第七章，田北海、肖颖；第八章，田北海、周胤皓；第九章，田北海、文羿。除上述同学外，徐杨、王志宇、武斌、彭达、陈子璇、吴子强、宋湘萍、王欣和秦秋阳等同学也参与了课题调查工作。

承接书稿撰写任务以来，我和研究团队成员先后于 2019 年 8—9 月和 12 月在湖北省郧西县、老河口市、公安县、五峰土家族自治县、孝昌县、竹山县、浠水县等七个县（市）开展了实地调查，组织了十余场座谈会，完成了对 1 013 个农户的问卷调查；先后在武汉市、恩施土家族苗族自治州和黄冈市三地的农村社区开展了反贫困社会工作服务实践。在课题调研和服务实践过程中，我们得到了时任湖北省扶贫办政策法规处夏智处长，中共郧西县委副书记汤宏，襄阳市扶贫办主任杨富杰，襄阳市老河口市副市长何靖，公安县扶贫办主任聂乾荣，时任五峰县副县长贺笑容，孝昌县常务副县长李惠芬，竹山县扶贫办主任明昌根，中共浠水县委常委、宣传部部长杨嘉国等领导的大力支持，得到了有关县、市民政部门、扶贫部门、样本乡镇及样本村干部和调查对象的大力支持，在此我代表团队成员谨致感谢。

本研究的阶段性成果曾在中国社会工作教育协会反贫困社会工作专业委员会学术年会等学术会议上和各位与会者深切交流过，感谢马凤芝教授、陈树强教授、徐晓军教授、张翠娥教授、熊景维副教授、袁泉副教授等同仁诚恳的学术批评和建设性的修改建议。

感谢反贫困社会工作专业委员会主任、丛书主编向德平教授的信任与指导。

本书的写作和出版得到了华东理工大学出版社的大力支持。感谢华东理工大学出版社的张辉社长、丁毅副总编、社科事业部刘军主任对本书出版工作的高度重视和大力推进，感谢责任编辑孟媛利老师的辛勤劳动和无私帮助。

田北海

2021 年 8 月于武汉南湖狮子山

内容提要

本书从可行能力建设视角出发，以可行能力建设为切入点，开展反贫困社会工作的理论依据、现实需求、实践经验及其有效路径研究。在理论研究部分，全面梳理可行能力贫困理论及其对反贫困社会工作的启示，对“何为可行能力”“贫困家庭的可行能力现状”“可行能力视角下的致贫机理”“可行能力建设的减贫效应”和“可行能力建设反贫困社会工作的原理与路径”五个核心问题进行理论分析。在实践经验分析部分，基于实地调研，选取社会工作者参与易地扶贫搬迁人口就业帮扶、社区适应和因病致贫老年人自我健康管理的典型案例，以可行能力建设为切入点，对反贫困社会工作的实践绩效进行评估，总结以可行能力建设为切入点开展反贫困社会工作的实践经验、教训及其启示。本书将理论研究与经验研究相结合、定性研究与定量研究相结合，可为各级扶贫工作者、科教服务工作者、高校和科研院所反贫困研究人员、社会工作专业本科生与研究生提供有效借鉴。